新学習指導要領対応

# 中学英語

東進ハイスクール・東進衛星予備校講師 安河内哲也 監
Yasukochi Tetsuya

# スーパー

東進衛星予備校・中学ネット講師 杉山一志 著
Sugiyama Kazushi

# ドリル

中3
完全マスター

音声
ダウンロード
付

Jリサーチ出版

# 英語を学ぶみなさんへ

　英語学習でいちばん大切なのは「バランス」だと思います。ですが、日本の英語教育の中で英語を勉強すると、どうしてもバランスが悪くなってしまいがちなのが現状です。

　たとえば、「会話が大切だから、文法をやっちゃいけない」という極論や、「会話での英語は役に立たないので文法をやらなければならない」のような、"机の英語"と"実践の英語"のどちらかに、極端にかたよってしまうケースをよく見かけます。しかしながら、中学レベルの英文法は、実際に英語を使いこなすうえで、だれが何と言っても必要ですし、これをしっかりマスターしないことには、会話で正しい文を作るのにも苦労することになってしまいます。

　さらに近年、国公立中学での英語学習時間は変わっていないものの、会話重視の傾向の中、習得するべき英文法をなかなか網羅できなくなっているという現状があります。そこで本書では、中学英文法の中でも、実際に英語を使ううえでもっとも重要なポイントを絞り込み、また、中学校での履修の順番の現状にも配慮したうえで、みなさんがもっとも学びやすいページ構成や順番を熟慮して作成しました。さらに、高校受験とも親和性が高い形で作成してあります。文法の解説は、あまり極端にならないよう、従来型の英文法とも親和性が高く、わかりやすいを解説を心がけています。

　そんな本書、『中学英語スーパードリル』シリーズでは、次のようなカリキュラムで学習を進めます。

| 中1 | |
|---|---|
| 《入門編　英語の基礎知識》 | 《be動詞を使った文》 |
| 《形容詞の使い方》 | 《名詞の複数形と所有格》 |
| 《一般動詞を使った文》 | 《現在進行形の文》 |
| 《過去形の文》 | 《過去進行形の文》 |
| 《さまざまな疑問詞の使い方》 | 《誘いの表現　Let's ～ . 》 |
| 《「～できます」　canの肯定文》 | |

| 中2 | |
|---|---|
| 《一般動詞の復習》 | 《未来を表すwillとbe going to》 |
| 《さまざまな助動詞》 | 《命令・禁止の文》 |
| 《thereを使った文》 | 《不定詞》 |
| 《動名詞》 | 《比較を表す文》 |
| 《疑問詞which》 | 《形容詞・副詞》 |

| 中3 | |
| --- | --- |
| 《現在分詞・過去分詞》 | 《関係代名詞》 |
| 《5つの文型》 | 《受動態》 |
| 《to + 動詞の原形》 | 《間接疑問文》 |
| 《感嘆文howとwhat》 | 《付加疑問文》 |
| 《現在完了形》 | 《howを使った疑問文》 |
| 《さまざまな接続詞》 | 《形容詞・副詞・代名詞・数量詞》 |

　さて、文法はもちろん大切なのですが、従来の日本の英語学習では、文法を机の上で勉強し、理解することだけが重視されているというケースもありました。そこで本書は、そのバランスを矯正するために、すべての例文にネイティブスピーカーの音声が付属しています。ただ単に、ルールを理解して暗記するだけではなく、ネイティブスピーカーのあとに続いて例文をリピーティングし、発音練習をしたり、暗唱したりすることによって、言語の反射神経を身に付けるということを、本書では重視しています。

　外国語を習得する際には、ルールを理解したり単語を暗記したりすることに加えて、それを徹底的な音読によって反射神経に変えるという「自動化訓練」が非常に重要です。本書で学ぶみなさんはぜひ、音声を大いに利用し、英文法を「考えて使う」のではなく、自動的に使えるようになるまで、徹底的に練習してもらいたいと思います。そのことによって、高校受験で必要とされるのに十分な英文法の力を身に付けられるだけでなく、将来も役立つ英語力の基礎や、その後の大学受験や英検などの資格試験にも役立つような、非常に重要な、土台となる、一生ものの文法力を身に付けることができると確信します。ぜひ、手、目、耳、口をすべて使った"練習型"の英語学習を、本書のシリーズにおいて実践してください。

安河内哲也／杉山一志

# CONTENTS もくじ

## 関係代名詞 （レッスン14〜20）

## 不定詞 （レッスン21〜33）

# この本の特長と使い方

　本書は、シンプルな3つのステップを繰り返していくことで、中学校で学ぶ英文法のルールを効率的に身につけていきます。

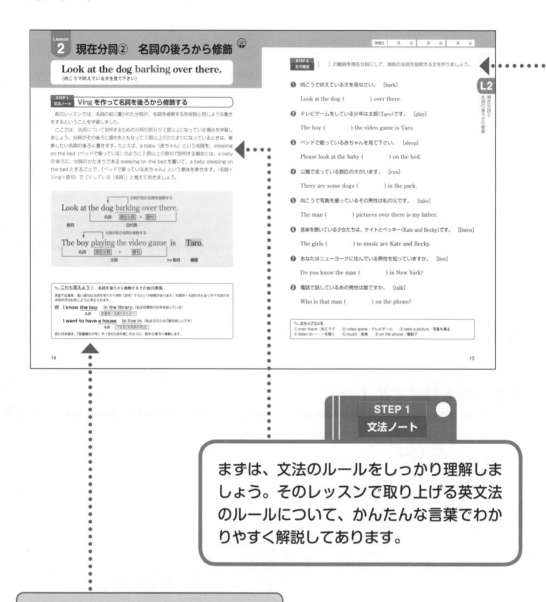

STEP 1
文法ノート

まずは、文法のルールをしっかり理解しましょう。そのレッスンで取り上げる英文法のルールについて、かんたんな言葉でわかりやすく解説してあります。

✎ これも覚えよう！

英文法のルールについて、さらに知っておいたほうがいいことがまとめられているコーナーです。

ステップ2では、ステップ1で学んだ英語の文法ルールを使って、ドリルに取り組みます。指示文にしたがって、英文を完成させましょう。別冊を使って答え合わせをした後は、付属の音声を使ってリスニング＆音読練習します。これによって、ステップ1で学習した文法のポイントが例文とともに頭に入り、文法ルールを自動化することができます。

---

### STEP 3 問題にトライ A　下線部の後ろに（　）の語句を置いて、全文を書きましょう。

① Look at the cat. ( sleeping on the table )

② I saw a baby yesterday. ( crying on the bed )

③ Last Sunday I saw three boys. ( playing soccer in the park )

④ Who is the old woman? ( talking on the phone )

### B　（　）の中から正しいものを選んで丸で囲みましょう。

① Do you know a man ( lived / living ) in Tokyo?

② The man ( took / taking ) pictures over there is my brother.

③ The girls ( listen / listening ) to music are Yuka and Anna.

### C　日本語に合うように、空所に英語を入れましょう。

① 向こうで泳いでいる少女は誰ですか。
Who is the (　　　) (　　　) over there?

② ナンシーと話をしている男性はだれですか。
Who is the (　　　) (　　　) with Nancy?

③ 向こうで泣いている赤ちゃんの世話をしてください。
Please take care of the (　　　) (　　　) over there.

### D　英文の中に誤りがあれば丸で囲み、解答欄に正しい英語を書きましょう。英文が正しい場合は、解答欄に「○」と書きましょう。

① Look at the boys and girls play tennis.
（テニスをしている少年少女たちを見なさい）

② Please take care of the baby crying on the bed.
（ベッドで泣いている赤ん坊の世話をしてください）

③ I know a man lived in New York.
（私はニューヨークに住んでいる男性を知っています）

### E　次の会話文を読んで、後の質問に合う答えを①〜③から1つ選びましょう。

Man : Do you know the boys playing baseball over there?
Woman : Yes, I do. They are famous baseball players in this area.
Man : Oh, I see. No wonder they can play well.

野球をしているその男の子たちは：
① wondering how they should play baseball
② very interested in playing sports
③ well-known by local people

**L2** 現在分詞の／名詞の後ろからの修飾

**ボキャブラ最終チェック**　この STEP3 で出てきた語のスペルと音を確認しよう。
□ talk on the phone　熟　電話で話す　　□ take care of 〜　熟　〜の世話をする

★ドリルと練習問題の答えは別冊 P1へ！

16　　17

---

### STEP 3 問題にトライ

ここでは、単語の並べ替えや英作文などの練習問題に挑戦します。これによって、ステップ1とステップ2で学習した文法ルールが、きちんと身についたかどうかを確認することができます。別冊で答え合わせをして、間違ったところはもう一度ステップ1や2に戻って確認しましょう。

**61　付属音声について**

付属の音声には、ステップ2とステップ3のドリルの正解英文が、すべて収録されています。ネイティブによる英語音声に続いて、まねしてリピート（音読）練習をしてみましょう。
➡音声ダウンロードの方法は、298ページをご覧ください。

# Lesson 1 現在分詞① 名詞の前から修飾

## Look at the flying bird.
（飛んでいる鳥を見なさい）

### STEP 1 文法ノート Ving を使えば、動詞を使って名詞を修飾できる

分詞は、動詞（V）を変化させて作られるもので、現在分詞と呼ばれる Ving と、過去分詞と呼ばれる Vpp の2種類があります。現在分詞（Ving）は、動詞の最後に ing をつけて作るのが基本で、一度、「現在進行形」で習っています（例：He is running. 彼は走っている。）が、新しい用法を覚えましょう。名詞の前に置いて後ろの名詞を修飾する用法で、「V する」や「V している」という意味を表します。

### ●分詞は形容詞と同じ働きをする

分詞は動詞ですが、簡単に言うと、「形容詞と同じ働き」をするものです。たとえば、a cute baby（かわいい赤ちゃん）の cute は形容詞ですが、cute の代わりに「眠る」という動詞 sleep に ing をつけた sleeping（眠っている）という現在分詞を入れると、a sleeping baby（眠っている赤ちゃん）となります。sleeping という分詞が baby という名詞を前から修飾（説明）するのです。

10

**STEP 2 文で確認**　[　]の動詞を現在分詞にして、後ろの名詞を説明する文を作りましょう。

❶ 走っている子犬を見なさい。　[run]

Look at the (　　　　) puppy.

❷ あれらのさえずっている鳥を見なさい。　[sing]

Look at those (　　　　) birds.

❸ 私はあの吠えている犬を知っています。　[bark]

I know that (　　　　) dog.

❹ ケイト(Kate)は眠っている赤ん坊を腕に抱いていました。　[sleep]

Kate was holding a (　　　　) baby in her arms.

❺ あの泣いている赤ちゃんを知っていますか。　[cry]

Do you know that (　　　　) baby?

❻ ケン(Ken)は昨日、数人の叫んでいる子供たちを見ました。　[scream]

Ken saw some (　　　　) children yesterday.

❼ あなたはその横になっているネコが見えますか。　[lie]

Can you see the (　　　　) cat?

❽ 人々は上昇する石油価格を好みません。　[rise]

People don't like (　　　　) oil prices.

✎ ボキャブラメモ
① puppy：子犬　② sing：さえずる　③ bark：吠える　④ hold：（手で）持つ　⑤ sleep：眠る
⑥ scream：叫ぶ　⑦ lie：横たわる　⑧ people：人々　⑨ rise：上昇する　⑩ oil：（石）油
⑪ price：価格

**A** 　下線部を（　　）内の単語に置きかえ、全文を書きましょう。

① Look at the cute baby. （ crying ）

------------------------------------------------------------

② I saw a big dog yesterday. （ barking ）

------------------------------------------------------------

③ We know the large animal. （ sleeping ）

------------------------------------------------------------

④ Last Sunday I saw a pretty bird. （ flying ）

------------------------------------------------------------

⑤ Can you see the black dog? （ running ）

------------------------------------------------------------

**B** 　（　　）の中から正しいものを選んで丸で囲みましょう。

① Look at the ( sleep / sleeping ) baby.

② I know the ( barking / barked ) dog.

③ Please take a look at the ( sing / singing ) bird.

④ Can you see ( flying / flies ) birds?

⑤ Yesterday I saw the ( cried / crying ) child.

**C** 日本語に合うように、空所に英語を入れましょう。

① 昨日、私たちは飛んでいる鳥を見ました。

We saw a (　　　　) (　　　　) yesterday.

② 彼女は泣いている赤ちゃんを抱いています。

She is holding a (　　　　) (　　　　).

③ その少年は吠えている犬に近づきました。

The boy approached the (　　　　) (　　　　).

④ その眠っている男性を起こさないでください。

Please don't wake up the (　　　　) (　　　　).

**D** 次の会話文を読んで、後の質問に合う答えを①〜③から１つ選びましょう。

Teacher : Sleeping babies are so cute.  Don't you think so?

Student : Yeah, but taking care of a baby can be very tough, right?

Teacher : I agree.  There are a lot of difficult things about raising a child.

彼らは何について話していますか。

① About having a baby.

② About trying something difficult.

③ About taking care of themselves.

------------------------

✎ **ボキャブラ最終チェック** この STEP3 で出てきた語のスペルと音を確認しよう。

□ **approach** ［əpróutʃ］ 動 近づく    □ **wake up** 〜 熟 〜を目覚めさせる

★ドリルと練習問題の答えは別冊 P1へ！

13

# 現在分詞② 名詞の後ろから修飾

## Look at the dog barking over there.
（向こうで吠えている犬を見て下さい）

---

**STEP 1**
**文法ノート** **Ving を作って名詞を後ろから修飾する**

　前のレッスンでは、名詞の前に置かれた分詞が、名詞を修飾する形容詞と同じような働きをするということを学習しました。

　ここでは、名詞について説明するための分詞の部分が 2 語以上になっている場合を学習しましょう。分詞がその後ろに語句をともなって 2 語以上のかたまりになっているときは、修飾したい名詞の後ろに置きます。たとえば、a baby（赤ちゃん）という名詞を、sleeping on the bed（ベッドで眠っている）のように 2 語以上の語句で説明する場合には、a baby の後ろに、分詞のかたまりである sleeping on the bed を置いて、a baby sleeping on the bed とすることで、「ベッドで眠っている赤ちゃん」という意味を表せます。〈名詞＋Ving＋語句〉で「V している［名詞］」と覚えておきましょう。

---

✎ **これも覚えよう！** 名詞を後ろから修飾するその他の表現

英語では通常、長い語句は名詞を後ろから修飾［説明］するという特徴があります。前置詞＋名詞のかたまりや不定詞の形容詞的用法も同じように考えられます。

**例** **I know the boy** in the library.（私は図書館の少年を知っている）
　　　　　名詞　　前置詞＋名詞のかたまり

　　**I want to have a house** to live in.（私は住むための家が欲しいです）
　　　　　　　　　　　　　　名詞　　不定詞（形容詞的用法）

逆に日本語は、「図書館の少年」や「住むための家」のように、前から後ろへ修飾します。

---

**STEP 2**
**文で確認**　　[　　]の動詞を現在分詞にして、直前の名詞を説明する文を作りましょう。

❶　向こうで吠えている犬を見なさい。　[bark]

　　Look at the dog (　　　　　) over there.

❷　テレビゲームをしている少年は太郎(Taro)です。　[play]

　　The boy (　　　　　) the video game is Taro.

❸　ベッドで眠っている赤ちゃんを見て下さい。　[sleep]

　　Please look at the baby (　　　　　) on the bed.

❹　公園で走っている数匹の犬がいます。　[run]

　　There are some dogs (　　　　　) in the park.

❺　向こうで写真を撮っているその男性は私の父です。　[take]

　　The man (　　　　　) pictures over there is my father.

❻　音楽を聴いている少女たちは、ケイトとベッキー(Kate and Becky)です。　[listen]

　　The girls (　　　　　) to music are Kate and Becky.

❼　あなたはニューヨークに住んでいる男性を知っていますか。　[live]

　　Do you know the man (　　　　　) in New York?

❽　電話で話しているあの男性は誰ですか。　[talk]

　　Who is that man (　　　　　) on the phone?

✎ ボキャブラメモ
① over there：向こうで　　② video game：テレビゲーム　　③ take a picture：写真を撮る
④ listen to ～：～を聞く　　⑤ music：音楽　　⑥ on the phone：電話で

**A**  下線部の後ろに（　　）の語句を置いて、全文を書きましょう。

① Look at the cat. ( sleeping on the table )

-----------------------------------------------------------------------

② I saw a baby yesterday. ( crying on the bed )

-----------------------------------------------------------------------

③ Last Sunday I saw three boys. ( playing soccer in the park )

-----------------------------------------------------------------------

④ Who is the old woman? ( talking on the phone )

-----------------------------------------------------------------------

**B**  （　　）の中から正しいものを選んで丸で囲みましょう。

① Do you know a man ( lived / living ) in Tokyo?

② The man ( took / taking ) pictures over there is my brother.

③ The girls ( listen / listening ) to music are Yuka and Anna.

**C**  日本語に合うように、空所に英語を入れましょう。

① 向こうで泳いでいる少女は誰ですか。

Who is the (　　　　) (　　　　　) over there?

② ナンシーと話をしている男性はだれですか。

Who is the (　　　　) (　　　　　) with Nancy?

③ 向こうで泣いている赤ちゃんの世話をしてください。

Please take care of the (　　　　) (　　　　) over there.

**D** 英文の中に誤りがあれば丸で囲み、解答欄に正しい英語を書きましょう。英文が正しい場合は、解答欄に「○」と書きましょう。

① Look at the boys and girls play tennis.
（テニスをしている少年少女たちを見なさい）

------------------------

② Please take care of the baby crying on the bed.
（ベッドで泣いている赤ん坊の世話をしてください）

------------------------

③ I know a man lived in New York.
（私はニューヨークに住んでいる男性を知っています）

------------------------

**E** 次の会話文を読んで、後の質問に合う答えを①～③から1つ選びましょう。

Man : Do you know the boys playing baseball over there?

Woman : Yes, I do.  They are famous baseball players in this area.

Man : Oh, I see.  No wonder they can play well.

野球をしているその男の子たちは：

① wondering how they should play baseball

② very interested in playing sports

③ well-known by local people

------------------------

✎ **ボキャブラ最終チェック**　この STEP3 で出てきた語のスペルと音を確認しよう。

□ **talk on the phone**　熟　電話で話す　　□ **take care of ～**　熟　～の世話をする

★ドリルと練習問題の答えは別冊 P1へ！

# Lesson 3 過去分詞① 名詞の前から修飾

## Look at the broken window.
（壊された窓を見なさい）

### STEP 1 文法ノート　Vpp を使って名詞を前から修飾する

　レッスン1と2では、現在分詞 Ving を学習しました。たとえば a sleeping baby（眠っている赤ちゃん）という表現を見てみると、現在分詞の sleeping と名詞の a baby には「赤ちゃんが眠る」という、主語と動詞のような関係があります。つまり、「主語が V する［している］」という関係が成立する場合、Ving を使うのです。

　さて、ここではもう1つの分詞＝過去分詞（Vpp）について学習します。過去分詞は、規則動詞の場合は過去形と同じ形ですが、不規則動詞は、過去形と同様に変化が不規則ですので、つづりと発音を1つずつ覚える必要があります。

　Vpp は、「V される［た］」や「V されている［た］」という意味です。Vpp はこの後も何度か登場しますが、ここでは、名詞の前に置かれ、後ろの名詞を修飾する過去分詞について見ていきましょう。

　分詞は、簡単に説明をすると「形容詞と同じ働き」ということができます。たとえば、a large window（大きな窓）の large は形容詞ですが、large の代わりに、「壊す」という動詞 break の過去分詞 broken（壊された）を入れると、a broken window（壊された窓）となり、broken という分詞が window という名詞を前から修飾（説明）することになります。

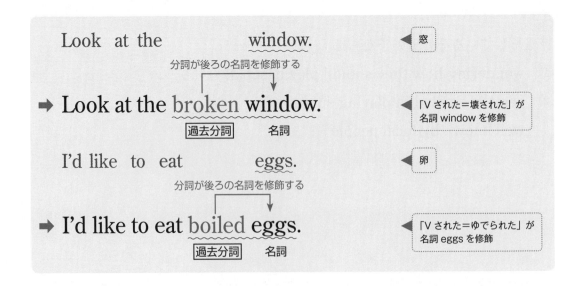

18

**STEP 2**
**文で確認** ［　　］の動詞を過去分詞にして、後ろの名詞を説明する文を作りましょう。

❶ 私はその書かれた単語を読むことができません。　［write］

I can't read the (　　　　　) word.

❷ アキ(Aki)は先月中古車を買いました。　［use］

Aki bought a (　　　　　) car last month.

❸ ジェイク(Jake)は昨日、盗まれた自転車を見つけました。　［steal］

Jake found his (　　　　　) bicycle yesterday.

❹ 彼女はふだん朝にゆで卵を食べます。　［boil］

She usually eats a (　　　　　) egg in the morning.

❺ 警察官たちは壊されたキャビネットを調べるでしょう。　［break］

The police officers will check the (　　　　　) cabinet.

❻ 印刷された書類があります。　［print］

There are some (　　　　　) documents.

❼ あなたはその話されている言葉を理解できますか。　［speak］

Can you understand the (　　　　　) language?

❽ 彼らはそのけがをした男性を病院へ連れて行きました。　［injure］

They took the (　　　　　) man to the hospital.

---

✎ **ボキャブラメモ**
① word：単語　　② buy：買う　　③ last month：先月　　④ found：fine（見つける）の過去形
⑤ steal：盗む　　⑥ took：take（連れて行く）の過去形　　⑦ usually：ふだん　　⑧ boil：ゆでる
⑨ police officer：警察官　　⑩ check：調べる　　⑪ cabinet：キャビネット　　⑫ break：壊す
⑬ some：いくつかの　　⑭ print：印刷する　　⑮ document：書類　　⑯ understand：理解する
⑰ speak：話す　　⑱ language：言語　　⑲ injure：けがをさせる　　⑳ hospital：病院

**A** 下線部を（　　）内の単語に置きかえ、全文を書きましょう。

① Can you see that <u>large</u> window? ( broken )

------------------------------------------------

② We talked about the <u>expensive</u> car. ( used )

------------------------------------------------

③ The police officers found the <u>new</u> bicycle. ( stolen )

------------------------------------------------

④ Let's take a look at the <u>old</u> documents. ( printed )

------------------------------------------------

**B** （　　）の中から正しいものを選んで丸で囲みましょう。

① He found the ( breaking / broken ) camera.

② I usually eat a ( boiled / boil ) egg in the morning.

③ They took the ( injure / injured ) man to the hospital.

**C** 日本語に合うように、空所に英語を入れましょう。

① 私の父は昨年、中古車を買いました。

My father bought a (　　　　) (　　　　) last year.

② 私はテーブルの上に壊れた時計を見つけました。

I found a (　　　　) (　　　　) on the table.

③　彼らは、けがをした兵士たちを病院へ連れて行きました。

They took the (　　　　) (　　　　) to the hospital.

④　これは、盗まれた自転車ですか。

Is this the (　　　　) (　　　　)?

**L3**

過去分詞①
名詞の前から修飾

**D**　英文の中に誤りがあれば丸で囲み、回答欄に正しい英語を書きましょう。英文が正しい場合は、解答欄に「〇」と書きましょう。

①　She bought a used car last month.
（彼女は先月中古車を買いました）

------------------------

②　He ate a boil egg yesterday.
（彼は昨日ゆで卵を食べました）

------------------------

③　The police officers found the stealing bike.
（その警察官は、盗まれた自転車を見つけました）

------------------------

**E**　次の会話文を読んで、後の質問に合う答えを①～③から１つ選びましょう。

Waiter : How would you like your eggs, boiled or scrambled?

　Kim : Scrambled eggs, please.  And can I have a cup of coffee, too?

Waiter : Sure, I'll bring it right away.

２人はどこにいますか。

①　At the museum.

②　At a restaurant.

③　At a supermarket.

------------------------

✎ **ボキャブラ最終チェック**　この STEP3 で出てきた語のスペルと音を確認しよう。

| □ **expensive** | [ikspénsiv] | 形 | 高価な | □ **document** | [dákjumənt] | 名 | 書類 |
| □ **injure** | [índʒər] | 動 | けがをさせる | □ **watch** | [wátʃ] | 名 | 時計 |
| □ **soldier** | [sóuldʒər] | 名 | 兵士 | □ **steal** | [stíːl] | 動 | 盗む |

★ドリルと練習問題の答えは別冊 P2へ！

# 過去分詞② 名詞の後ろから修飾

04

## Look at the window broken by Tom.
（トムによって壊された窓を見なさい）

---

**STEP 1**
**文法ノート**　**Vpp を使って名詞を後ろから修飾する**

　前のレッスンでは、名詞の前に置かれた過去分詞が、名詞を修飾する形容詞と同じような働きをするということを学習しました。また、名詞と過去分詞の間には、名詞が「V される」「V された」という受動の関係があることも学びました。

　ここでは、名詞について説明するための過去分詞の部分が 2 語以上になっている場合について学習しましょう。分詞がその後ろに語句をともなって 2 語以上のかたまりになっているときは、修飾したい名詞の後ろに置きます。

　たとえば、a language spoken in India（インドで話されている言語）という表現を見てみましょう。spoken in India の部分が分詞のかたまりで、前の名詞 a language を後ろから説明していることが分かります。

　レッスン 2 で学んだ〈名詞＋Ving＋語句〉が「V している［名詞］」という意味なのに対し、過去分詞を使うと、〈名詞＋Vpp＋語句〉で「V された［名詞］」という意味になるということです。

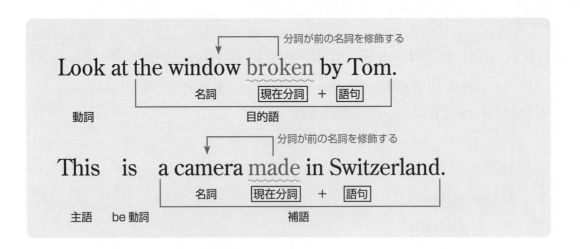

---

✎ **これも覚えよう！**　**〜thing という代名詞の修飾**

anything や something のような、〜thing という代名詞を、形容詞を使って修飾する場合は、後ろに置きます。

例　**anything interesting**（何か面白いもの）　　**everything possible**（可能なすべてのこと）

　　**something else**（何かほかのもの）　　**nothing particular**（特別なものは何もない）

**STEP 2**
**文で確認** ［　］の動詞を過去分詞にして、直前の名詞を説明する文を作りましょう。

❶ トム(Tom)が壊した窓を見てごらん。　［break］

Look at the window (　　　　　) by Tom.

❷ これはスイスで作られたカメラです。　［make］

This is a camera (　　　　　) in Switzerland.

❸ ジュディ(Judy)はピカソが描いた絵を買いたがっています。　［paint］

Judy wants to buy a picture (　　　　　) by Picasso.

❹ ケンは夏目漱石が書いた小説を数冊買いました。　［write］

Ken bought some novels (　　　　　) by Soseki Natsume.

❺ ブラジルで話されている言語は何ですか。　［speak］

What is the language (　　　　　) in Brazil?

❻ 2010年に建てられたその塔は人気の場所です。　［build］

The tower (　　　　　) in 2010 is a popular spot.

❼ 病院に運び込まれた男性は、ブラウン氏(Mr.Brown)でした。　［take］

The man (　　　　　) to the hospital was Mr. Brown.

❽ 複数の労働者によって使われた機械は、とても効率的でした。　［use］

The machine (　　　　　) by some workers was very efficient.

✎ ボキャブラメモ
① Switzerland：スイス　　② paint：描く　　③ novel：小説　　④ language：言語
⑤ Brazil：ブラジル　　⑥ tower：塔　　⑦ popular：人気の　　⑧ spot：場所　　⑨ worker：労働者
⑩ machine：機械　　⑪ efficient：効率的な

L4
過去分詞②
名詞の後ろから修飾

**A**　下線部の後ろに（　　）の語句を続けて全文を書きかえましょう。

① Look at <u>the window</u>. ( broken by Tom )

---------------------------------------------------------------------------------

② She read <u>some novels</u>. ( written by a famous novelist )

---------------------------------------------------------------------------------

③ What is <u>the language</u>? ( spoken in Mexico )

---------------------------------------------------------------------------------

④ <u>The man</u> was Mr. Smith. ( taken to the hospital )

---------------------------------------------------------------------------------

**B**　（　　）の中から正しいものを選んで丸で囲みましょう。

① There were a lot of people ( killed / killing ) in the earthquake.

② The computer ( used / using ) in this office is very good.

③ Who is the man ( loved / loving ) by a lot of young women?

④ The pamphlets ( printed / printing ) here had a lot of mistakes.

**C**　日本語に合うように、空所に英語を入れましょう。

① これらはスイスで作られたカメラです。

These are the (　　　　　) (　　　　　) in Switzerland.

② 病院に運ばれた女性はだれですか。

Who is the (　　　　　) (　　　　　) to the hospital?

③ 私はマイクが撮った写真を数枚見たいです。

I want to see some (　　　　) (　　　　) by Mike.

④ 彼は多くの人々に愛されている歌手です。

He is a (　　　　) (　　　　) by a lot of people.

**D** 英文の中に誤りがあれば丸で囲み、解答欄に正しい英語を書きましょう。英文が正しい場合は、解答欄に「○」と書きましょう。

① Please take a look at the pictures taking by Jim.
（ジムが撮ったその写真を見て下さい）

------------------------

② I want to buy a camera makes in Switzerland.
（私はスイスで作られたカメラを買いたいです）

------------------------

③ Who is the man love by Mary?
（メアリーが愛している男性はだれですか）

------------------------

**E** 次の会話文を読んで、後の質問に合う答えを①〜③から１つ選びましょう。

Nancy : Can you show me any pictures taken at Mt. Fuji?  I'm very interested in them.

　Mike : Of course.  It was a clear day, so we were able to take some great photos.

Nancy : That's wonderful.  I hope to climb it someday.

ナンシーがしたいことは何ですか。

① To buy great pictures of Mt. Fuji.

② To sell some interesting pictures of Mt. Fuji.

③ To go up to Mt. Fuji.

------------------------

L4 過去分詞② 名詞の後ろから修飾

✎ **ボキャブラ最終チェック** この STEP3 で出てきた語のスペルと音を確認しよう。

| □ famous | [féiməs] | 形 | 有名な | □ novelist | [návəlist] | 名 | 小説家 |
| □ kill | [kíl] | 動 | 殺す | □ earthquake | [ə́ːrθkwèik] | 名 | 地震 |
| □ pamphlet | [pǽmflət] | 名 | パンフレット | □ print | [prínt] | 動 | 印刷する |
| □ mistake | [mistéik] | 名 | まちがい | □ take a look at ~ | | 熟 | ~を少し見る |

★ドリルと練習問題の答えは別冊 P2へ！

**A** （　　）の中から正しいものを選んで丸で囲みましょう。

① Please look at the puppy ( sleeping / slept ) on the sofa.
ソファで眠っている子犬を見てください。

② The woman is taking care of the ( crying / cried ) baby.
その女性は、泣いている赤ちゃんの世話をしているところです。

③ Can you see the ( broken / breaking ) window?
あなたはその壊れた窓が見えますか。

④ There were a lot of people ( killing / killed ) in the war.
戦争で亡くなったたくさんの人々がいました。

**B** （　　）の中の語を正しいものにしたうえで、全文を書きましょう。

① She read some novels ( write ) by Soseki Natsume.

-------------------------------------------------------------------

② There were many people ( play ) baseball in the park.

-------------------------------------------------------------------

③ The girls ( listen ) to music are Karen and Nancy.

-------------------------------------------------------------------

④ The young man ( dance ) on stage is my favorite musician.

-------------------------------------------------------------------

**C** （　　）の語句を、日本語に合うように並べかえましょう。

① あなたは東京に住んでいるその女性を知っていますか。
Do you know ( woman / living / the / Tokyo / in )?

------------------------------------------------

② あなたは電話で話をしているその若者を見ましたか。
Did you see ( the young / talking / man / the phone / on )?

------------------------------------------------

③ その少年は盗まれた自転車を探していました。
The boy ( looking / was / stolen / for / bicycle / his ).

------------------------------------------------

④ 急いで印刷されたそのパンフレットは、たくさんの間違いがありました。
( in haste / pamphlets / printed / the ) had a lot of mistakes.

------------------------------------------------

**D** 次の会話文を読んで、後の質問に合う答えを①〜③から１つ選びましょう。

　Tom : The police called me last night and my bicycle stolen the other
　　　　day has been found.
Mary : Oh, that's great news.  Did you forget to lock your bicycle?
　Tom : Actually, I did.  I'll be more careful next time.

昨夜、何がありましたか。
①　Tom got lost.
②　The police broke Tom's bicycle.
③　Tom received a call about his lost bicycle.

------------------------

★答えは別冊 P3へ！

# 文型① 第1文型

## I live in Nara.
（私は奈良に住んでいます）

**STEP 1**
**文法ノート** **英文の1つめの種類**

　英語の文は、主に主語、（述語）動詞、目的語、補語という4つの要素と修飾語句を組み合わせて作ります。この組み合わせは、大きく分けて5つの型に分類できます。そしてこの5つの型に英文を当てはめて見ると、最初はすごく複雑に見える文も、とても理解しやすくなりますのでぜひ身に付けましょう。

　ここでは第1文型を学びます。第1文型は、主語（ここからはS〈Subject＝主語の頭文字〉と表記します）と動詞（ここからはV〈Verb＝動詞の頭文字〉と表記します〉だけで成り立つ文を第1文型といいます。

　たとえば、代表的な第1文型の動詞である fly（飛ぶ）を使った文、The bird flies in the sky.（その鳥は空を飛びます）を使って考えてみましょう。最初に出てきた名詞の the bird が S で、一般動詞の flies が V です。その後ろに続く in は、前置詞と呼ばれる品詞で、the sky は名詞です。in the sky のように、前置詞は常に名詞とセットで使われ、修飾語（M＝ Modifier の頭文字）と呼ばれ、これは文型を決定する要素にはなりません。

　第1文型のポイントは以下の4つです。

| |
|---|
| ポイント① 第1文型は、S（主語）＋V（動詞）で「SはVする」を表す |
| ポイント② 冠詞＋名詞は、1つのかたまりとみなす |
| ポイント③ 最初に出てきた名詞（のかたまり）を主語＝S と呼ぶ |
| ポイント④ 前置詞＋名詞は1つのかたまりで、修飾語（＝M）として<br>　　　　　様々なものを修飾する |

I　live　in　Nara.
主語　動詞　前置詞　名詞
S　　V　　　修飾語(M)

My family　will go　　on a picnic　tomorrow.
　　主語　　助動詞 動詞　前置詞　名詞　　　　副詞
　　S　　　　　V　　　修飾語(M)　　　修飾語(M)

※ on a picnic（ピクニックに）は go（行く）を、tomorrow（明日）は文全体を修飾しています。

**STEP 2**
**文で確認**　下線部の日本語を英語にしましょう。

❶　私は奈良に住んでいます。

I (　　　　　　) in Nara.

❷　私の姉は駅に到着しました。

My sister (　　　　　　) at the station.

❸　私の先生はジェイク(Jake)と話をしているところです。

My teacher (　　　　　) (　　　　　　) with Jake.

❹　私の家族は明日、ピクニックに行くつもりです。

My family (　　　　) (　　　　　　) on a picnic tomorrow.

❺　彼と私は昨日、公園まで走りました。

He and I (　　　　　) to the park yesterday.

❻　私の祖父母は北海道に滞在しました。

My grandparents (　　　　　　) in Hokkaido.

❼　私の両親は、音楽に合わせて踊りました。

My parents (　　　　　) to music.

❽　ケンとアキ(Aki)は今日の午後、私たちの家に来るでしょう。

Ken and Aki (　　　　　) (　　　　　　) to our house this afternoon.

L5
第
1
文
型
文
型
①

---

✎ ボキャブラメモ
① live in ~：~に住む　　② arrive：到着する　　③ go on a picnic：ピクニックに行く　　④ run：走る
⑤ grandparent：祖父（または祖母）　　⑥ stay：滞在する　　⑦ yesterday：昨日
⑧ dance to music：音楽に合わせて踊る　　⑨ come to ~：~へ来る　　⑩ afternoon：午後

**A**  空所に適切な動詞を入れましょう。

① 彼は韓国に住んでいます。

He (　　　　) in Korea.

② 私は私の先生と話をしました。

I (　　　　) with my teacher.

③ 彼らは将来、アメリカに行くでしょう。

They (　　　　) (　　　　) to America in the future.

④ ナンシーはそのとき音楽に合わせて踊りました。

Nancy (　　　　) to music then.

⑤ 私の父は昨日、歩いてバス停まで行きました。

My father (　　　　) to the bus stop yesterday.

**B**  次の英文の各下線部に、SVM を書き込んでみましょう。

① 彼は先週の水曜日に、私たちの職場に来ました。

<u>He</u>　<u>came</u>　<u>to our office</u>　<u>last Wednesday.</u>
(　　)(　　)　(　　)　　　(　　)

② 私たちは昨年の夏、このホテルに滞在しました。

<u>We</u>　<u>stayed</u>　<u>at this hotel</u>　<u>last summer.</u>
(　　)(　　)　(　　)　　　(　　)

③ 彼らは来年、オーストラリアに行くでしょう。

<u>They</u>　<u>will go</u>　<u>to Australia</u>　<u>next year.</u>
(　　)　(　　)　　(　　)　　　(　　)

④ 私の友達は駅に到着しました。

<u>My friend  arrived  at the station.</u>
　　(　　)　(　　)　　(　　)

⑤ 私の娘は昨日、そこへ行きました。

<u>My daughter  went  there  yesterday.</u>
　　　(　　)　(　　)(　　)(　　)

**C** 次の日本語を英語にしてみましょう。

① 私たちは次の日曜日、ピクニックに行くつもりです。[8語]

--------------------------------------------------------------------

② ナンシー (Nancy)と私は昨日、公園まで走りました。[8語]

--------------------------------------------------------------------

③ 私の祖父は沖縄に滞在しました。[5語]

--------------------------------------------------------------------

④ 彼女は3日前、スタジアム (stadium)まで歩いて行きました。[8語]

--------------------------------------------------------------------

**L5**
第1文型 文型①

---

✎ **ボキャブラ最終チェック** この STEP3 で出てきた語のスペルと音を確認しよう。

| | | | | | | | |
|---|---|---|---|---|---|---|---|
| □ **Korea** | [kɔríːə] | 图 | 韓国 | □ **America** | [əmérikə] | 图 | アメリカ |
| □ **then** | [ðén] | 副 | そのとき | □ **bus stop** | | 图 | バス停 |
| □ **future** | [fjúːtʃər] | 图 | 将来 | □ **last** | [lǽst] | 形 | この前の |
| □ **hotel** | [houtél] | 图 | ホテル | □ **Australia** | [ɔːstréiljə] | 图 | オーストラリア |
| □ **next** | [nékst] | 形 | 次の | □ **year** | [jíər] | 图 | 年 |
| □ **daughter** | [dɔ́ːtər] | 图 | 娘 | □ **grandfather** | [grǽndfàðər] | 图 | 祖父 |
| □ **stadium** | [stéidiəm] | 图 | スタジアム | □ **~ ago** | [əgóu] | 副 | ~前 |

★ドリルと練習問題の答えは別冊 P3へ！

# 文型② 第2文型

## He is a student.
（彼は生徒です）

**英文の2つめの種類**

ここでは、第2文型について学習します。第2文型は〈S＋V＋C〉という形をとります。Sは主語で、Vは（述語）動詞です。そしてCは「補語」です。

たとえば、He is a student.（彼は生徒です）という文を見てみましょう。he がSで、is がV、a student がCです。第2文型の特徴としていちばん大切なことは、SとC（ここでは he と a student）が「＝」で結ばれる関係になっているということです。

もう1つ例文を挙げてみましょう。Your sister became beautiful.（あなたの姉は美しくなった）という文では、your sister がS、became がVだと分かります。そして、your sister＝beautiful という関係が成り立っていることから、この beautiful は、Cだといえます。つまりCになれる品詞は、a student のような名詞と beautiful のような形容詞です。

第2文型のポイントは以下の3つです。

> **ポイント①** 第2文型は、S（主語）＋V（動詞）＋C（補語）の形をとる
> **ポイント②** SとCの間には、S＝Cの関係が成立する
> **ポイント③** Cになれる品詞は、名詞と形容詞である

He is a student.

| 主語 | be動詞 | 補語 |
|------|--------|------|
| S | V | C |

We were happy at that time.

| 主語 | be動詞 | 補語 | 前置詞 名詞 |
|------|--------|------|------|
| S | V | C | 修飾語(M) |

---

✎ **これも覚えよう！** 第2文型で使われる動詞

第2文型でよく使われる動詞というのがあります。主なものを見てみましょう。

☐ **be動詞**　　　　　　　☐ **become** 〜になる　　　☐ **get** 〜になる
☐ **look** 〜に見える　　　☐ **sound** 〜に聞こえる　　☐ **taste** 〜の味がする
☐ **feel** 〜に感じる　　　☐ **smell** 〜のにおいがする

**STEP 2**
**文で確認**   下線部の日本語を英語にしましょう。

❶ 彼は生徒<u>です</u>。

He (　　　　　) a student.

❷ ナンシー(Nancy)は怒りを<u>感じました</u>。

Nancy (　　　　　) angry.

❸ このスープはおいしい<u>味がする</u>。

This soup (　　　　　) good.

❹ 彼らは先生に<u>なりました</u>。

They (　　　　　) teachers.

❺ トムとアキ(Tom and Aki)はとても悲しそうに<u>見えます</u>。

Tom and Aki (　　　　　) very sad.

❻ 私はそのときとても幸せ<u>でした</u>。

I (　　　　　) very happy at that time.

❼ 彼らはこの町の警察官<u>でした</u>。

They (　　　　　) police officers in this town.

❽ 私の兄は来年、先生に<u>なるでしょう</u>。

My brother (　　　　　) (　　　　　) a teacher next year.

L6
第2文型
文型②

---

✎ ボキャブラメモ
① feel：感じる　　② soup：スープ　　③ taste：味がする　　④ look：見る；見える　　⑤ sad：悲しい
⑥ at that time：そのとき　　⑦ police officer：警察官　　⑧ next year：来年

**A** 空所に適切な動詞を入れましょう。

① 彼は高校生です。

He (　　　　) a high school student.

② あなたのアイデアはとてもおもしろそうです。

Your idea (　　　　) interesting.

③ 彼女は来年、教師になるでしょう。

She (　　　　) (　　　　) a teacher next year.

④ 私の父はとても嬉しそうに見えます。

My father (　　　　) very happy.


**B** 次の英文の各下線部に、SVCM を書き込んでみましょう。

① 私達はそのとき幸せでした。

<u>We</u>　<u>were</u>　<u>happy</u>　<u>at that time.</u>
(　　)(　　)(　　)　(　　　)

② 昨年、彼らは先生になりました。

<u>Last year</u>　<u>they</u>　<u>became</u>　<u>teachers.</u>
　(　　)　(　　)　(　　)　(　　　)

③ 私は将来、サッカー選手になるつもりです。

<u>I</u>　<u>will become</u>　<u>a soccer player</u>　<u>in the future.</u>
(　　)　(　　)　　(　　)　　　(　　)

④ 彼女は中学生です。

<u>She</u>　<u>is</u>　<u>a junior high school student.</u>
(　　)(　　)　　　(　　)

⑤ 彼らはとても怒っているようです。

<u>They</u>  <u>look</u>  <u>very angry</u>.

（　　）（　　）　（　　）

## C  次の英文が第1文型なら⑴を、第2文型なら⑵を、解答欄に記入しましょう。

① He came to my house last Friday.  ------------------------

② Last April he became a pilot.  ------------------------

③ You can become a math teacher in the future.  ------------------------

④ My mother stayed at the hotel last night.  ------------------------

⑤ He was very angry at that time.  ------------------------

## D  次の日本語を英語にしてみましょう。

① 私の兄は昨夜、とても怒っているように見えました。[ 7 語]

------------------------------------------------

② 彼女は幸せになりました。[ 3 語]

------------------------------------------------

---

✎ **ボキャブラ最終チェック**　この STEP3 で出てきた語のスペルと音を確認しよう。

| □ idea | [aidíːə] | 名 アイデア | □ interesting | [íntərəstiŋ] | 形 おもしろい |
| □ pilot | [páilət] | 名 パイロット | □ stay at ～ | | 熟 ～に滞在する |

★ドリルと練習問題の答えは別冊 P4へ！

**Lesson 7** 文型③　第3文型

## Judy has a large dog.
（ジュディは大きな犬を飼っています）

**STEP 1**
**文法ノート**　**英文の３つめの種類**

　ここでは、第３文型について学習します。第３文型は〈S＋V＋O〉という形をとります。

　Sは主語で、Vは（述語）動詞です。そしてOは「目的語」です。Oは、「〜を」にあたる言葉で、動詞のすぐ後ろに置かれて動作の対象を表します。

　たとえば、He bought a new car yesterday.（彼は昨日新しい車を買いました）という文を見てみましょう。he がSで、is がV、a new car がOです。第３文型の特徴としていちばん大切なことは、第２文型と違って、SとO（ここでは he と a new car）が「＝」になっていないということです。

　もう１つ例文を挙げてみましょう。My father visited the temples in Kyoto last Sunday.（私の父は先週日曜に京都のその寺を訪れました）という文では、my father がS、visited がV、the temples がOです。my father と the temples は、イコールではありません。

　また、in Kyoto のような、前置詞＋名詞のかたまりが修飾語＝Mになることは、レッスン5で確認しましたが、last Sunday のような、時を表す語句や、here（ここで）や there（そこで）のような、場所を表す語句もMの働きをすることを覚えておきましょう。

　第３文型のポイントは以下の３つです。

| | |
|---|---|
| ポイント① | 第３文型は、S（主語）＋V（動詞）＋O（目的語）で「SはOをVする」を表す |
| ポイント② | SとOの関係は、S≠Oである |
| ポイント③ | Oになれる品詞はふつう、名詞か代名詞だが、to 不定詞や動名詞が使われることもある |

Judy has a large dog.
　主語　　動詞　　　　目的語
　S　　　V　　　　　O

Jake  is watching  TV  in  the living room.
主語　be 動詞＋動詞の ing 形　目的語　┃前置詞　　　　名詞
S　　　　　V　　　　　　　　　O　　　　　修飾語(M)

36

**STEP 2**
**文で確認**  下線部の日本語を英語にしましょう。

❶ ジュディ(Judy)は大きな犬を<u>飼っています</u>。

Judy (　　　　　) a large dog.

❷ ジム(Jim)とボブ(Bob)はフットボールが<u>好きです</u>。

Jim and Bob (　　　　　) football.

❸ トム(Tom)は今、テニスを<u>しています</u>。

Tom (　　　　　) (　　　　　) tennis now.

❹ 私は毎日このコンピュータを<u>使います</u>。

I (　　　　　) this computer every day.

❺ 私たちはその駅でジョン(John)に<u>会うでしょう</u>。

We (　　　　　) (　　　　　) John at the station.

❻ 私は来週の日曜日、車を<u>洗わなければなりません</u>。

I (　　　　　) (　　　　　) my car next Sunday.

❼ ケイト(Kate)は自分の部屋で英語を<u>勉強しています</u>。

Kate (　　　　　) (　　　　　) English in her room.

❽ 君は風呂場を<u>掃除しなければならない</u>。

You (　　　　　) (　　　　　) the bathroom.

✎ **ボキャブラメモ**
① football：フットボール　　② bathroom：浴室　　③ computer：コンピュータ

L7
第3文型 文型③

**A** 空所に適切な動詞を入れましょう。

① 彼は手の中に鍵を持っています。

He (　　　　) a key in his hand.

② 彼女は来週、自分の車を洗わなければならない。

She (　　　) (　　　　) her car next week.

③ 彼は居間で YouTube を見ているところでした。

He (　　　) (　　　　) YouTube in the living room.

④ カレンはいくつかの椅子をその部屋に運びました。

Karen (　　　　) some chairs to the room.

⑤ 私はそのコンピュータを毎日使っています。

I (　　　) the computer every day.

**B** 次の英文の各下線部に、SVOCM を書き込んでみましょう。

① あなたは今、あなたの手を洗わなければならない。

　You　must　wash　your hands　now.
　(　　)　(　　)　　(　　)　(　　)

② その男性は去年、この本を書きました。

The man　wrote　this book　last year.
　(　　)　(　　)　(　　)　(　　)

③ 私は毎日この辞書を使います。

　I　use　this dictionary　every day.
(　　)(　　)　(　　)　　(　　)

38

④ 彼女は部屋で英語を勉強しているところです。

<u>She is studying English in the room.</u>
( ) ( ) ( ) ( )

⑤ 彼は来週の日曜に彼の車を洗うでしょう。

<u>He will wash his car next Sunday.</u>
( ) ( ) ( ) ( )

**C** 次の英文が第1文型なら⑴を、第2文型なら⑵を、第3文型なら⑶を、解答欄に記入しましょう。

① He used this computer yesterday.  ----------------------

② Last April he became a teacher.  ----------------------

③ She will become an English teacher in the future. ----------------------

④ My family has a large dog.  ----------------------

⑤ Their mother stayed at the hotel last night.  ----------------------

⑥ He went to the museum with Nancy last Sunday.  ----------------------

⑦ In Japan people speak Japanese.  ----------------------

L7

第3文型③

✎ **ボキャブラ最終チェック**　このSTEP3で出てきた語のスペルと音を確認しよう。

□ **carry** [kǽri]　動 運ぶ　　　　　□ **museum** [mjuːzíːəm]　图 美術館

★ドリルと練習問題の答えは別冊P4へ！

39

# 文型④　第4文型

## Tom sent me an e-mail.
（トムは私にメールを送りました）

---

## 英文の4つめの種類

　ここでは、第4文型について学習します。第4文型は、Vの後ろにOを2つ置いた、〈S+V+$O_1$+$O_2$〉という形をとります。Sは主語で、Vは（述語）動詞、Oは目的語です。「Sは$O_1$に$O_2$をVする」という意味になります。

　たとえば、He told me the way to the theater.（彼は私に劇場への道を教えてくれました）という文を見てみましょう。he がSで、told がV、me が$O_1$で the way が$O_2$です。第4文型の特徴は、$O_1$と$O_2$（ここでは me と the way）が「＝」にならないということです。また、$O_1$には主に人を表す名詞が置かれ、$O_2$には主に物［事］を表す名詞が置かれます。

　第4文型のポイントは以下の3つです。

---

ポイント①　第4文型は、S（主語）＋V（動詞）＋$O_1$（目的語）＋$O_2$（目的語）という形である

ポイント②　意味は、「Sは$O_1$（主に人）に$O_2$（主に物）をVしてあげる」となる

ポイント③　$O_1$と$O_2$の関係は、$O_1 \neq O_2$である

---

Tom sent me an e-mail.

| 主語 | 動詞 | 目的語1 | 目的語2 |
|---|---|---|---|
| S | V | $O_1$ | $O_2$ |
|  | Vする | $O_1$に | $O_2$を |

I will tell Jane the way to the station.

| 主語 | 助動詞＋動詞 | 目的語1 | 目的語2 | 前置詞　　　名詞 |
|---|---|---|---|---|
| S | V | $O_1$ | $O_2$ | 修飾語（M） |
|  | Vする | $O_1$に | $O_2$を |  |

---

### ✎ これも覚えよう！　第4文型で使われる動詞

第4文型でよく使われる動詞というのがあります。主なものを見てみましょう。

- ☐ **give** 与える
- ☐ **show** 見せる
- ☐ **teach** 教える
- ☐ **ask** たずねる
- ☐ **tell** 伝える
- ☐ **send** 送る

**STEP 2**
**文で確認**　下線部の日本語を英語にしましょう。

❶　トム(Tom)は私にメールを<u>送りました</u>。

Tom (　　　　　) me an e-mail.

❷　私は息子に世界地図を<u>与えました</u>。

I (　　　　　) my son a world map.

❸　リー氏(Mr. Lee)は私たちに日本史を<u>教えました</u>。

Mr. Lee (　　　　　) us Japanese history.

❹　私はジェーン(Jane)に駅への行き方を<u>教えるつもりです</u>。

I (　　　　) (　　　　　) Jane the way to the station.

❺　ロバート(Robert)は私たちにその面白い話を<u>してくれました</u>。

Robert (　　　　　) us the interesting story.

❻　私の両親は私に古いアルバムを<u>見せてくれました</u>。

My parents (　　　　　) me an old album.

❼　ケイト(Kate)は先週、私に彼女のメールアドレスを<u>教えました</u>。

Kate (　　　　　) me her e-mail address last week.

❽　私の生徒は私にいくつかの質問を<u>しました</u>。

My student (　　　　　) me some questions.

L8
文型④
第4文型

✎ ボキャブラメモ
① e-mail：メール　　② son：息子　　③ world：世界　　④ map：地図　　⑤ way：道
⑥ interesting：面白い　　⑦ album：アルバム　　⑧ address：住所　　⑨ question：質問

**A** 空所に適切な動詞を入れましょう。

① 彼は私に古いカメラをくれました。

He (　　　　) me an old camera.

② 彼女は昨日、私たちにアルバムを見せました。

She (　　　　) us an album yesterday.

③ スミス氏は彼らに英語を教えています。

Mr. Smith (　　　　) them English.

④ マイクは私に駅までの道を伝えました。

Mike (　　　　) me the way to the station.

⑤ 彼は彼女にたった今メールを送りました。

He (　　　　) her an e-mail just now.

**B** 次の英文の各下線部に、SVOCM を書き込んでみましょう。

① ある男性が私にミュージアムまでの道をたずねました。

<u>A man</u>　<u>asked</u>　<u>me</u>　<u>the way</u>　<u>to the museum.</u>
(　　) (　　)(　　) (　　)　　(　　)

② その年配の女性は私たちに面白い話をしました。

<u>The old woman</u>　<u>told</u>　<u>us</u>　<u>an interesting story.</u>
(　　)　(　　)(　　)　　(　　)

③ ホワイト氏は多くの生徒たちに英語を教えました。

<u>Mr. White</u>　<u>taught</u>　<u>many students</u>　<u>English.</u>
(　　)　(　　)　(　　)　　(　　)

42

④　私の友達は私にメールを送りました。

<u>My friend</u>　<u>sent</u>　<u>me</u>　<u>an e-mail</u>.
（　　）　（　　）（　　）（　　）

⑤　私の両親は私に古いアルバムを見せてくれました。

<u>My parents</u>　<u>showed</u>　<u>me</u>　<u>an old album</u>.
（　　）　　（　　）（　　）　（　　）

**C**　次の英文が第1文型なら⑴を、第2文型なら⑵を、第3文型なら⑶を、第4文型なら⑷を、解答欄に記入しましょう。

①　She used this camera yesterday.　-----------------------

②　Last April he became a teacher.　-----------------------

③　My father bought me a smartphone.　-----------------------

④　Mike told us a good story.　-----------------------

⑤　My mother stayed at the hotel last Saturday.　-----------------------

⑥　Tom got very angry last night.　-----------------------

⑦　My uncle lives in India now.　-----------------------

**L8**
第4文型
文型④

✎ **ボキャブラ最終チェック**　この STEP3 で出てきた語のスペルと音を確認しよう。

| □ just now | | 熟 | たった今 | □ smartphone | [smάːtfòun] | 图 | スマートフォン |
| □ uncle | [ʌ́ŋkl] | 图 | 叔父 | □ India | [índiə] | 图 | インド |

★ドリルと練習問題の答えは別冊 P4へ！

# 文型⑤　第5文型

## We call him Bob.
（私達は彼をボブと読んでいます）

**英文の5つめの種類**

　ここでは、第5文型について学習します。第5文型は、Vの後ろにOとCを置いた、〈S＋V＋O＋C〉という形をとります。Sは主語で、Vは（述語）動詞、Oは目的語、Cは補語です。「SはOをCに［と］Vする」という意味になります。

　たとえば、You made me happy.（あなたは私を幸せにした）という文を見てみましょう。you がSで、made がVになります。次の me がOで、happy がCです。第5文型の特徴は、OとC（ここでは me と happy）の関係が「＝」になるということです。

　もう1つ例を挙げてみましょう。His parents made him a lawyer. という文では、him（彼）＝a lawyer（弁護士）という関係が成り立っています。第2文型でも学習しましたが、happy のような形容詞と a lawyer のような名詞が、Cになることができます。

　この第5文型で非常に良く使われる動詞が4つあるので、まずはそれを覚えましょう。

□ **make O C**　　　OをCにする　　　　　□ **call O C**　　　OをCと呼ぶ
□ **name O C**　　　OをCと名付ける　　　□ **find O C**　　　OがCだと分かる

　第5文型のポイントは以下の3つです。

| | |
|---|---|
| ポイント① | 第5文型は、S（主語）＋V（動詞）＋O（目的語）＋C（補語）という形である |
| ポイント② | OとCの関係は、O＝Cである |
| ポイント③ | 意味は、「SはOをCに［と］Vする」となる |

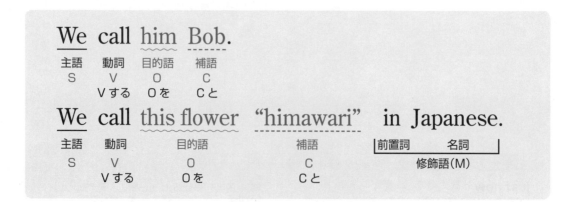

　　下線部の日本語を英語にしましょう。

**❶** その事故は私たちを悲しませました。

The accident (　　　　　) us sad.

**❷** その知らせは彼らを喜ばせるでしょう。

The new (　　　　) (　　　　　) them happy.

**❸** その試合はあなたを興奮させましたか。

Did the game (　　　　) you excited?

**❹** 私たちは彼をボブ(Bob)と呼んでいます。

We (　　　　) him Bob.

**❺** 私の父は私をタク(Taku) と呼びます。

My father (　　　　) me Taku.

**❻** 私達はその映画がおもしろいと思うだろう(分かるだろう)。

We (　　　　) (　　　　　) the movie interesting.

**❼** 私は、彼のアイデアを素晴らしいと思った(分かった)。

I (　　　　) his ideas wonderful.

**❽** ケン(Ken)とアキ(Aki)は彼らの赤ちゃんをユカ(Yuka)と名付けました。

Ken and Aki (　　　　) their baby Yuka.

---

✎ **ボキャブラメモ**
① accident：事故　　② sad：悲しい　　③ news：知らせ　　④ game：試合；ゲーム
⑤ excited：興奮した　　⑥ wonderful：素晴らしい

L9
第5文型
文型⑤

**A** 空所に適切な動詞を入れましょう。

① 彼女は昨晩、彼を怒らせましたか。

Did she (　　　　) him angry last night?

② 彼らは私をテッドと呼びます。

They (　　　　) me Ted.

③ 私の兄と私はその犬をポチと名付けました。

My brother and I (　　　　) the dog Pochi.


**B** 次の英文の各下線部に、SVOCM を書き込んでみましょう。

① 人々はあの花を英語で「sunflower」と呼びます。

People  call  that flower  "sunflower"  in English.
(　　) (　　) (　　)　　(　　)　　(　　)

② 彼らはあなたの作品が美しいと分かるでしょう。

They  will find  your work  beautiful.
(　　) (　　)　(　　)　(　　)

③ 彼の死は私たちをひどく悲しませました。

His death  made  us  very sad.
(　　)　(　　) (　　) (　　)

④ その両親は彼らの赤ん坊をジョンと名付けました。

The parents  named  their baby  John.
(　　)　(　　)　(　　)　(　　)

**C** 次の英文が第1文型なら(1)を、第2文型なら(2)を、第3文型なら(3)を、第4文型なら(4)を、第5文型なら(5)を、解答欄に記入しましょう。

① The man used the computer last night. ----------------------

② The news made us angry. ----------------------

③ My mother stayed in Singapore last week. ----------------------

④ Last year he became an engineer. ----------------------

⑤ My mother gave me a bag. ----------------------

⑥ She became an English teacher last year. ----------------------

⑦ My father showed us an old album yesterday. ----------------------

⑧ My father calls me Taku. ----------------------

⑨ Those men and women are listening to music now. ----------------------

⑩ My mother and I made a large cake last Saturday. ----------------------

**L9**
第5文型　文型⑤

✏️ **ボキャブラ最終チェック** この STEP3 で出てきた語のスペルと音を確認しよう。

| ☐ **people** | [píːrpl] | 图 人々 | ☐ **death** | [déθ] | 图 死 |
| ☐ **Singapore** | [síɾɡəpɔ̀r] | 图 シンガポール | ☐ **engineer** | [èndʒiníər] | 图 エンジニア |

★ドリルと練習問題の答えは別冊 P5へ！

**A**　下線部に SVOCM を記入し、それぞれがどの文型なのか答えましょう。

① The sun shines on the sea.
　（　　）（　　）（　　　）
第　　文型

② It was a very hot day.
　（　　）（　　）　　（　　）
第　　文型

③ We played soccer today.
　（　　）（　　）（　　）（　　）
第　　文型

④ Nancy gave us small presents.
　（　　）（　　）（　　）　（　　）
第　　文型

⑤ David became a famous singer.
　（　　）（　　）　　（　　）
第　　文型

⑥ We call the flower "himawari" in Japanese.
　（　　）（　　）（　　）　（　　）　　（　　）
第　　文型

⑦ My father will give me a world map.
　（　　）　（　　）（　　）（　　）
第　　文型

⑧ That sounds great.
　（　　）（　　）（　　）
第　　文型

⑨ Did you study English last night?
　（　　）（　　）（　　）　（　　）
第　　文型

⑩ Several students are dancing to music on stage.
　　（　　）　　（　　）　（　　）（　　）
第　　文型

⑪　<u>Are</u>　<u>you</u>　<u>serious?</u>

（　　）（　　）（　　）　　　　　　　　　　　　　　第　　文型

⑫　<u>What do you</u>　<u>call</u> <u>this animal</u> <u>in English?</u>

（　　）　（　　）（　　）　（　　）　　（　　）　　第　　文型

⑬　<u>What did your grandfather</u> <u>give</u>　<u>to you?</u>

（　　）　　　　　（　　）　　　（　　）（　　）　　第　　文型

⑭　<u>In Japan,</u> <u>many people</u> <u>don't smoke.</u>

（　　）　　（　　）　　　（　　）　　　　　　　　第　　文型

⑮　<u>In the sky</u> <u>a lot of stars</u> <u>are shining.</u>

（　　）　　（　　）　　　（　　）　　　　　　　　第　　文型

---

**B**　[　　　]の動詞を用いて日本語を英語にし、その文型を書きましょう。

①　私は来年、北海道を訪れる予定です。　［ visit ］

------------------------------------------　第　　文型

②　彼女は私に素敵な財布( a nice wallet )をくれました。　［ gave ］

------------------------------------------　第　　文型

③　私の友達(複数)は私を Teru と呼びます。　［ call ］

------------------------------------------　第　　文型

④　彼女は将来、先生になるだろう。　［ be ］

------------------------------------------　第　　文型

⑤　私たちは２年前、ニューヨークに住んでいました。　［ lived ］

------------------------------------------　第　　文型

★答えは別冊 P5へ！

# 10 受動態① 現在形

## This car is washed by my father every month.
（この車は父によって毎月洗われます）

---

**STEP 1**
**文法ノート** ┃ **立場を入れ替えて表現する**

　これまで学習してきた「主語（S）が動詞（V）する」という形を能動態といいます。これに対して「S は V される」という形を受動態といいます。

　受動態は、能動態の文から考えると分かりやすく説明することができます。

　たとえば、I love Nancy.（私はナンシーを愛しています）という文は能動態です。この文の主語は I、動詞は love、Nancy は目的語です。これを、「ナンシーは私によって愛されています」という受動態の文にしてみましょう。

　受動態を作るときは、まずは目的語を文頭に出すことから始めます。次に、動詞を〈be 動詞＋過去分詞（Vpp）〉の形にします。「〜によって」の部分は〈by 〜〉で表現します。「〜」の部分に代名詞がくる場合は、目的格にします。結果、Nancy is loved by me.（ナンシーは私によって愛されています）という受動態の英文が完成します。

---

🖉 **これも覚えよう！**　**省略される by 〜**

English is spoken in many countries. の文で、「"by だれだれ" はいらないの？」と思ったのではないでしょうか。一般的に、by の後ろに置かれるものは、聞き手にとって新しい情報（重要な部分）である必要があります。by them や by people のように、「だれだか特定できない多数（の人々）によって」というのは新しい情報（重要な部分）ではありませんから、by them や by people は省略されるのです。

**STEP 2**
**文で確認**　　[　　]の動詞を使って受動態（現在形）の文を書いてみましょう。

❶　この車はトム（Tom）が毎日洗っています。　[wash]

　　This car (　　　　　) (　　　　　　) by Tom every day.

❷　英語は多くの国々で話されています。　[speak]

　　English (　　　　　) (　　　　　　) in many countries.

❸　バンコクは多数の人に訪問されています。　[visit]

　　Bangkok (　　　　　) (　　　　　　) by many people.

❹　あのコンピュータはデイビッド（David)によって使われています。　[use]

　　That computer (　　　　　) (　　　　　) by David.

❺　台所は毎日、母が掃除しています。　[clean]

　　The kitchen (　　　　　) (　　　　　) by my mother every day.

❻　あれらの歌は若い人々によって歌われます。　[sing]

　　Those songs (　　　　　) (　　　　　) by young people.

❼　これらのオートバイは台湾で作られています。　[produce]

　　These motorcycles (　　　　　) (　　　　　) in Taiwan.

❽　そのテレビゲームは、たくさんの子供たちによって遊ばれています。　[play]

　　The video game (　　　　　) (　　　　　) by a lot of children.

L10
受動態①
現在形

---

✎ ボキャブラメモ
① Bangkok：バンコク　　② kitchen：台所　　③ song：歌　　④ motorcycle：オートバイ
⑤ produce：生産する　　⑥ video game：テレビゲーム

**A** 　能動態の文を受動態にするために、空所に適語を入れましょう。

① My mother cooks dinner every day.

　→ Dinner (　　　　) (　　　　　) by my mother every day.

② These children play the video games.

　→ The video games (　　　　) (　　　　) (　　　　　) these children.

③ David uses this computer.

　→ This computer (　　　　) (　　　　) (　　　　) David.


**B** 　日本語に合うように空所に適語を入れましょう。

① その車は毎日トムによって洗われます。

　The car (　　　　) (　　　　) by Tom every day.

② その曲は多くの若者によって歌われます。

　The songs (　　　　) (　　　　) by a lot of young people.

③ 英語は世界中で話されています。

　English (　　　　) (　　　　) all over the world.

④ これらのコンピュータは、生徒たちによって使われます。

　These computers (　　　　) (　　　　) (　　　　) students.


**C** 　(　　) の語句を、日本語に合うように並べかえましょう。

① そのケーキはナンシーによって作られます。
　( cake / is / the / made ) by Nancy.

--------------------------------------------------------------------

② これらのコンピュータはマイクによって使われています。
( computers / are / these / used ) by Mike.

----------------------------------------------------------------

③ これらの本は多くの人々によって読まれています。
( these / are / books / read / by ) a lot of people.

----------------------------------------------------------------

④ その車は私の父によって洗われます。
( by / car / washed / is / the / father / my ).

----------------------------------------------------------------

⑤ 英語はオーストラリアで話されています。
( Australia / in / English / spoken / is ).

----------------------------------------------------------------

**D** 次の会話文を読んで、後の質問に合う答えを①〜③から１つ選びましょう。

Student : Why do we have to study English?

Teacher : English is spoken in many countries around the world. Some of them use their own language, but they also can speak English when necessary.

Student : I see. We also need to study English to communicate with these people.

生徒によると、次のうちどれが本当でしょうか。

① Some people can speak only their own language.

② Some people are interested in speaking English.

③ Some people have the ability to use more than one language.

----------------------

**L10** 受動態 現在形 ①

✎ **ボキャブラ最終チェック** この STEP3 で出てきた語のスペルと音を確認しよう。

□ **dinner** [dínər] 名 夕食          □ **all over the world**          世界中で

★ドリルと練習問題の答えは別冊 P6へ！

# 受動態② 過去形

## The apple was eaten by Bob.
そのリンゴはボブによって食べられました。

---

**STEP 1**
**文法ノート** ## be 動詞＋過去分詞の過去形の文

　受動態にも、能動態の文と同じように現在形や過去形が存在します。現在形と過去形を区別するものは、これまでみなさんが学習してきた be 動詞です。

　現在形であれば、主語に合わせて is と am と are を使い分けますね。受動態の文を過去形にする場合、主語に合わせて was と were を使い分ければよいのです。

　たとえば、Nancy is loved by me.（ナンシーは私によって愛されています）という文は現在形です。これを、「ナンシーは私によって愛されていました」という過去形にしたいなら、be 動詞の is を was にして、Nancy was loved by me. とすれば OK です。

　能動態から受動態に書き換える際には、現在形なのか過去形なのかということと、主語に置かれている名詞は何なのかという点にしっかり注目しながら、適切な be 動詞を決定できるように練習していきましょう。そして、受動態を「～されるだろう」という未来の表現にしたい場合は、S が何であっても will be Vpp を使います。また、can や must などの助動詞を受動態の文に入れる場合も、〈助動詞＋be＋Vpp〉で表します。

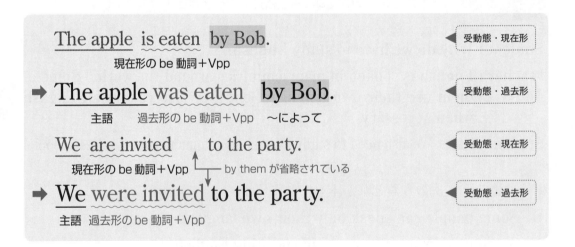

**STEP 2**
**文で確認**　[　　]の動詞を使って受動態（過去形）の文を書いてみましょう。

❶ ロバート（Robert）は私の姉に愛されていました。　[love]

Robert (　　　　　) (　　　　　　) by my sister.

❷ この橋は1950年に建てられました。　[build]

This bridge (　　　　　) (　　　　　) in 1950.

❸ その運動会は昨日開かれました。　[hold]

The sports festival (　　　　　) (　　　　　) yesterday.

❹ この本はマーク・トウェインに書かれました。　[write]

This book (　　　　　) (　　　　　) by Mark Twain.

❺ あの写真は有名な写真家が撮りました。　[take]

That picture (　　　　　) (　　　　　) by a famous photographer.

❻ 私たちはパーティーに招待されました。　[invite]

We (　　　　　) (　　　　　) to the party.

❼ これらのソファは年配の女性に買われました。　[buy]

These sofas (　　　　　) (　　　　　) by an old woman.

❽ その部屋は私の母が掃除しました。　[clean]

The rooms (　　　　　) (　　　　　) by my mother.

L11
受動態②
過去形

---

✎ ボキャブラメモ
① bridge：橋　　② hold：（腕で）持つ；開催する　　③ sports festival：運動会　　④ famous：有名な
⑤ photographer：写真家　　⑥ invite：招待する　　⑦ sofa：ソファ

**STEP 3 問題にトライ** **A** 文末に（ ）の語句を続けて全文を書きかえましょう。

① English is taught to them by Mr. White. ( last week )

----------------------------------------------------------------

② These tickets are sold at the shop. ( last month )

----------------------------------------------------------------

③ The car is washed by my brother. ( last night )

----------------------------------------------------------------

**B** 能動態の文を受動態にするために、空所に適語を入れましょう。

① Nancy made the cake last Saturday.

→ The cake ( ) ( ) by Nancy last Saturday.

② The children broke the window.

→ The window ( ) ( ) ( ) the children.

③ They spoke Spanish in this area 20 years ago.

→ Spanish ( ) ( ) in this area 20 years ago.

**C** 日本語に合うように空所に適語を入れましょう。

① その小説は多くの若者によって読まれました。

The novels ( ) ( ) by a lot of young people.

② 日本語はこのクラスで話されました。

Japanese ( ) ( ) in this class.

56

**D**　（　）の語句を、日本語に合うように並べかえましょう。

① そのケーキはマイクによって食べられました。
( cake / was / the / eaten ) by Mike.

------------------------------------------------------------

② この歌は、有名な作家によって歌われました。
( song / was / this / sung ) by a famous writer.

------------------------------------------------------------

③ 昨夜、私は財布を盗まれました。
( purse / stolen / my / was ) last night.

------------------------------------------------------------

**E**　次の会話文を読んで、後の質問に合う答えを①〜③から１つ選びましょう。

John : What movie do you like the best?  I like "Titanic" the best.  The movie was seen by millions of people.

Miku : I know that movie.  I saw it.  But the movie made me very sad.  I don't want to see it again.

John : Oh, we don't have the same tastes in movies.

ミクはその映画についてどう思っていますか。
① Bored
② Excited
③ Unhappy

**L11**
受動態②
過去形

------------------------

✎ **ボキャブラ最終チェック**　この STEP3 で出てきた語のスペルと音を確認しよう。

| □ **ticket** | [tíkit] | 图 | チケット | □ **shop** | [ʃáp] | 图 | 店 |
| □ **break** | [bréik] | 動 | 壊す | □ **area** | [éəriə] | 图 | 地域 |
| □ **novel** | [nάvəl] | 图 | 小説 | □ **stolen** | [stóuln] | | steal（盗む）の過去分詞 |

★ドリルと練習問題の答えは別冊 P6へ！

# Lesson 12　受動態③　否定文

## French is not spoken in this country.
（この国ではフランス語が話されていません）

---

**STEP 1**
**文法ノート**　**be 動詞＋過去分詞の否定文**

ここでは、受動態の否定文について学習しましょう。

受動態は、「主語（S）は動詞（V）される［されている］」という意味なので、否定文では、「S は V されません［されていません］」という意味になります。否定文の作り方は、be 動詞の英文と同じで、be 動詞の後ろに not を入れ、〈be 動詞＋not＋Vpp〉という形で作れます。

また、これまでの be 動詞の使い方と同様に、be 動詞＋not の部分は、isn't や wasn't などのように、短縮形を使って表現することもできます。

---

French　is　　spoken in this country.　◀ 肯定文

be 動詞と Vpp の間に not を入れる

➡ French is not spoken in this country.　◀ 否定文
　主語　　be 動詞＋not＋Vpp

The gesture　was　　understood by the locals.　◀ 肯定文

be 動詞＋not は短縮形でも OK!

➡ The gesture wasn't understood by the locals.　◀ 否定文
　主語　　be 動詞＋not＋Vpp

---

✎ **これも覚えよう！**　by を使わない受動態①

「〜によって」という場合は通例 by を用いますが、by を用いない受動態もあります。よく使われるものをまずは 2 つ、チェックしてみましょう。

□ **be made of 〜**（〜で［から］作られている）
□ **be made from 〜**（〜で［から］作られている）

※of は見た目で S と〜の関係がわかるもの、from は形が変化していてわかりにくいものに使います。たとえば、それを作った材料が明らかに木だとわかる机の場合、This desk is made of wood.（この机は木でできています）と言います。また、たとえばブドウの形を変えて作られたワインについて言う場合は、Wine is made from grapes.（ワインはブドウから作られます）と表現します。

---

**STEP 2**
**文で確認**　［　　］の動詞を使って受動態の否定文を書いてみましょう。⑤〜⑧は短縮形を使いましょう。

❶ この国ではフランス語は話されていません。　［speak］

French (　　　　) (　　　　) (　　　　　　) in this country.

❷ これらの本は学生たちによって読まれていません。　［read］

These books (　　　　) (　　　　) (　　　　) by students.

❸ この赤い車はボブ(Bob)が買いませんでした。　［buy］

This red car (　　　　) (　　　　) (　　　　) by Bob.

❹ これらのコンピュータはその店で売られていませんでした。　［sell］

These computers (　　　　) (　　　　) (　　　　) at the store.

❺ そのウェブサイトは現在使われていません。　［use］

The website (　　　　) (　　　　) now.

❻ その時計は日本で製造されていません。　［produce］

The watch (　　　　) (　　　　) in Japan.

❼ その皿は私の娘が洗いませんでした。　［wash］

The dish (　　　　) (　　　　) by my daughter.

❽ 彼らはトム(Tom)の結婚式に招待されませんでした。　［invite］

They (　　　　) (　　　　) to Tom's wedding ceremony.

L12
受動態③
否定文

✎ ボキャブラメモ
① French：フランス語　　② country：国　　③ website：ウェブサイト　　④ watch：時計；見る
⑤ daughter：娘　　⑥ invite：招待する　　⑦ wedding ceremony：結婚式

**A** 次の文を否定文にしてみましょう。

① Our lunch is cooked by a famous chef.

---

② Mike was invited to the party.

---

**B** 日本語に合うように空所に適語を入れましょう。

① そのカメラは日本で製造されていません。

The camera (　　　　) (　　　　) (　　　　) in Japan.

② この教室は昨日、掃除されませんでした。

This classroom (　　　　) (　　　　) yesterday.

**C** (　　) の語句を、日本語に合うように並べかえましょう。

① これらのクッキーは私の母には食べられませんでした。
( cookies / were / these / eaten / not ) by my mother.

---

② これらの部屋は昨日使われませんでした。
( were / rooms / used / these / not ) yesterday.

---

③ これらのチケットは、ここでは売られていません。
( these / aren't / tickets / sold ) here.

---

**D** 能動態の文を受動態にするために、空所に適語を入れましょう。

① Nancy didn't study Japanese last Saturday.

→ Japanese (　　　　) (　　　　) (　　　　) by Nancy last Saturday.

② The children didn't answer the question.

→ The question (　　　　) (　　　　) by the children.

③ We don't speak Korean here.

→ Korean (　　　　) (　　　　) here.

**E** 次の会話文を読んで、後の質問に合う答えを①～③から１つ選びましょう。

Amy : It seems like you have a lot of free time today.

Taku : Yes.  Homework wasn't given by our teacher this time.

Amy : That's surprising.  You usually have a lot to do.

タクは今日、なぜ暇ですか。

① Because he has already done the homework.

② Because he doesn't have the homework to do.

③ Because his teacher was absent from school.

**L12**

受動態③
否定文

# Lesson 13 受動態④ 疑問文と答え方

## Is English spoken in Singapore?
（英語はシンガポールで話されていますか）

## Yes, it is. / No, it isn't.
（はい／いいえ）

---

**be 動詞＋過去分詞の疑問文**

ここでは、受動態の疑問文について学習しましょう。

受動態は、「主語（S）は動詞（V）される［されている］」という意味なので、疑問文では、「S は V されますか［されていますか］」という意味になります。疑問文の作り方は、be 動詞の英文と同じです。〈be 動詞＋Vpp〉という受動態の be 動詞を文頭に置いて、〈be 動詞＋S＋Vpp ～?〉という形にします。疑問文なので、文末には、「?（クエスチョンマーク）」を置くことを忘れないようにしてください。

疑問文に対して、〈Yes, S＋be 動詞 .〉という形で「はい」、〈No, S＋be 動詞＋not.〉という形で「いいえ」と答えられます。もちろん、be 動詞＋not の部分は、aren't や weren't などのように、短縮形を使って表現することもできます。

English    is    spoken in Singapore.　　◀ ふつうの文
主語　　be 動詞　　Vpp

be 動詞を文頭にもってくる

Is    English spoken in Singapore?　　◀ 疑問文
be 動詞　　主語　　Vpp

Yes, it    is. / No, it    isn't.
主語 be 動詞　　　　主語　be 動詞＋not

---

✎ **これも覚えよう！** by を使わない受動態②

「～によって」という場合は通例 by を用いますが、by を用いない受動態もあります。よく使われるものをもう少しチェックしてみましょう。

☐ **is covered with ～**（～で覆われている）
☐ **be known to ～**（～に知られている）
☐ **be surprised at ～**（～に驚かされる ⇒ ～に驚く）
☐ **be interested in ～**（～に興味を持たされる ⇒ ～に興味を持っている）

STEP 2
文で確認　　[　　]の動詞を使って受動態の疑問文と答えを書いてみましょう。

❶　英語はシンガポールで話されていますか。はい。　[speak]

（　　　　　　　） English （　　　　　　　） in Singapore?　Yes, it is.

❷　ロバート（Robert）はケイト（Kate）によって愛されていますか。いいえ。　[love]

（　　　　　　） Robert （　　　　　　） by Kate?　No, he isn't.

❸　そのカメラは中国で作られていますか。はい。　[make]

（　　　　　　） the cameras （　　　　　　） in China?　Yes, （　　　　　　） are.

❹　科学は多くの生徒が学びましたか。はい。　[study]

（　　　　　　） science （　　　　　　） by a lot of students?
Yes, （　　　　　） （　　　　　）.

❺　その新しい車は若い男性が買ったのですか。いいえ。　[buy]

（　　　　　　） the new car （　　　　　　） by a young man?
No, （　　　　　） （　　　　　）.

❻　これらの車は日本で売られていましたか。はい。　[sell]

（　　　　　　） these cars （　　　　　　） in Japan?
Yes, （　　　　　） （　　　　　）.

❼　そのスーツケースは部屋まで運ばれましたか。いいえ。　[carry]

（　　　　　　） the suitcase （　　　　　　） to the room?
No, （　　　　　） （　　　　　）.

❽　これらの建物は19世紀に建てられましたか。はい。　[build]

（　　　　　　） these buildings （　　　　　　） in the 19th century?
Yes, （　　　　　） （　　　　　）.

---

✎ ボキャブラメモ
① Singapore：シンガポール　② science：科学　③ suitcase：スーツケース　④ century：世紀

**A** 次の文を疑問文に書きかえて、（　　）の語を使って答えましょう。

① The comic book was read by Bob.　( yes )

------------------------------------------------------------

② English is studied by a lot of students.　( no )

------------------------------------------------------------

③ The buildings were built in 2010.　( yes )

------------------------------------------------------------

**B** 日本語に合うように空所に適語を入れましょう。

① そのカメラは、イタリアで作られているのですか。いいえ。

(　　　　) the cameras (　　　　) in Italy?  No, (　　　　) (　　　　).

② メアリーはボブに愛されていましたか。はい。

(　　　　) Mary (　　　　) by Bob?  Yes, (　　　　) (　　　　).

③ この歌は、多くの人によって歌われていますか。いいえ。

(　　　　) this song (　　　　) by a lot of people?
No, (　　　　) (　　　　).

**C** （　　）の語句を、日本語に合うように並べかえましょう。

① そのコンピュータは、昨日、トムが使いましたか。
( used / was / the / computer ) by Tom yesterday?

------------------------------------------------------------

② 昼食は毎日、あなたの母親が料理しますか。
( is / mother / lunch / cooked / your / by ) every day?

--------------------------------------------

③ フランス語はここで話されていますか。いいえ。
( is / French / spoken / here )?  ( it / isn't / no, ).

--------------------------------------------

**D** 能動態の文を受動態にするために、空所に適語を入れましょう。

① Did Naoki study English last Monday?

→ (          ) English (          ) by Naoki last Monday?

② Do they speak Spanish here?  — Yes, they do.

→ (          ) Spanish (          ) here?  — Yes, (       ) (          ).

**E** 次の会話文を読んで、後の質問に合う答えを①〜③から１つ選びましょう。

Woman : Were several people injured in the traffic accident last night?

　Man : No. Luckily, nobody was injured and taken to the hospital.

Woman : Unbelievable!  The cars were badly damaged.

彼らは何について話していましたか。

① A car race.

② An automobile accident.

③ Dangerous driving.

------------------------

**✎ ボキャブラ最終チェック** この STEP3 で出てきた語のスペルと音を確認しよう。

| ☐ comic book | | 名 マンガ本 | ☐ Italy | [íṭəli] | 名 イタリア |
| ☐ French | [frénʃ] | 名 フランス語 | ☐ Spanish | [spǽniʃ] | 名 スペイン語 |

★ドリルと練習問題の答えは別冊 P7 へ！

**A** 2つの文が同じ意味になるように、空所に適語を入れましょう。

① My sister made a cake last Sunday.

A cake (　　　　) (　　　　) by my sister last Sunday.

② Cats sometimes catch mice.

Mice (　　　) sometimes (　　　) by cats.

③ Do you like the famous actor?

(　　　) the famous actor (　　　) by you?

④ My father didn't watch YouTube.

YouTube (　　　) (　　　) by my father.

⑤ Did he watch the game on TV?

(　　　) the game (　　　) on TV by him?

**B** 空所に入れるのに最も適切なものを、⑴〜⑷の中から選びましょう。

① The musician is (　　　) all over the world.

⑴ know　⑵ knew　⑶ known　⑷ knowing

② Is this car (　　　) your brother?

⑴ using　⑵ used　⑶ used by　⑷ using by

③ The magazine (　　　) sold at the bookstore.

⑴ isn't　⑵ aren't　⑶ don't　⑷ doesn't

④ That mountain is covered (　　　) snow in winter.

⑴ to　⑵ with　⑶ from　⑷ at

**C** （　）の語句を、日本語に合うように並べかえましょう。

① あの重いスーツケースは、彼が運びました。
( heavy / that / was / suitcase / carried ) by him.

-----------------------------------------------------------------

② このコンピュータはときどき、私の母が使います。
This computer ( my / by / sometimes / is / used / mother ).

-----------------------------------------------------------------

③ なぜこの手紙は彼によって書かれたのですか。
Why ( by / written / was / letter / this / him )?

-----------------------------------------------------------------

④ 日本語は世界中で話されていません。
( isn't / all / the / Japanese / over / world / spoken ).

-----------------------------------------------------------------

**D** 次の会話文を読んで、後の質問に合う答えを①〜③から１つ選びましょう。

Ken : You look cheerful today.

Megumi : Yes, I'm happy because my lost wallet was found by a kind stranger.

Ken : That's wonderful news!  I'm glad it was returned to you.

メグミに起こったことは何ですか。

① She met her friend, Ken.

② Her wallet was returned to her.

③ She saw a strange young man.

-----------------------

★答えは別冊 P8へ！

67

# 関係代名詞①　主格の which

## This is the bus which goes to the station.
（これはその駅へ行くバスです）

---

**関係代名詞（which）が作る意味のまとまり**

　関係代名詞という文法事項について学習していきましょう。関係代名詞にはいくつかの種類がありますが、全体に共通することは、その後ろに続く語句と一緒に、前にある（代）名詞（＝先行詞と呼びます）を修飾します。図解してみましょう。

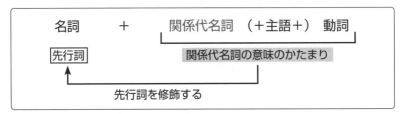

　関係代名詞にはいくつかの種類があります。そのいくつかある関係代名詞の使い分けは、先行詞となる名詞の種類と、関係代名詞の後ろの語順によって決まります。

　ここでは、関係代名詞で始まる文の中で主語（S）の役割を果たす、主格の関係代名詞 which について学習します。この which の決まりは以下のとおりです。

> ① 先行詞となる名詞は、人以外のもの
> ② which の後ろは動詞から始まる（＝S がない文になる）

　つまり、〈名詞（＝ 先行詞：人以外）＋which V ～〉という形で「V する名詞」という意味を表します。

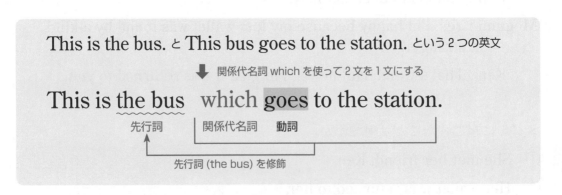

**STEP 2**
**文で確認**　［　　］の動詞と関係代名詞 which を使った英文を書いてみましょう。動詞は変化させる場合があります。

❶　これは駅へ行くバスです。　［go］

This is a bus （　　　　　） （　　　　　　） to the station.

❷　これは1960年に沈んだ船です。　［sink］

This is the ship （　　　　　） （　　　　　　） in 1960.

❸　テーブルから落ちたその花瓶は高価でした。　［fall］

The vase （　　　　　） （　　　　　　） from the table was expensive.

❹　トム(Tom)は多くの若者を感動させる詩を書きました。　［move］

Tom wrote a poem （　　　　　） （　　　　　） a lot of young people.

❺　岩の上で遊んでいる数匹のサルを見てください。　［play］

Please look at some monkeys （　　　　） （　　　　） （　　　　）
on the rock.

❻　その店で売られていた雑誌はとても面白かったです。　［sell］

The magazines （　　　　） （　　　　） （　　　　） at the shop was
interesting.

❼　京都には8世紀に建てられたお寺がいくつかあります。　［build］

Kyoto has some temples （　　　　） （　　　　） （　　　　） in the
8th century.

❽　リサ(Lisa)は多くの顧客を抱える航空会社で働いていましたか。　［have］

Was Lisa working for the airline company （　　　　） （　　　　）
many customers?

---

✎ **ボキャブラメモ**
① ship：船　　② sink：沈む　　③ vase：花びん　　④ fall：落ちる　　⑤ poem：詩
⑥ move：感動させる　　⑦ rock：岩　　⑧ magazine：雑誌　　⑨ temple：寺　　⑩ century：世紀
⑪ airline：航空会社　　⑫ customer：顧客

**A** 関係代名詞の which を入れる場所として正しいのは、⑴と⑵のどちら でしょう。

① This ⑴ is a train ⑵ leaves for Tokyo. --------------

② That is a camera ⑴ is not made ⑵ in Japan. --------------

③ The vase ⑴ fell from the table was ⑵ very expensive. --------------

**B** 日本語に合うように、空所に適語を書き入れましょう。

① 丘の上に立っているホテルは、とても古いです。
The hotel (　　　) (　　　　) on the hill is very old.

② これは日本語で「辞書」を意味する単語ですか。
Is this the word (　　　) (　　　　) "dictionary" in Japanese?

③ 彼女は多くの若者を感動させる詩を書きました。
She wrote a poem (　　　) (　　　　) a lot of young people.

④ 私はとても速く飛ぶことができる鳥を見ました。
I saw the bird (　　　) (　　　) (　　　) very fast.

**C** (　　) の語句を、日本語に合うように並べかえましょう。

① 私は奈良で、8 世紀に建てられたお寺を見ました。
I saw ( some / which / were / temples / built ) in the 8th century in Nara.

--------------

70

② これは中国語で「犬」を意味する言葉ですか。
Is this ( which / word / the / means ) "dog" in Chinese?

- - - - - - - - - - - - - - - - - - - - - - - - - - - - - - - - - - - - - - - - - -

③ 私はよい英語の辞書を売っている店を知っています。
I know ( shop / which / a / sells ) good English dictionaries.

- - - - - - - - - - - - - - - - - - - - - - - - - - - - - - - - - - - - - - - - - -

④ これはとても速く走ることができる犬です。
This is ( run / dog / which / a / can ) very fast.

- - - - - - - - - - - - - - - - - - - - - - - - - - - - - - - - - - - - - - - - - -

**D** 次の会話文を読んで、後の質問に合う答えを①～③から１つ選びましょう。

Tourist : Is this a train which goes to Nagoya?  I'm not familiar with this area.

Takeru : Yes, this train goes to Nagoya, but the express train on the other track will arrive there faster.  So it's better to go to platform 3.

Tourist : Oh, I see.  That was very kind of you.  Thank you very much.

２人はどこにいますか。

① In the express train.

② In a shopping center.

③ On a station platform.

- - - - - - - - - - - - - - - - - - - - -

**✎ ボキャブラ最終チェック** この STEP3 で出てきた語のスペルと音を確認しよう。

☐ **hill** ［híl］ 图 丘                  ☐ **express train** 图 急行列車

★ドリルと練習問題の答えは別冊 P8へ！

71

## Lesson 15　関係代名詞②　主格の who

# Kate has a friend who lives in Kyoto.
（ケイトは京都に住んでいる友達がいます）

### STEP 1　文法ノート　関係代名詞（who）が作る意味のまとまり

　主格の関係代名詞 which に続いて、もう 1 つの主格の関係代名詞、who について学習します。図解してみましょう。関係代名詞の who は which の場合と同じように、後ろには動詞から始まる意味のかたまりを持っています。

```
名詞　　　＋　　関係代名詞　（＋主語＋）　動詞
先行詞　　　　　　　関係代名詞の意味のかたまり

　　　　　先行詞を修飾する
```

　関係代名詞にはいくつかの種類があります。そのいくつかある関係代名詞の使い分けは、先行詞となる名詞の種類と、関係代名詞の後ろの語順によって決まります。ここでは、関係代名詞で始まる文の中で主語（S）の役割を果たす、主格の関係代名詞 who について学習します。

① 先行詞となる名詞は、人
② who の後ろは動詞から始まる（＝S がない文になる）

つまり、〈名詞（＝ 先行詞：人）+who V 〜〉で「V する名詞（人）」という意味を表します。

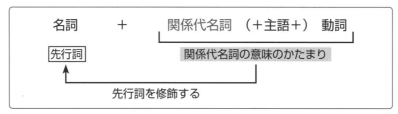

Kate has a friend. と Kate's friend lives in Kyoto. という 2 つの英文

⬇ 関係代名詞 who を使って 2 文を 1 文にする

Kate has a friend　who　lives in Kyoto.
　　　先行詞　　　関係代名詞　動詞

先行詞 (a friend) を修飾

✎ これも覚えよう！　that への書きかえ

主格の関係代名詞の who や which は、多くの場合、that に書きかえることができます。たとえば、This is the ship which sank in 1960. は This is the ship that sank in 1960. でも OK ということです。
ただし、試験などでは、who か which かを選ばせる問題も多いので、しっかり区別できるようになりましょう。

72

**STEP 2**
**文で確認** ［　　］の動詞と関係代名詞 who を使った英文を書いてみましょう。動詞は変化させる場合があります。

❶ ケイト(Kate)は京都に住んでいる友達がいます。　［live］

Kate has a friend (　　　　　) (　　　　　) in Kyoto.

❷ 私はメアリー(Mary)をとても愛した男性を知っています。　［love］

I know the man (　　　　　) (　　　　　) Mary very much.

❸ あちらは昨日、あなたに会いに来た女性です。　［come］

That is the woman (　　　　　) (　　　　　) to see you yesterday.

❹ 彼は札幌で働く叔父がいます。　［work］

He has an uncle (　　　　　) (　　　　　) in Sapporo.

❺ こちらが優勝した選手たちです。　［win］

These are the players (　　　　　) (　　　　　) the championship.

❻ 多くの人々を助けている、弁護士がいます。　［help］

There is a lawyer (　　　　　) (　　　　　) a lot of people.

❼ 彼はいくつかの言葉を上手に話すことができる少年です。　［speak］

He is the boy (　　　　　) (　　　　　) (　　　　　) several languages well.

❽ 日本文化を学んでいるその人は、リー氏(Mr. Lee)です。　［learn］

The person (　　　　　) (　　　　　) Japanese culture is Mr. Lee.

---

✎ **ボキャブラメモ**
① uncle：叔父　　② lawyer：弁護士　　③ well：上手に　　④ several：いくつかの
⑤ language：言語　　⑥ person：人　　⑦ learn：学ぶ　　⑧ culture：文化　　⑨ win：勝ち取る
⑩ championship：優勝

L15
関係代名詞②
主格の who

**A** 関係代名詞の who を入れる場所として正しいのは、(1)と(2)のどちらでしょう。

① This (1) is a girl (2) can play the violin well.  --------------

② Those are (1) actors (2) were very popular in Korea.  --------------

③ The man (1) teaches English to us is (2) Mr. Yamamoto.  --------------


**B** 日本語に合うように、空所に適語を書き入れましょう。

① 彼と結婚した女性は、とても美しかったです。　［marry：結婚する］
The woman (　　　　) (　　　　) him was very beautiful.

② 昨夜ここに来た男性は、私たちの先生です。
The man (　　　　) (　　　　) here last night is our teacher.

③ こちらは、私の家の隣に住んでいる男性です。
This is the man (　　　　) (　　　　) next to my house.

④ 私は、英語とフランス語を話せる若者に会いました。
I saw a young man (　　　　) (　　　　) (　　　　) English and French.


**C** (　　) の語句を、日本語に合うように並べかえましょう。

① 私には大阪に住んでいる数人の友達がいます。
I have ( some / who / live / friends ) in Osaka.

--------------------------------------------------------------------

② こちらは、この小説を書いた小説家です。
This is ( who / wrote / novelist / the ) this novel.

--------------------------------------------------------------------

③　私たちは昨年人気になった俳優を見ました。
We saw ( became / actor / an / who ) popular last year.

--------------------------------------------------------------------

④　あちらはトムを愛していた女性です。
That is ( loved / who / a / woman / Tom ).

--------------------------------------------------------------------

**L15**
関係代名詞②
主格の who

**D**　次の会話文を読んで、後の質問に合う答えを①〜③から１つ選びましょう。

Kumi : Do you have friends who are studying abroad?  If it's not too much
　　　 trouble, could you introduce me to someone?  I'm interested in
　　　 studying abroad as well.

　Ted : Of course.  I'll contact them by e-mail tonight. Maybe you can chat
　　　 with some of them online.

Kumi : Wow, thank you.  I'm looking forward to it.

テッドは次に何をするつもりですか。

①　To give Kumi an e-mail address.

②　To talk with some friends abroad by phone.

③　To send an e-mail to some friends in foreign countries.

　　　　　　　　　　　　　　　　　　　　　 ----------------------

# Lesson 16 関係代名詞③　目的格の which

## I want a paper bag which I can reuse.
（私は再利用できる紙袋が欲しいです）

---

### STEP 1　文法ノート　関係代名詞の後ろに SV が続くパターン①

前のレッスンまでで、主格の関係代名詞 which と who について学習してきました。

ここでは、関係代名詞の後ろに続く主語（S）＋動詞（V）の目的語（O）になる、目的格の関係代名詞について学びましょう。目的格の関係代名詞は which と that がありますが、ここでは、which について見ていきます。which の決まりは以下のとおりです。

> ① 先行詞となる名詞は、人以外のもの
> ② which の後ろは主語 (S)＋動詞 (V)

つまり、〈名詞（＝先行詞：人以外のもの）＋which S V 〜〉で「S が V する名詞」という意味を表します。

なお、前のレッスンと合わせてみると、which は主格も目的格も同じということがわかります。

---

I want a paper bag. と I can reuse the paper bag. という2つの英文

⬇ 関係代名詞 which を使って2文を1文にする

I want a paper bag　which　I　can reuse.

先行詞　　関係代名詞　主語　助動詞　動詞

先行詞 (a paper bag) を修飾

---

### ✎ これも覚えよう！　省略できる which

後ろに S＋V をおく目的格の関係代名詞は、省略されることが多いです。（くわしくはレッスン18で！）。

例　私が好きな映画は『シャイニング』です。

The movie　which　I　like is *The Shining*.
先行詞(人以外)　関係代名詞　主語　動詞

= The movie　I　like is *The Shining*.

76

[　　]の動詞と目的格の関係代名詞 which を使った英文を書いてみましょう。
動詞は変化させる場合があります。

❶ 私は再利用できる紙袋が欲しいです。　[reuse]

I want a paper bag (　　　　　) (　　　　　) (　　　　　) (　　　　　　　).

❷ 私はケイト(Kate)がそのとき持っていたジャケットを探しています。　[have]

I'm looking for a jacket (　　　　　) (　　　　　) (　　　　　) then.

❸ これは私たちが決して忘れることのできない経験です。　[forget]

This is an experience (　　　　　) (　　　　　) (　　　　　) never
(　　　　　).

❹ トム(Tom)が昨年行った国はオーストラリアです。　[visit]

The country (　　　　　) (　　　　　) (　　　　　) last year is Australia.

❺ 私がその本屋さんで買った雑誌は面白かった。　[buy]

The magazine (　　　　　) (　　　　　) (　　　　　) at the bookstore
was interesting.

❻ あなたが先日撮った写真は美しかったです。　[take]

The pictures (　　　　　) (　　　　　) (　　　　　) the other day were
very beautiful.

❼ あれはあなたが昨日作ったリボンですか。　[make]

Is that the ribbon (　　　　　) (　　　　　) (　　　　　) yesterday?

❽ あなたは、彼が一生懸命に勉強した科目を知っていますか。　[study]

Do you know the subject (　　　　　) (　　　　　) (　　　　　) hard?

✎ ボキャブラメモ
① paper bag：紙袋　　② reuse：再利用する　　③ look for ～：～探す　　④ jacket：ジャケット
⑤ experience：経験　　⑥ never：決して～ない　　⑦ forget：忘れる　　⑧ country：国
⑨ Australia：オーストラリア　　⑩ magazine：雑誌　　⑪ bookstore：書店　　⑫ interesting：面白い
⑬ take a picture：写真を撮る　　⑭ the other day：先日　　⑮ ribbon：リボン　　⑯ subject：教科

L16
関係代名詞③
目的格の which

**A** 関係代名詞の which を入れる場所として正しいのは、(1)と(2)のどちらでしょう。

① Do you know (1) the subject (2) he studied in this class? --------------

② That is a camera (1) he is going to buy (2) next year. --------------

③ These are (1) songs (2) a lot of people sang yesterday. --------------

**B** 日本語に合うように、空所に適語を書き入れましょう。

① フランスは、私がはじめて訪れた国です。

France is the country (　　　) (　　　) (　　　) for the first time.

② 英語は、世界中の人々が話す言語です。

English is a language (　　　) (　　　) all over the world (　　　).

③ あなたがもっとも好きな歌を教えて下さい。

Please tell me the song (　　　) (　　　) (　　　) the best.

**C** (　　) の語句を、日本語に合うように並べかえましょう。

① 京都で撮った写真を見せてくれませんか。
Could you show me ( some / which / you / pictures / took ) in Kyoto?

--------------------------------------------------------

② あなたはトムが所有していた車を見ましたか。
Did you see ( which / Tom / the / car / owned )?

--------------------------------------------------------

③ 台湾は彼の母が昨年訪れた国ですか。
Is Taiwan ( visited / mother / his / which / a country ) last year?

--------------------------------------------------------

④　これは、私が忘れられない経験です。
　　This is ( forget / experience / an / which / can't / I ).

----------------------------------------------------------------

⑤　これはあなたがもっとも好きな歌ですか。
　　Is this ( you / song / the / best / the / which / like )?

----------------------------------------------------------------

**L16**

関係代名詞③
目的格の which

**D**　　次の会話文を読んで、後の質問に合う答えを①〜③から1つ選びましょう。

Lucy : I hear the country which you want to visit is New Zealand. Why is that?

Kazu : I play rugby myself, so I want to go to a country where rugby is popular and watch some games in the stadium.

Lucy : It sounds great. That would be an amazing experience for sure.

カズはなぜニュージーランドに行きたいのですか。

①　To play rugby there and to become famous.

②　To watch live rugby games.

③　To experience the culture of New Zealand.

------------------------

| ✎ ボキャブラ最終チェック | | この STEP3 で出てきた語のスペルと音を確認しよう。 | | | |
|---|---|---|---|---|---|
| □ class | [klǽs] | 名 クラス | □ visit | [vízit] | 動 訪れる |
| □ for the first time | | 熟 初めて | □ language | [lǽŋgwidʒ] | 名 言語 |
| □ all over the world | | 熟 世界中で | □ popular | [pάpjulər] | 形 人気のある |
| □ own | [óun] | 動 所有する | □ Taiwan | [táiwάːn] | 名 台湾 |

★ドリルと練習問題の答えは別冊 P9へ！

# Lesson 17 関係代名詞④ 目的格の that

## This is the boy that Lucy is looking for.
（これが、ルーシーが探している少年です）

STEP 1
**文法ノート 関係代名詞の後ろに SV が続くパターン②**

ここでも、関係代名詞の後ろに続く主語（S）＋動詞（V）の目的語（O）になる、目的格の関係代名詞について学びましょう。目的格の関係代名詞は which と that がありますが、ここでは、that について見ていきます。that の決まりは以下のとおりです。

---

① 先行詞となる名詞は、人
② that の後ろは主語(S)＋動詞(V)

---

つまり、〈名詞（＝先行詞：人）＋that S V 〜〉で「S が V する名詞」という意味を表します。

なお、前のレッスンと合わせてみると、that は主格・目的格の両方で使われるということがわかります。また、ここで学習する that の代わりに whom（目的格）や who（主格・目的格）を用いることもありますが、whom は今ではほとんど使われることがありません。

---

This is the boy. と Lucy is looking for the boy. という2つの英文

⬇ 関係代名詞 that を使って2文を1文にする

This is the boy    that   Lucy is looking for.

先行詞 ┃ 関係代名詞   主語   動詞（のかたまり）

先行詞 (the boy) を修飾

---

✎ **これも覚えよう！** 省略できる that

後ろに S＋V をおく目的格の関係代名詞は、省略されることが多いです。（くわしくは次のレッスンで！）。

例 私が好きな男性は、トーマスです。

The man    that    I    like is Thomas.
先行詞（人以外）  関係代名詞  主語  動詞

＝ The man         I    like is Thomas.

---

STEP 2
文で確認

[ ]の動詞と目的格の関係代名詞 that を使った英文を書いてみましょう。動詞は変化させる場合があります。

❶ これが、ルーシー(Lucy)が探している少年です。　[look]

This is the boy (　　　　) (　　　　) (　　　　) (　　　　) for.

❷ 彼女は私が会うことを望んでいた歌手です。　[want]

She is a singer (　　　　) (　　　　) (　　　　) to see.

❸ デイビッド(David)は、私達が知らない男性と話をしています。　[know]

Davis is talking with a man (　　　　) (　　　　) (　　　　) (　　　　).

❹ 彼は、若者が大好きな野球選手です。　[like]

He is a baseball player (　　　　) (　　　　) (　　　　) really (　　　　).

❺ 彼らはジム(Jim)が英語を教えている高校生です。　[teach]

They are high school students (　　　　) (　　　　) (　　　　) English.

❻ 私たちが昨夜見た女優は、とても人気があります。　[see]

The actress (　　　　) (　　　　) (　　　　) last night is very popular.

❼ トムが話をしていた男性は、私たちの教授でした。　[talk]

The man (　　　　) (　　　　) (　　　　) (　　　　) with was our professor.

❽ あなたにはときどき訪れる場所がありますか。　[visit]

Do you have a place (　　　　) (　　　　) sometimes (　　　　)?

L17
関係代名詞④
目的格の that

---

✎ ボキャブラメモ
① look for 〜：〜を探す　② singer：歌手　③ talk with 〜：〜と話す　④ player：選手
⑤ really：本当に　⑥ actress：女優　⑦ popular：人気がある　⑧ professor：教授
⑨ sometimes：ときどき

**A** 関係代名詞の that を入れる場所として正しいのは、(1)と(2)のどちら でしょう。

① Do you know (1) the man (2) I would like to see? - - - - - - - - - - - - - -

② This (1) is that woman (2) he is going to marry next year. - - - - - - - - - - - - - -

③ That is (1) a teacher (2) a lot of students respect. - - - - - - - - - - - - - -


**B** 日本語に合うように、空所に適語を書き入れましょう。

① あなたが話をしていた女性はとてもかわいらしい人です。

The woman (　　　) (　　　) (　　　) (　　　) with is very pretty.

② こちらは、私が何年も前に数学を教えていた生徒です。

This is a student (　　　) (　　　) (　　　) math many years ago.

③ あちらは、多くの少年が会いたがっている野球選手です。

That is a baseball player (　　　) (　　　) (　　　) (　　　) (　　　) have wanted to see.

④ あなたが最も好きな俳優を教えて下さい。

Please tell me the actor (　　　) (　　　) (　　　) the best.


**C** (　　) の語句を、日本語に合うように並べかえましょう。

① あなたが京都で会った男性は、ホワイト氏でした。
The man ( met / that / you / Kyoto / in ) was Mr. White.

- - - - - - - - - - - - - - - - - - - - - - - - - - - - - - - - - - - - - - - - - - - - - - - - - - - - - - - - - - - - - - - - - - -

82

② あなたはトムが尊敬している政治家を知っていますか。
Do you know ( respects / Tom / the / politician / that )?

--------------------------------------------------

③ あちらは、あなたがもっとも好きな女優ですか。
Is that ( you / actress / best / the / that / like / the )?

--------------------------------------------------

④ ナンシーは、私が忘れられない女性です。
Nancy is ( forget / woman / a / that / can't / I ).

**L17**

関係代名詞④
目的格の that

--------------------------------------------------

**D** 次の会話文を読んで、後の質問に合う答えを①〜③から１つ選びましょう。

Eri : Could you tell me the person that you respect most?  And why do you think so?

Bob : The person I respect the most is Edison.  He is famous for never giving up and inventing many things.

Eri : I see.  You want to be like him.

ボブによると、エジソンは：

① didn't give up and invented a lot of things.

② never trusted and respected other people.

③ can be a role model for young people.

------------------------

関係代名詞⑤　目的格の省略

> # I want a paper bag (that) I can reuse.
> （私は再利用できる紙袋が欲しいです）
>
> # He is a dancer (that) I wanted to see.
> （彼は私が会うことを望んでいたダンサーです）

### STEP 1
**文法ノート** **関係代名詞の後ろに SV が続くパターン③**

　目的格の関係代名詞として用いられる which や that は、非常によく省略されます。

　たとえば、the man that I like（私が好きな男性）では、the man が先行詞で that が目的格の関係代名詞ですが、the man I like のように、この目的格の that は省略されることがあります。the man I like は、I like という〈主語＋動詞〉のかたまりが、the man を修飾しているのです。ただ、関係代名詞のすぐ後に、動詞（または助動詞）が置かれている場合（＝主格の場合）は、関係代名詞を省略することはできません。

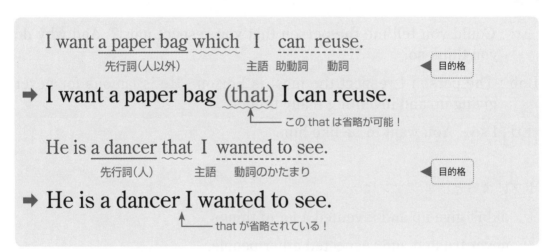

**STEP 2**
**文で確認**　[　　]の動詞を使って関係代名詞 that の省略した英文を書いてみましょう。動詞は変化させる場合があります。

❶ 彼は私が会いたかったダンサーです。　[want]

He is a dancer (　　　　) (　　　　) to see.

❷ これはトム(Tom)がいちばん好きな歌です。　[like]

This is the song (　　　　) (　　　　) the best.

❸ あれは、昨日、あなたのお母さんが作ったパイですか。　[make]

Is that a pie (　　　　) (　　　　) made yesterday?

❹ 小川氏(Mr. Ogawa)は私がパーティーで会った紳士です。　[meet]

Mr. Ogawa is a gentleman (　　　　) (　　　　) at the party.

❺ これは私がそのコンビニで買った雑誌です。　[buy]

This is the magazine (　　　　) (　　　　) at the convenience store.

❻ 私たちが見たクマの赤ちゃんはとてもかわいかったです。　[see]

The baby bear (　　　　) (　　　　) was very cute.

❼ アメリカは、私の母が訪れた最初の外国です。　[visit]

America is the first foreign country (　　　　) (　　　　) (　　　　).

❽ 我々が注意して話を聞いた男性は警察官でした。　[listen]

The man (　　　　) (　　　　) (　　　　) to carefully was a police officer.

L18

関係代名詞⑤
目的格の省略

✎ **ボキャブラメモ**
① dancer：ダンサー　　② pie：パイ　　③ gentleman：紳士　　④ party：パーティー
⑤ magazine：雑誌　　⑥ convenience store：コンビニ　　⑦ country：国　　⑧ listen to 〜：〜を聞く
⑨ carefully：注意して　　⑩ police officer：警察官

**A** 以下のそれぞれの関係代名詞（下線部）を使った文で関係代名詞が省略できるものをすべて選びましょう。

① The smartphone <u>that</u> my father bought yesterday is the latest model.

私の父が昨日買ったスマートフォンは最新モデルでした。

② This is a castle <u>that</u> was built in the 17th century.

これは17世紀に建てられたお城です。

③ Kyoto is the city <u>that</u> many foreigners want to visit.

京都は多くの外国人が訪問したいと思っている都市です。

**B** （　　）の語句を、日本語に合うように並べかえましょう。

① あなたがニューヨークで撮った写真を私たちに見せてくれませんか。
Would you show us ( some / you / pictures / took ) in New York?

------------------------------------------------

② あなたは、トムが昨年結婚をした女性を知っていますか。
Do you know ( Tom / the / woman / married ) last year?

------------------------------------------------

③ 札幌は、あなたが訪れたいと思っている都市ですか。
Is Sapporo ( visit / want / city / to / you / a )?

------------------------------------------------

④ これらは、マイクが忘れることができない出来事でした。
These were ( forget / that / events / couldn't / Mike ).

------------------------------------------------

**C** 日本語に合うように、空所に適語を書き入れましょう。

① 私たちが見たパンダの赤ちゃんはとてもかわいかったです。

The baby panda (　　　) (　　　) was very pretty.

② カナダはいつか私が訪れたいと思っている国です。

Canada is a country (　　　) (　　　) (　　　) (　　　) someday.

③ スペイン語は、世界中の人々が話す言語ですか。

Is Spanish a language (　　　) (　　　) all over the world (　　　)?

**D** 次の会話文を読んで、後の質問に合う答えを①〜③から１つ選びましょう。

Noriko : I had a great experience I will never forget.  I happened to meet someone with exactly the same name as me.

David : Wow, that's incredible!  Was the other person surprised, too?

Noriko : Yeah, we were so excited and exchanged contact information.

ノリコは次に何をするつもりですか。

① She will contact the person who has the same name as her.

② She will look for another person who has the same name as her.

③ She will talk about an great experience to a lot of people.

------------------------

✎ **ボキャブラ最終チェック** この STEP3 で出てきた語のスペルと音を確認しよう。

| | | | | | | |
|---|---|---|---|---|---|---|
| □ **marry** | [mǽrir] | 動 | 結婚する | □ **Canada** | [kǽnədə] | 名 カナダ |
| □ **someday** | [sʌ́mdèi] | 副 | いつか | □ **Spanish** | [spǽniʃ] | 名 スペイン語 |
| □ **language** | [lǽŋgwidʒ] | 名 | 言語 | □ **all over the world** | 熟 | 世界中で |

★ドリルと練習問題の答えは別冊 P10へ！

# 関係代名詞⑥　所有格の whose ①

# I have a friend whose cousin is a pilot.
（私には、いとこがパイロットである友人がいます）

---

**STEP 1**
**文法ノート**　**関係代名詞 whose の使い方**

　関係代名詞には、ここまでで学習した主格や目的格のほかに、所有格というものがあります。

　所有格の関係代名詞 whose は、先行詞が人でも人以外でも使えます。この所有格の関係代名詞の特徴は、まず、whose の後ろに置かれている名詞は、a や the などの冠詞や my や your などの所有格の単語がついていない名詞になっています。次に、whose の前に置かれている先行詞と whose の後ろに置かれている名詞の関係は、「［先行詞］の［名詞］」のように、所有の関係を表しています。ポイントをまとめると以下のようになります。

> ① 先行詞となる名詞は、人でも人以外でも OK
> ② whose の後ろは（冠詞や所有格がつかない）名詞＋動詞
> ③ 先行詞と whose の後ろの名詞との間に所有の関係がある

　つまり、〈先行詞＋whose＋（冠詞や所有格がつかない）名詞＋V〉で「V する 名詞 を持っている先行詞（名詞）」という意味を表します。ちなみに、that への書きかえや whose の省略はできません。

　具体例を使ってまとめましょう。a friend whose cousin is a pilot（いとこがパイロットの友人）という意味です。この、cousin（いとこ）という名詞には、冠詞や所有格がついていません。さらに、先行詞である a friend（友達）との関係を確認すると、「友達のいとこ」という所有の関係が成り立っていますね。

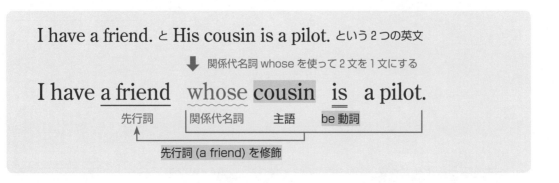

**STEP 2**
**文で確認**　関係代名詞 whose を使った英文を書いてみましょう。

❶　私には、いとこがパイロットである友人がいます。

I have a friend (　　　　) cousin is a pilot.

❷　彼は、父親が有名な医者である少年です。

He is a boy (　　　　) (　　　　) is a famous doctor.

❸　母が教師である少女は、マユ(Mayu)です。

The girl (　　　　) (　　　　) is a teacher is Mayu.

❹　ドアが赤いあの家を見て下さい。

Please look at that house (　　　　) (　　　　) is red.

❺　私はたくさんの家を所有する両親を持つ少年に会いました。

I met a boy (　　　　) (　　　　) owned a lot of houses.

❻　あなたは目が茶色のネコを見ましたか。

Did you see the cat (　　　　) (　　　　) were brown?

❼　あなたは父親が野球選手のその少女を知っていますか。

Do you know the girl (　　　　) (　　　　) (　　　　) a baseball player?

❽　私は、お姉さんが上手にスペイン語を話せる友達がいます。

I have a friend (　　　　) (　　　　) (　　　　) (　　　　) Spanish well.

✎ **ボキャブラメモ**
① cousin：いとこ　　② famous：有名な　　③ Spanish：スペイン語　　④ well：上手に

**A** 次の文を和訳をしてみましょう。

① She wants to buy the book whose cover is red.

------------------------------------------------

② Did you see a woman whose hair was very long?

------------------------------------------------

③ Do you know the girl whose father is a famous soccer player?

------------------------------------------------

④ The child whose parents live in London is Takuya.

------------------------------------------------

⑤ The house whose wall is white is Mike's.

------------------------------------------------

**B** （　　）の語句を、日本語に合うように並べかえましょう。

① 私は、兄がタイにいる友達がいます。
I have a friend ( whose / brother / Thailand / is / in ).

------------------------------------------------

② 私は、父が上手にスペイン語を話せるその男性を知っています。
I know the man ( can / father / whose / Spanish / speak ) well.

------------------------------------------------

③ 彼は、叔父が社長をしている会社で働いています。
He works for a company ( is / president / whose / uncle / his ).

------------------------------------------------

④ 屋根が赤い家を見てください。
Please look at the house ( roof / whose / is / red ).

-----------------------------------------------------------------------

⑤ 私たちは、表紙が黒いその本を読みたいです。
We want to read the book ( cover / whose / black / is ).

-----------------------------------------------------------------------

**C** 次の会話文を読んで、後の質問に合う答えを①〜③から１つ選びましょう。

Emily : Do you know this singer whose song is now popular?

　Yuta : Of course, I know her.  I think her song was very impressive.

Emily : I think so, too.  I'm looking forward to her next concert.

会話のトピックは何ですか。

① The beauty of the singer.

② The value of the concert.

③ The song of the musician.

-----------------------

**L19**

関係代名詞⑥
所有格の whose ①

✎ ボキャブラ最終チェック　この STEP3 で出てきた語のスペルと音を確認しよう。

| □ wall | [wɔ́ːl] | 名 壁 | □ Thailand | [táilænd] | 名 タイ |
| □ work for ~ | | 熟 ～に勤める | □ company | [kʌ́mpəni] | 名 会社 |
| □ uncle | [ʌ́ŋkl] | 名 叔父 | □ take a look | | 熟 少し見る |
| □ roof | [rùːf] | 名 屋根 | □ cover | [kʌ́vər] | 名 カバー；表紙 |

★ドリルと練習問題の答えは別冊 P11へ！

91

# 関係代名詞⑦　所有格の whose ②

> ## Aki is talking with a writer whose book I like the best.
> （アキは、私がいちばん好きな本の作家と話しています）

---

## 関係代名詞（whose）の盲点

　関係代名詞の所有格 whose について、もう１つのパターンを学習しましょう。

　関係代名詞の whose を用いた文でもう１つ大切なものに、〈先行詞＋whose＋名詞＋主語（S）＋動詞（V）〜〉というものがあります。これは、「S が V する［名詞］の［先行詞］」という意味です。

　〈先行詞＋whose＋名詞〉まではこれまでと全く同じですが、その後が違います。

　レッスン19では、〈whose＋名詞〉の後ろは動詞でしたが、ここでは〈主語＋動詞〉を置きます。例文を確認して、両者の違いを日本語訳とともに確認しておきましょう。

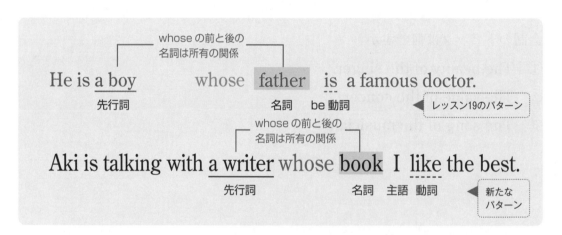

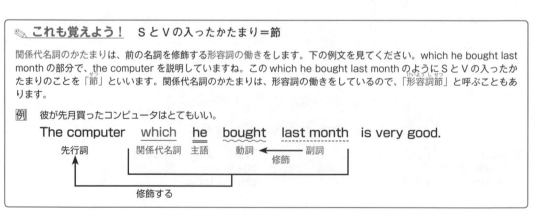

**✎ これも覚えよう！**　ＳとＶの入ったかたまり＝節

関係代名詞のかたまりは、前の名詞を修飾する形容詞の働きをします。下の例文を見てください。which he bought last month の部分で、the computer を説明していますね。この which he bought last month のようにＳとＶの入ったかたまりのことを「節」といいます。関係代名詞のかたまりは、形容詞の働きをしているので、「形容詞節」と呼ぶこともあります。

例　彼が先月買ったコンピュータはとてもいい。

**STEP 2**
**文で確認** 関係代名詞 whose を使った英文を書いてみましょう。

❶ こちらは私が持っているその本（複数）の作家です。

This is the writer (　　　　) (　　　　) I have.

❷ 彼女は私が最も好きなその歌（複数）の歌手です。

She is the singer (　　　　) (　　　　) I like the best.

❸ これは多くの人々が利用している車（複数）の会社です。

This is the company (　　　　) (　　　　) many people use.

❹ ケイタ（Keita）は、私がいちばん好きな本（単数）の作家と話しています。

Keita is talking with the writer (　　　　) (　　　　) I like the best.

❺ 彼らは、あなたが先週の月曜日にその上司を訪れた労働者です。　[ヒント：boss]

They are workers (　　　　) (　　　　) you went to see last Monday.

❻ 朝井リョウは、多くの人々が読みたい小説（複数）を書く作家です。

Ryo Asai is a writer (　　　　) (　　　　) (　　　　) (　　　　) (　　　　) to read.

❼ 彼はあなたが持っている名刺の男性ですか。　[ヒント：business card]

Is he the man (　　　　) (　　　　) (　　　　) you (　　　　) ?

❽ あちらが、先週マイク（Mike）が家を買った女性ですか。

Is that a woman (　　　　) (　　　　) (　　　　) (　　　　) last week?

L20
関係代名詞⑦
所有格の whose ②

✎ **ボキャブラメモ**
① company：会社　　② novel：小説　　③ talk with 〜：〜と話す

**A** 次の英文を日本語にしてみましょう。

① He is the novelist whose books I have.

------------------------------------------------

② This is the man whose business card I have.

------------------------------------------------

③ Do you know the singer whose songs we like the best?

------------------------------------------------

④ Mike is an actor whose voice she likes very much.

------------------------------------------------

**B** （　　）の語句を、日本語に合うように並べかえましょう。

① 私が読んだエッセイを書いた生徒は賞を受け取った。
The student ( whose / I / read / essay ) received a prize.

------------------------------------------------

② こちらは、あなたがその部屋で見つけた財布の持ち主である男性です。
This is the man ( you / whose / room / wallet / in / found / the ).

------------------------------------------------

③ 彼女は十代の若者たちが好きな歌を歌っている歌手です。
She is  the singer ( songs / like / whose / teenagers ).

------------------------------------------------

④ 彼女は、私たちが分からない単語の意味を理解できました。

She could understand the word ( meaning / whose / didn't / know / we ).

----------------------------------------------------------------

⑤ 門の前に駐車された車を持つ女性を知っていますか。

Do you know the woman ( car / was / parked / in front of / whose ) the gate?

----------------------------------------------------------------

⑥ 彼はあなたが買った本を書いた人ですか。

Is he the person ( book / you / bought / whose )?

----------------------------------------------------------------

**C** 次の会話文を読んで、後の質問に合う答えを①～③から１つ選びましょう。

Rob: Is this a boy whose jacket you borrowed?

Ken: Yes, he is one of my best friends, and his jacket is very stylish.

Rob: Well, I hope to buy the same jacket as his. Where did he get it?

ロブの要点は何ですか。

① Giving a present to a friend.

② Having a best friend.

③ The stylish jacket.

**L20**

関係代名詞⑦
所有格の whose ②

-----------------------

### ✎ ボキャブラ最終チェック  この STEP3 で出てきた語のスペルと音を確認しよう。

| | | | | | | | |
|---|---|---|---|---|---|---|---|
| □ novelist | [návəlist] | 名 | 小説家 | □ business card | | 名 | 名刺 |
| □ actor | [ǽktər] | 名 | 俳優 | □ voice | [vɔ́is] | 名 | 声 |
| □ essay | [ései] | 名 | エッセイ | □ prize | [práiz] | 名 | 賞 |
| □ wallet | [wálit] | 名 | 財布 | □ teenager | [tíːnèidʒər] | 名 | 十代の若者 |
| □ understand | [ʌ̀ndərstǽnd] | 動 | 理解する | □ word | [wə́ːrd] | 名 | 単語 |
| □ meaning | [míːniŋ] | 名 | 意味 | □ park | [pάːrk] | 動 | 駐車する |
| □ in front of ~ | | 熟 | ～の前に | □ gate | [géit] | 名 | 門 |

★ドリルと練習問題の答えは別冊 P11へ！

## チャレンジ！ 復習テスト④

**A** 関係代名詞を用いて2文を1文にしなさい。ただし that は使えないものとする。

① Nancy is a girl.  She is wearing a beautiful *kimono*.

-------------------------------------------------------------------

② The cat is mine.  It is sleeping on the table.

-------------------------------------------------------------------

③ This is the key.  I lost it in the library yesterday.

-------------------------------------------------------------------

④ I saw a car.  It was moving very fast.

-------------------------------------------------------------------

**B** （　　）の中から正しいものを選んで丸で囲みましょう。

① That is the girl who ( live / lives / living ) in Germany.

② Look at the boy ( who / he / whose ) hair is brown.

③ This is the cat ( which / who / this ) Lucy gave me.

④ The house ( which / whose / who ) roof is red is our cousin's.

96

**C** （　）の語句を、日本語に合うように並べかえましょう。

① 私にはメアリーという名前のアメリカ人の友達がいる。
( have / I / an / whose / name / American friend ) is Mary.

------------------------------------------------

② 昨日私が買った本は、とても面白い。
( book / yesterday / bought / I / the ) is very interesting.

------------------------------------------------

③ その少女は花でいっぱいのカゴを持っている。
( has / full / of / is / flowers / the girl / a basket / which ).

------------------------------------------------

**D** 次の会話文を読んで、後の質問に合う答えを①〜③から１つ選びましょう。

Yumi : I'm reading a very interesting book.

Bob : Is it written by the author who also wrote that famous mystery novel?

Yumi : Yes. It's the same author. His writing style is truly wonderful.

会話の内容で正しいものは次のうちどれですか。

① Yumi likes the mystery novel written by Bob.

② Bob is reading the new mystery novel.

③ Both Yumi and Bob know the author of the book Yumi is reading.

------------------------

★答えは別冊 P12へ！

97

# Lesson 21 不定詞① 形式主語構文

## It is bad to tell a lie.
（嘘をつくことは悪いです）

21

### STEP 1 文法ノート 長い主語の代わりをする It

〈to＋動詞の原形〉は不定詞と呼ばれ、名詞的用法・形容詞的用法・副詞的用法という3つに分類される事は中学2年生のときに学習しました。ここでは「形式主語構文」について学びますが、その前に、不定詞の名詞的用法について軽く振り返っておきましょう。

たとえば、To play soccer is fun.（サッカーをすることは楽しいです）という文の主語（＝S）は、to play soccer です。このように、S になる不定詞を不定詞の名詞的用法といいますが、この形は主語が長くなることがあります。英語は基本的に S が長くなることをあまり好みません。そこで、不定詞の代わりに短い it を主語にして文を作ります。

〈It is ～（for ...）to＋動詞の原形〉（〈…にとって〉V することは～です）という形に書きかえることで、主語を短くできるのです。後ろの不定詞を指す it を、S の部分に形式的に置いたものなので、この it のことを形式主語と呼んだり、仮主語と呼んだりします。ですので、it を「それは」と訳さないようにしましょう。

なお、この構文では、以下のような形容詞がよく使われます。

| | | | |
|---|---|---|---|
| □ **interesting** | おもしろい | □ **necessary** | 必要な |
| □ **difficult** | 難しい | □ **easy** | 簡単な |
| □ **possible** | 可能な | □ **impossible** | 不可能な |
| □ **important** | 重要な | □ **dangerous** | 危険な |

ちなみに疑問文には、〈Yes, it is.〉〈No, it isn't〉と答えます。

**STEP 2 文で確認** it を使って形式主語構文を書いてみましょう。⑤と⑥の否定は短縮形で表現しましょう。

❶ 嘘をつくことは悪いです。

(　　　　　) is bad to tell a lie.

❷ 英語を話すことはとても面白いです。

(　　　　　) is very interesting (　　　　) (　　　　) English.

❸ ジョン(John)にとってサッカーすることはわくわくします。

(　　　　　) is exciting for John (　　　) (　　　　) soccer.

❹ 我々にとってニュースを見ることは必要です。

(　　　　　) is necessary for us (　　　) (　　　　) the news.

❺ 他人の悪口を言うことは、いいことではありません。 [ヒント：speak ill of]

(　　　) (　　　　) good (　　　　) (　　　　) (　　　　)
(　　　　) others.

❻ アキ(Aki)にとってピアノを弾くことは楽しくありません。

(　　　　) (　　　　) fun (　　　) Aki (　　　　) (　　　　)
the piano.

❼ 私たちにとって高齢者を助けることは必要なことですか。

(　　　) (　　　　) essential (　　　) us (　　　) (　　　　)
elderly people?

❽ あなたにとって多くの友人を持つことは重要でしたか。

(　　　) (　　　　) important (　　　　) you (　　　　)
(　　　) many friends?

---

✎ **ボキャブラメモ**
① tell a lie：嘘をつく　　② exciting：わくわくする　　③ news：ニュース
④ speak ill of ～：～の悪口を言う　　⑤ others：他人　　⑥ fun：楽しい　　⑦ essential：必要(不可欠)な
⑧ elderly people：高齢者

**L21** 不定詞①
形式主語構文

**A**　形式主語の it を使って、全文を書きかえてみましょう。

① To read novels is very interesting.

-------------------------------------------------------------------

② To help other people is important for you.

-------------------------------------------------------------------

③ To use dictionaries was necessary for students.

-------------------------------------------------------------------

**B**　日本語に合うように、空所に英語を入れましょう。

① 彼女にとって、ピアノを弾くことは楽しいことではありません。

(　　　　) isn't fun for her (　　　) (　　　　) the piano.

② 私たちにとって、コンピュータを使うことは必要です。

(　　　　) is necessary (　　　) us (　　　　) use the computer.

③ 彼にとって、宿題をすることは簡単でした。

(　　　　) was easy (　　　) him (　　　) (　　　　) the homework.

**C**　(　　) の語句を、日本語に合うように並べかえましょう。

① 私にとって、フランス語を勉強することは面白いです。
( is / me / exciting / it / for ) to study French.

-------------------------------------------------------------------

② 彼女にとって、読書をするのは簡単なことではありません。

( to / read / isn't / it / for / easy / her ) books.

------------------------------------------------

③ あなたにとって、コンピュータを使うことは必要ですか。

( for / is / you / it / necessary / to / use ) the computer?

------------------------------------------------

④ 彼にとって、その問題を解くことは簡単ではありませんでした。

( was / easy / him / not / it / solve / to / for ) the problem.

------------------------------------------------

**D** 英文の中に誤りがあれば丸で囲み、解答欄に正しい英語を書きましょう。英文が正しい場合は、解答欄に「○」と書きましょう。

① It is interesting to us to play the flute.

（私たちにとって、フルートを演奏することは面白いです） ----------------------

② It is very exciting for me to writing light novels.

（私にとって、ライトノベルを書くことはわくわくします） ----------------------

③ It was important for you to have a lot of friends.

（あなたにとって、たくさんの友達を持つことは重要でした） ----------------------

④ It is necessary for students for use this technology.

（生徒たちにとって、この技術を使うことは必要です） ----------------------

**L21**

不定詞①
形式主語構文

✎ **ボキャブラ最終チェック** この STEP3 で出てきた語のスペルと音を確認しよう。

| □ novel | [návəl] | 名 小説 | □ solve | [sálv] | 動 解く |
| □ flute | [flúːt] | 名 フルート | □ light novel | | 名 ライトノベル |
| □ technology | [teknálədʒi] | 名 技術 | | | |

★ドリルと練習問題の答えは別冊 P12へ！

# Lesson 22 不定詞② how to

## Mike knows how to play this game.
（マイクはこのゲームのやり方を知っています）

---

**STEP 1**
**文法ノート**　疑問詞（how）＋ to V が作る意味のまとまり

〈疑問詞＋to＋V原形〉について学習しましょう。ここで最初に覚えておいてもらいたいことは、〈疑問詞＋to＋V原形〉は、大きな名詞のかたまりになれるということです。

文型のところで触れましたが、名詞がなれる文の要素は、SとOとCでした。つまり、〈疑問詞＋to＋V原形〉は、文中の要素として考えると、SやOやCになれるということです。

このレッスンでは、疑問詞 how を使って学習します。〈how＋to＋V原形〉は、「Vする方法」や「Vの仕方」という意味です。

たとえば、I don't know how to get the ticket.（私はチケットを手に入れる方法がわかりません）という文を見てみましょう。文の構造を確認すると、I が S で、don't know が V で、how to get the ticket の部分が、O になっているのがわかります。

How to cook tempura is very easy.
how＋to＋V原形のかたまり＝S　　V　　　C

This is how to get to the library.
S　V　　how＋to＋V原形のかたまり＝C

Mike knows how to play this game.
S　　V　　　how＋to＋V原形のかたまり＝O

My father taught me how to fish.
S　　　V　　　$O_1$　how＋to＋V原形のかたまり＝$O_2$

102

**STEP 2 文で確認** how to＋V を使って、「V する方法」や「V の仕方」という英文を書いてみましょう。

❶ これが図書館への行き方です。

This is (　　　　) (　　　　　) get to the library.

❷ これが部屋をきれいにする方法です。

This is (　　　　) (　　　　) (　　　　) the room.

❸ マイク(Mike)はこのゲームのやり方を知っています。

Mike knows (　　　　) (　　　　) (　　　　) this game.

❹ 私の父は私に釣りの仕方を教えてくれました。[ヒント：fish]

My father taught me (　　　　) (　　　　) (　　　　).

❺ マキは私にこの機械の使い方をたずねました。

Maki asked me (　　　　) (　　　　) (　　　　) this machine.

❻ 私は速く泳ぐ方法を知りませんでした。

I didn't know (　　　　) (　　　　) (　　　　) fast.

❼ 私に、スペイン語の話し方を教えてくれませんか。

Could you teach me (　　　　) (　　　　) (　　　　) Spanish?

❽ すしを作る方法は、とても簡単です。

(　　　　) (　　　　) (　　　　) sushi is very easy.

**L22**

how to 不定詞②

✎ ボキャブラメモ
① get to ～：～に到着する　② library：図書館　③ clean：掃除する　④ fish：釣りをする
⑤ machine：機械　⑥ Spanish：スペイン語　⑦ make: 作る

**A**   （　　　）の中から正しいものを選んで丸で囲みましょう。

①   We don't know ( how study / how to study ) English.

②   My brother knows ( how to cooks / how to cook ) well.

③   My teacher taught us ( how to write / how to writing ) e-mails.

④   My brother asked me ( how to swim / how to swimming ).

⑤   This is ( how master / how to master ) English.

**B**   日本語に合うように、空所に英語を入れましょう。

①   私は速く泳ぐ方法を知りませんでした。
　　I didn't know (　　　　) (　　　　) (　　　　) fast.

②   私にスペイン語の話し方を教えてください。
　　Please tell me (　　　　) (　　　　) (　　　　) Spanish.

③   これが郵便局への行き方です。
　　This is (　　　　) (　　　　) (　　　　) to the post office.

④   私は外国語を習得する方法について話しましょう。　［ヒント：master］
　　I will talk about (　　　　) (　　　　) (　　　　) a foreign language.

**C**   （　　　）の語句を、日本語に合うように並べかえましょう。

①   その若者はビジネスのやり方を知っています。
The young man knows ( how / do / business / to ) .

---------------------------------------------------------------------------------

② 私の先生は絵の描き方を私たちに示しました。
My teacher showed us ( to / how / draw / picture / a ).

-------------------------------------------------------------------

③ 私の兄は英語の勉強を楽しむ方法を私に教えました。
My brother taught me ( enjoy / how / to / studying ) English.

-------------------------------------------------------------------

④ これがその駅への行き方です。
This is ( to / to / get / how / station / the ).

-------------------------------------------------------------------

**D**　次の会話文を読んで、後の質問に合う答えを①〜③から１つ選びましょう。

Tom : I got a new smartphone.

Lisa : That's great!  But do you know how to set it up?

Tom : Not really.  I think I need to read the manual carefully.

トムは次に何をするつもりですか。

① Buy a new manual.

② Set up the new computer.

③ Check the guidebook.

------------------------

L22

不定詞②
how to

★ドリルと練習問題の答えは別冊 P12へ！

# Lesson 23 不定詞③ what to

## I don't know what to say.
（私は何を言うべきか分かりません）

---

疑問詞（what）＋ to V が作る意味のまとまり

　レッスン22に続いて、〈疑問詞＋to＋V原形〉について学習しましょう。この〈疑問詞＋to＋V原形〉が、名詞のかたまりになるということを、まずはしっかり覚えておいて下さい。

　このレッスンでは、疑問詞 what を使って学習します。〈what＋to＋V原形〉は、「何をVするべきか」や「何をVしたらよいか」という意味です。

　たとえば、The most important thing is what to do next.（最も重要なことは、次に何をするべきかである）という文の構造を確認すると、the most important thing が S で、is が V で、what to do next が C となりますね。

　なお、この表現は、tell（言う）や know（知っている）のような動詞の後で使われることが多いです。

---

The most important thing is what to do next.
　　　　　　　　　　S　　　　　　　　　　V　what＋to＋V原形のかたまり＝C

I don't know what to say.
S　　V　　　what＋to＋V原形のかたまり＝O

My mother told me what to buy.
　　　　S　　　　V　　O₁　what＋to＋V原形のかたまり＝O₂

---

✎ これも覚えよう！　what to ～の応用形

what と〈to＋動詞の原形〉の間に名詞を入れた〈what＋名詞＋to＋V原形〉という形で、「どんな［名詞］をVするべきか」とすることもできます。

例　Do you know what subject to choose ?
　　　　　　　　　　　名詞　　　 to＋V原形
　　（あなたはどんな科目を選択すべきかわかりますか）

**STEP 2**
**文で確認**　what to＋V を使って、「何を V するべきか」や「何を V したらよいか」という英文を書いてみましょう。

❶　私は何を言うべきか分かりません。

I don't know (　　　　) (　　　　) (　　　　).

❷　私の友達は何を食べるべきか分かっていました。

My friends knew (　　　　) (　　　　) (　　　　).

❸　ジョン(John)は次に何を勉強したらよいか迷いました。

John wondered (　　　　) (　　　　) (　　　　) next.

❹　私の母は私に何を買うべきか言いました。

My mother told me (　　　　) (　　　　) (　　　　).

❺　もっとも大切なことは、次に何をするかです。

The most important thing is (　　　　) (　　　　) (　　　　) next.

❻　何を読めばよいか私に教えてくれませんか。

Could you tell me (　　　　) (　　　　) (　　　　)?

❼　あなたは何の科目を選択すべきかわかりますか。[ヒント：choose/ subject]

Do you know (　　　　) (　　　　) (　　　　) (　　　　)?

❽　私はどんな技術(複数)を習得すべきかわかりません。[ヒント：acquire/ skill]

I don't know (　　　　) (　　　　) (　　　　) (　　　　).

---

✎ **ボキャブラメモ**
① wonder：分からない　　② choose：選ぶ　　③ subject：科目　　④ acquire：習得する
⑤ skill：技術

L23
不定詞③
what to

**A** （　　）の中から正しいものを選んで丸で囲みましょう。

① We don't know ( what to say / what saying ) to him.

② My father understood ( what to do / what to doing ) next.

③ My boss told us ( what to start / what to started ).

④ She told her daughter ( what buy / what to buy ).

⑤ Did you decide ( what to read / what reading )?


**B** 日本語に合うように、空所に英語を入れましょう。

① その生徒は、次に何をするか私にたずねました。

The student asked me (　　　　) (　　　　) (　　　　) next.

② 私に何を食べればよいか教えてくれませんか。

Could you tell me (　　　　) (　　　　) (　　　　)?

③ 最も大切なことは、何を言うかではありません。

The most important thing isn't (　　　　) (　　　　) (　　　　).

④ 私は英語を習得するために何をするべきかを話しましょう。

I will talk about (　　　　) (　　　　) (　　　　) to master English.


**C** （　　）の語句を、日本語に合うように並べかえましょう。

① 彼女の誕生日に何を買うべきか分かりますか。
Do you know ( to / what / buy ) for her birthday?

② 生徒たちは何を勉強するべきか知りませんでした。
The students didn't know ( what / study / to ).

--------------------------------------------------------------------------------

③ 私の友達はナンシーに何と言うべきか、私に教えてくれました。
My friend told me ( to / what / say / to ) Nancy.

--------------------------------------------------------------------------------

④ その男性は朝食に何を食べるべきか、その医者にたずねました。
The man asked the doctor ( what / eat / to / for ) breakfast.

--------------------------------------------------------------------------------

**D** 次の会話文を読んで、後の質問に合う答えを①〜③から1つ選びましょう。

Teacher : You should decide what to do after you graduate.

Student : I know, but I don't have anything I want to do in the future.

Teacher : If so, you should do everything you can do now. You can find the thing you really like.

彼らは何について話していますか。

① About the job interview the student will have.

② About the things the student will do after graduation.

③ About the future dreams of the student.

--------------------------

L23
不定詞③
what to

# Lesson 24 不定詞④ when to

## Bob told us when to study English.
（ボブは私達にいつ英語を勉強するか教えました）

---

### STEP 1
### 文法ノート 疑問詞（when）＋ to V が作る意味のまとまり

　引き続き、〈疑問詞＋to＋V原形〉を用いた表現を学習しましょう。これまで学習した〈how＋to＋V原形〉の「Vする方法」や、〈what＋to＋V原形〉の「何をVするか」と同様に、文の中ではSやOやC、つまり名詞のかたまりとして働いています。

　このレッスンでは、疑問詞whenを使って学習します。〈when＋to＋V原形〉は、「いつVするべきなのか」や「いつVしたらいいのか」という意味です。

　たとえばwhen to start（いつ始めるべきなのか）やwhen to talk to him（いつ彼に話しかけるべきなのか）のように使います。

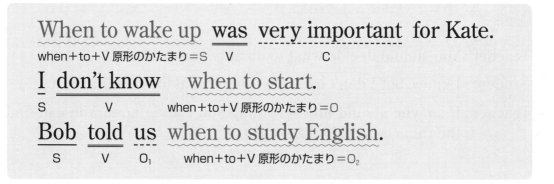

　これまで学習してきたように、〈what to＋V原形〉や〈how to＋V原形〉や〈when to＋V原形〉は、1つの意味のかたまりを作っています。このように2語以上の単語で1つの意味のまとまりを作るものを、英語では、「句」と呼びます。

**STEP 2**
**文で確認**　when to+V を使って、「いつ V するべきなのか」や「いつ V したらいいのか」という英文を書いてみましょう。

❶ 私にいつ行くべきか教えてください。

Please tell me (　　　　) (　　　　) go.

❷ 私はいつ始めればよいのか分かりません。

I don't know (　　　　) (　　　　) (　　　　).

❸ ボブ(Bob)は私たちにいつ英語を勉強すべきか伝えました。

Bob told us (　　　　) (　　　　) (　　　　) English.

❹ 私はいつ買い物に行くべきか分かりません。

I don't know (　　　　) (　　　　) (　　　　) shopping.

❺ 私にいつあなたに会うべきか教えてください。

Please tell me (　　　　) (　　　　) (　　　　) you.

❻ 私はいつ彼に事実を言えばよいのか分かりませんでした。[ヒント：tell 人 the truth]

I didn't know (　　　　) (　　　　) (　　　　) him the truth.

❼ 私はあなたにいつ休憩をとればよいのかたずねていいですか。[ヒント：take a break]

Can I ask you (　　　　) (　　　　) (　　　　) a break?

❽ いつ始めるかは私にとって重要ではありませんでした。

(　　　　) (　　　　) (　　　　) was not important for me.

**L24**
不定詞④
when to

✎ **ボキャブラメモ**
① start：始める　　② go shopping：買い物に行く　　③ meet：会う　　④ truth：事実
⑤ take a break：休憩をとる　　⑥ important：重要な

**A** （　　）の中から正しいものを選んで丸で囲みましょう。

① Do you know ( when to meet / what meeting ) him?

② My parents knew ( when to go / when go ) to the office.

③ My friend asked us ( when to start / when to started ).

④ Please tell me ( when to read / to when read )?

**B** 日本語に合うように、空所に英語を入れましょう。

① 私の友達は、いつ学校に行くべきか私にたずねました。

The friend asked me (　　　　) (　　　　) (　　　　) to school.

② 彼女は、いつ彼に会うべきか分かりませんでした。

She didn't know (　　　　) (　　　　) (　　　　) him.

③ いつ教室の掃除を始めたらよいか、私に教えてくれませんか。

Can you tell me (　　　　) (　　　　) (　　　　) to clean the classroom?

**C** （　　）の語句を、日本語に合うように並べかえましょう。

① いつ休憩すべきか知っていますか。
Do you know ( take / when / to ) a rest?

--------------------------------------------------------------------------

② その生徒たちはいつ勉強を始めるべきか知りませんでした。
The students didn't know ( when / start / to ) to study.

--------------------------------------------------------------------------

③ 私の友達はいつ買い物に行くべきか私に言いました。
My friend told me ( to / when / go shopping ).

-------------------------------------------------------------------

④ その女性はその医者に、いつもう１度診察に来るべきかたずねました。
The woman asked the doctor ( when / come / to / see / to ) him again.

-------------------------------------------------------------------

⑤ 私の先生は全員の生徒に、いつ宿題を終えるべきか言いました。
My teacher told all students ( homework / to / finish / when / their ).

-------------------------------------------------------------------

**D**　次の会話文を読んで、後の質問に合う答えを①～③から１つ選びましょう。

Takashi : It is difficult to decide when to speak up and when to listen to others.

Ms. White : What do you mean?

Takashi : I mean communicating with others can be very difficult for me.

タカシにとって難しいことは何ですか。

① Taking advice from others.

② Expressing his thoughts while listening to others.

③ Using a lot of different means of communication.

-------------------------

**L24**

不定詞④
when to

**✎ ボキャブラ最終チェック**　この STEP3 で出てきた語のスペルと音を確認しよう。

| □ **parent** | [péərənt] | 名 | 親 | □ **office** | [ɔ́:fis] | 名 | オフィス |
|---|---|---|---|---|---|---|---|
| □ **begin** | [bigín] | 動 | 始める | □ **clean** | [klí:n] | 動 | 掃除する |
| □ **classroom** | [klǽsrù:m] | 名 | 教室 | □ **take a rest** | | | 休憩する |
| □ **finish** | [fíniʃ] | 動 | 終える | □ **homework** | [hóumwə̀:rk] | 名 | 宿題 |

★ドリルと練習問題の答えは別冊 P13へ！

# Lesson 25 不定詞⑤ where to

## Jane knew where to take a rest.
（ジェーンはどこで休息をとるべきか知っていました）

---

**文法ノート** **疑問詞（where）＋ to V が作る意味のまとまり**

　これまでのレッスンで、〈疑問詞＋to＋V 原形〉は、名詞のかたまりとして S や O や C になれるということを学習してきました。ここでは、疑問詞 where を学習する前に、大切な文法用語について、今一度確認をしておきましょう。

　たとえば、how to drive a car（車を運転する方法）という〈疑問詞＋to＋V 原形〉の表現を使って説明します。このように SV の要素がない意味のかたまりのことを「句」と呼びます。また、この〈疑問詞＋to＋V 原形〉が名詞として文の中で働くということは前で説明しました。つまりこれは、名詞の要素になれて、SV になっていないかたまりなので、この how to drive a car は、「名詞句」と呼ばれます。

　さて今回は、疑問詞 where を使った〈where＋to＋V 原形〉という形を学びます。これは、「どこで V するべきか」や「どこで V したらよいか」という意味を表し、名詞として文の中で S や C や O として働くので、もちろんこれも名詞句です。

---

**Jane** **knew** <u>where to take a rest.</u>
S 　　　V 　　　where＋to＋V 原形のかたまり＝O

**Bob** **asked** **me** 　　where to go.
S 　　　V 　　　O₁ 　　　where＋to＋V 原形のかたまり＝O₂

---

✎ **これも覚えよう！** 　which to ～の応用形

今回学習した疑問詞のほかによく出てくるものとして、which to＋V 原形（どちら［どれ］を V するべきか）があります。この which は後ろに名詞を置いて、〈which＋名詞＋to＋V 原形〉の形で、「ど（ちら）の［名詞］を V するべきか」を表せます。

例 　**Do you know <u>which</u> <u>to choose</u> ?**
　　　　　　　　　　 どちらを 　to＋V 原形
　　（あなたは、どちら［どれ］を選ぶべきか知っていますか）

　　　**Please tell me <u>which</u> bus <u>to take</u> .**
　　　　　　　　　　 どちらを 名詞 to＋V 原形
　　（どちらの（どの）バスに乗るべきか教えてください）

---

114

**STEP 2**
**文で確認**　where to＋V を使って、「どこで V するべきか」や「どこで V したらよいか」
という英文を書いてみましょう。

❶ どこでタバコを吸えばいいか教えてください。

Please tell me (　　　　) (　　　　　　) smoke.

❷ ボブ(Bob)はどこに行けばいいか私にたずねました。

Bob asked me (　　　　) (　　　　) (　　　　).

❸ 私はケン(Ken)とどこで会えばいいかわかりません。

I don't know (　　　　) (　　　　) (　　　　) (　　　　).

❹ ジェーン(Jane)はどこで休息をとるべきか知っていました。［ヒント：take a rest］

Jane knew (　　　　) (　　　　) (　　　　) a rest.

❺ 私はケイト(Kate)にどこで電車を降りればよいかたずねました。［ヒント：get off］

I asked Kate (　　　　) (　　　　) (　　　　) (　　　　) the train.

❻ あなたはどこで食料を買えばよいのか知っていますか。

Do you know (　　　　) (　　　　) (　　　　) some food?

❼ 彼はどこでチケットを入手すべきか知っていましたか。

Did he know (　　　　) (　　　　) (　　　　) the ticket?

❽ どこで音読すればいいか私に教えてくれませんか。

Could you tell me (　　　　) (　　　　) (　　　　) aloud?

---

✎ **ボキャブラメモ**
① smoke：喫煙する　　② take a rest：休憩をとる　　③ get off ～：～から降りる
④ aloud：声を出して

**A**　(　　) の中から正しいものを選んで丸で囲みましょう。

① Do you know ( where to meet / where meeting ) Nancy?

② We knew ( where to have / where having ) lunch.

③ My friend told us ( where to going / where to go ) tomorrow.

④ Please tell me ( where to smoke / where to smokes ).

**B**　日本語に合うように、空所に英語を入れましょう。

① 私の友達は、次にどこに行ったらよいか私にたずねました。
The friend asked me (　　　) (　　　) (　　　) next.

② メアリーは、どこで彼に会うべきか分かりませんでした。
Mary didn't know (　　　) (　　　) (　　　) him.

③ どこで傘を買えばよいのか、私に教えてくれませんか。
Can you tell me (　　　) (　　　) (　　　) an umbrella?

④ その生徒たちは、どこで音楽を聞くべきか私にたずねました。
The students asked me (　　　) (　　　) (　　　) to music.

**C**　(　　) の語句を、日本語に合うように並べかえましょう。

① どこで休憩をとるべきか知っていましたか。
Did you know ( take / where / to ) a break?

------------------------------------------------------------

② 私の友達は私に、どこで靴を脱ぐべきか言いました。
My friend told me ( off / to / where / take ) my shoes.

--------------------------------------------------------------------------------

③ その女性はその男性に、どこで再会すべきかたずねました。
The woman asked the man ( where / to / see ) each other again.

--------------------------------------------------------------------------------

④ 私の上司は全ての労働者に、昼食後どこでタバコを吸えばよいか言いました。
My boss told all the workers ( to / smoke / where / lunch / after ).

--------------------------------------------------------------------------------

**D** 次の会話文を読んで、後の質問に合う答えを①～③から１つ選びましょう。

Junko : I need to buy a gift for Emi's birthday.

Richard : Do you know where to find something she'll like?

Junko : I'm not sure yet.  She likes earrings, so maybe I'll check out
some jewelry stores.

彼らは何について話していますか。

① About the present for Emi's birthday.

② About how to get to the boutique store.

③ About unique experiences they have had before.

------------------------

✎ **ボキャブラ最終チェック** この STEP3 で出てきた語のスペルと音を確認しよう。

| | | | | | | | |
|---|---|---|---|---|---|---|---|
| □ umbrella | [ʌmbrélə] | 名 | 傘 | □ take a break | | 熟 | 休憩する |
| □ take off ~ | | 熟 | ~を脱ぐ | □ shoes | [ʃúːz] | 名 | 靴 |
| □ each other | | 熟 | お互い | □ worker | [wə́ːrkər] | 名 | 労働者 |

★ドリルと練習問題の答えは別冊 P14へ！

## チャレンジ！ 復習テスト⑤

/15

**A** 日本語に合うように（　）に適語を入れましょう。

① 私は何を言ったら良いのかわかりませんでした。

I didn't know (　　　) (　　　) say.

② いつ始めればよいか私に教えてください。

Please tell me (　　　) (　　　) begin.

③ テレビを見ることは面白い。

It's fun (　　　) (　　　) TV.

④ その問題を解決するのは難しかったですか。

Was it difficult (　　　) solve the problem?

**B** 英文の中に誤りがあれば丸で囲み、解答欄に正しい英語を書きましょう。英文が正しい場合は、解答欄に「○」と書きましょう。

① It is very important for you to studying English.

（あなたにとって英語を勉強することはとても重要です）　----------------------

② Please tell me how get to the airport.

（空港までの行き方を、私に教えてください）　----------------------

③ I don't know what to should say.

（何と言うべきなのか、私は分かりません）　----------------------

④ Do you know where do to stop?

（どこで止まるべきかあなたは知っていますか）　----------------------

## C ( ) の語句を、日本語に合うように並べかえましょう。

① あなたにとって、ダイエットをすることは必要です。
( is / a diet / it / for / necessary / you / on / to / go ).

-------------------------------------------------------------

② その郵便局へどうやって行けばよいか、私たちに教えてください。
( tell / please / us / get / how / to / the / post office / to ).

-------------------------------------------------------------

③ 彼は彼女に、メアリーにいつ電話をすればよいかたずねるでしょう。
( he / Mary / when / to / call / ask / her / will ).

-------------------------------------------------------------

④ あなたの兄は、今度の日曜日にどこへ行くべきか理解していますか。
( to / brother / does / your / understand / go / where ) next Sunday?

-------------------------------------------------------------

## D 次の会話文を読んで、後の質問に合う答えを①～③から1つ選びましょう。

Nick : I want to prepare a special dinner for my parents' wedding anniversary.

Kate : That's great!  But did you find what to make?  Let's make their favorite dishes.

Nick : Good point.  I think we'll bake pizza and some roast potatoes.

彼らは何をするつもりですか。

① To go out and have a special dinner.

② To participate in the wedding ceremony.

③ To cook their parents' favorite dishes.

-------------------------

★答えは別冊 P14へ！

# 不定詞⑥　too ～ to

## I was too busy to take a rest.
（私は忙しすぎて休憩できませんでした）

**STEP 1**
**文法ノート**　**too ～ to V の意味と用法**

　ここでは、〈too ～ to＋V 原形〉という表現について学習します。

　too は「～もまた」という意味を持つこともありますが、この構文で使う too は「～すぎる」という意味です。したがって、この〈too ～ to＋V 原形〉は「とても～なので V できない」「V するには～すぎる」という意味になります。

　たとえば、too young to drive a car という表現は、「若すぎるので車を運転できない」「車を運転するには若すぎる」という意味になるということです。

　また、too と同じような意味を持つ単語に very がありますが、この構文では very を使うことはできませんので注意しましょう。

　そして The bag is too heavy for me to carry.（そのかばんは私にとって運ぶには重すぎる）のように、不定詞の部分の動詞（to carry の carry）を行うのがだれなのかということをはっきり表したい場合は、〈to＋V 原形〉の前に〈for ～〉を置きます。この～の部分が、〈to＋V 原形〉の動詞を行うと考えましょう。

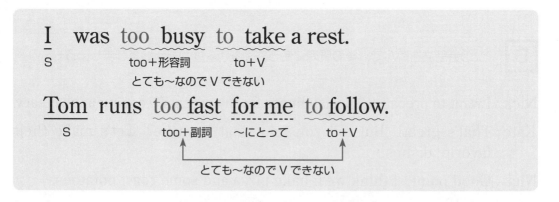

　ここでは、〈too ～ to＋V 原形〉の構文を学習しましたが、too ～と to＋V 原形は、必ずしも一緒に使うわけではありません。たとえば、I am too busy.（私は忙しすぎる）のように、単体で使うことも可能です。なお、これと似たような表現の I am very busy.（私はとても忙しい）とどう違うのかというと、この I am too busy. は、このレッスンからもわかるように、「忙しすぎて何もできないよ」という否定のニュアンスを強く含んでいるのです。

**STEP 2
文で確認**　too ～ to V を使って、「とても～なので V できない」「V するには～すぎる」という英文を書いてみましょう。

❶ 私は忙しすぎて休憩できませんでした。

I was (　　　　　) busy (　　　　　) take a rest.

❷ 寒すぎて外に行けませんでした。

It was (　　　　) cold (　　　　) (　　　　) outside.

❸ デイビッド(David)は忙しすぎて昼食を食べられませんでした。

David was (　　　　) busy (　　　　) (　　　　) lunch.

❹ 私の母はとても高齢なので速く歩けません。

My mother is (　　　　) old (　　　　) (　　　　) fast.

❺ このかばんは重すぎて私は運べません。

This bag is (　　　　) heavy for me (　　　　) (　　　　).

❻ あの川は危険すぎるので泳げません。

That river is (　　　　) dangerous (　　　　) (　　　　) in.

❼ ジム(Jim)はとても速く話すので私たちは理解できません。

Jim speaks (　　　　) fast (　　　　) us to understand.

❽ この質問は私には難しすぎて答えられません。

This question is (　　　　) difficult (　　　　) me (　　　　)
(　　　　).

---

✎ **ボキャブラメモ**
① take a rest：休憩をとる　　② go outside：外出する　　③ fast：速く　　④ heavy：重い
⑤ carry：運ぶ　　⑥ dangerous：危険な　　⑦ understand：理解する　　⑧ question：質問
⑨ difficult：難しい　　⑩ answer：答える

**A** （　　）の中から正しいものを選んで丸で囲みましょう。

① My brother was ( too busy / very busy ) to sleep well.

② It was ( so hot / too hot ) to play outside.

③ These questions are ( too difficult to answer / to difficult too answer ).

④ This bed is ( too heavy to us / too heavy for us ) to move.


**B** 日本語に合うように、空所に英語を入れましょう。

① その男性は忙しすぎて昼ごはんを食べられませんでした。

The man was (　　　　) (　　　　) to have lunch.

② その女性はとても年をとっていて速く歩けません。

The woman is (　　　　) (　　　　) to walk fast.

③ この川は深すぎるので泳げません。

This river is (　　　　) (　　　　) (　　　　) (　　　　) in.


**C** （　　）の語句を、日本語に合うように並べかえましょう。

① このスーツケースは重すぎて私には運べません。
This suitcase is ( me / heavy / too / for ) to carry.

-------------------------------------------------------------------------------

② その運動選手はとても速く走るので私にはついていけません。
The athlete runs ( me / fast / too / to / for ) follow.

-------------------------------------------------------------------------------

③ その生徒はとても疲れていたので宿題をできませんでした。
The student was ( do / tired / too / to / his ) homework.

--------------------------------------------------------------------------

④ この川は小さな子供たちが泳ぐには危険すぎます。
This river is ( to / dangerous / for / small children / too / swim ) in.

--------------------------------------------------------------------------

**D** 次の会話文を読んで、後の質問に合う答えを①〜③から１つ選びましょう。

Takeru : I'm too tired to finish this homework today.  Can I borrow your notes?

Elizabeth : Of course!  But remember that you're too smart to give up easily.

Takeru : You're right.  Maybe I just need a short break.  Thanks!

エリザベスはタケルに何と言いましたか。

① She can finish the homework by herself.

② She will start the homework now.

③ She should write her notes after a short break.

------------------------

★ドリルと練習問題の答えは別冊 P14へ！

123

# 不定詞⑦　too 〜 to と so 〜 that S not …

## Jim was so busy that he couldn't have lunch.

（ジムは忙しすぎて昼ごはんを食べられませんでした）

---

**so 〜 that SV の意味と用法**

　前のレッスンでは、〈too 〜 to+V 原形〉で「とても〜なので V できない」「V するには〜すぎる」という表現を学習しました。この構文は、ここで学習する〈so 〜 that S can't V〉という構文で書きかえられます。これは、「とても〜なので、S が V できない」「S が V しないほど〜だ」という意味になります。文法的に大切なルールは、that は接続詞と呼ばれる品詞で、後ろには S と V が続けられるということです。

　〈too 〜 to+V 原形〉と〈so 〜 that S can't V〉については、例文を見ながら確認していきましょう。

Jim was **too** busy **to** have lunch.
とても〜なので V できない

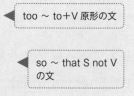

➡ Jim was so busy that he couldn't have lunch.
とても〜なので、S は V できない

---

✎ **これも覚えよう！**　that の前後で主語が異なる場合

たとえば、「そのスーツケースはとても重かったので私は運べなかった」という英文 The suitcase was so heavy that I couldn't carry it. を見てみましょう。この文の that S V 〜 で使われている it は the suitcase を指しています。
そしてこれを too 〜 to … の文に書きかえると、The suitcase was too heavy to carry. となり、文末の it がなくなります。too 〜 to V 原の文では「文の主語」と「to V 原に続く名詞」が一致している時には「to V 原に続く名詞」は不要なのです。

例　The suitcase was so heavy that I couldn't carry it.
　　　　S₁　　　　　　　　　　S₂　　　　　　　it = the suitcase
= The suitcase was too heavy (for me) to carry.
　　　　S

**STEP 2**
**文で確認** so ~ that S can't/ couldn't V を使って、「とても~なので、S が V できない」「S が V しないほど~だ」という英文を書いてみましょう。

❶ 彼はとても高齢なので車を運転できません。

He is (　　　　) old (　　　　) he can't drive.

❷ トム(Tom)は走るのが速すぎて私はついていけません。

Tom runs (　　　　) fast (　　　　) I can't follow him.

❸ このかばんは重すぎて私は運べません。

This bag is (　　　　) heavy (　　　　) I can't carry it.

❹ 私たちは忙しすぎて休憩できませんでした。

We were (　　　　) busy (　　　　) we couldn't take a rest.

❺ あの川はとても汚いので子供たちは泳げません。

That river is (　　　　) dirty (　　　　) children (　　　　) swim
in it.

❻ この本は難しすぎて私には理解できません。

This book is (　　　　) difficult that I (　　　　) understand it.

❼ 彼らは空腹を感じていて何もできませんでした。

They felt (　　　　) hungry that they (　　　　) do anything.

❽ この質問は難しすぎて答えることはできませんでした。

This question was (　　　　) difficult that we (　　　　) answer it.

✎ ボキャブラメモ
① follow：ついて行く　② take a rest：休憩をとる　③ dirty：汚い　④ question：質問

L27

不定詞⑦
too ~ to と so ~ that S not …

125

**A** （　）の中から正しいものを選んで丸で囲みましょう。

① I am ( too busy / so busy ) that I can't sleep well.

② The man is ( so old / too old ) that he can't drive.

③ The shirt is ( so small / very small ) that we can't wear it.

④ The player ran ( so fast / too early ) that I couldn't follow him.

**B** 日本語に合うように、空所に英語を入れましょう。

① 私はとてもたくさん食べたので、もう食べられませんでした。

I ate (　　　　) much (　　　　) I (　　　　) eat anymore.

② この川はとても汚れているので、子供たちは泳げません。

This river is (　　　) dirty (　　　) children can't swim in (　　　).

③ これらの本はとても難しいので、私たちは理解できません。

These books are (　　　) difficult (　　　) I can't understand (　　　).

**C** （　）の語句を、日本語に合うように並べかえましょう。

① このテーブルはとても大きいので、私たちはそれを運べません。
This table is ( that / so / large ) we can't carry it.

--------------------------------------------------------------

② その若者はとても速く走るので、私は彼について行けませんでした。
The young man ( so / ran / that / fast ) I couldn't follow him.

--------------------------------------------------------------

③ 彼女はとても眠かったので、仕事に集中できませんでした。
She felt ( sleepy / so / that ) she couldn't focus on her work.

---

④ 私はとても疲れを感じていたので、夜に勉強ができませんでした。
I felt ( tired / I / so / couldn't / that ) study at night.

---

**D** 2つの文が同じ意味になるように、(　　) に適語を入れましょう。

① These bags are too large for me to carry.

These bags are (　　　　) large (　　　　) I can't carry them.

② He ran too fast for me to follow.

He ran (　　　　) fast (　　　　) I could (　　　　) follow him.

③ My boss was too busy to have lunch.

My boss was (　　　　) busy (　　　　) he could (　　　　) have lunch.

④ My mother is getting so old that she can't walk fast.

My mother is getting (　　　　) old (　　　　) (　　　　) fast.

⑤ This river was so dirty that nobody could swim in it.

This river was (　　　　) dirty for anybody to swim (　　　　).

✐**ボキャブラ最終チェック** この STEP3 で出てきた語のスペルと音を確認しよう。

| □ shirt | [ʃə́ːrt] | 名 シャツ | □ wear | [wέər] | 動 着る |
| □ focus on ～ | | 熟 ～に集中する | □ tired | [táiərd] | 形 疲れた |
| □ nobody | [nóubàdi] | 代 だれも～ない | | | |

★ドリルと練習問題の答えは別冊 P15へ！

> # He is rich enough to buy six cars.
> （車を 6 台買えるほど十分にお金持ちである）

STEP 1
文法ノート
## 〜 enough to V の意味と用法

　〈〜 enough to＋V 原形〉は、「（S が）V するのに十分に〜」という意味を表す構文で、「V するのに十分に」という意味を表します。

　ここで注意したいのは、enough を使う構文では、形容詞（または副詞）の後ろに〈enough to V 原形〉が置かれるということです。

　たとえば、He is rich enough to buy a new car.（彼は、新車を買えるほど十分にお金持ちである）という文では、rich（裕福な）という形容詞の後ろに enough to buy（買うのに十分な）が続いています。これを、enough rich to buy のように、語順を逆にしないようにしましょう。

　また、〈to＋V 原形〉の V をするのがだれなのかということをはっきりさせたい場合は、〈for 〜〉を〈to＋V 原形〉の前に置きましょう。

　たとえば、He spoke slowly enough for us to understand.（彼は、私たちが理解するのに十分ゆっくり話した）という文には、us（私たち）が understand（理解する）という関係があります。

He is　rich　enough to buy　six cars.
　　　　形容詞　　enough to＋V 原形

This bag is　light　**enough**　for children　**to carry**.
　　　　　　　形容詞　　十分に　　　for＋人　　　　to＋V 原形
　　　　　　　　　　　　　　　　　　↑
　　　　　　　　　　　　　だれにとって〜 enough
　　　　　　　　　　　　　なのかを明らかに

**STEP 2**
**文で確認**　enough to V を使って、「十分に［形容詞 / 副詞］なので V できる」という英文を書いてみましょう。

**❶** ケイト(Kate)は車を運転できる年齢です。

Kate is old (　　　　) (　　　　) drive a car.

**❷** ボブ(Bob)は新車を買えるほど裕福です。

Bob is rich (　　　　) (　　　　) (　　　　) a new car.

**❸** 彼らは十分に早く起きたので、バスに間に合いました。

They got up early (　　　　) (　　　　) (　　　　) the bus.

**❹** ロブ(Rob)はその重いソファを動かすのに十分に強かったです。

Rob was strong (　　　　) (　　　　) (　　　　) the heavy sofa.

**❺** この本は十分簡単なので、私は読めます。

This book is easy (　　　　) (　　　　) me (　　　　) (　　　　).

**❻** このかばんは十分に軽そうに見えるので、子供たちでも運べるだろう。

This bag looks light (　　　　) (　　　　) children (　　　　)
(　　　　).

**❼** キム(Kim)は私たちが理解するのに十分注意して話しました。

Kim spoke carefully (　　　　) (　　　　) us (　　　　) (　　　　).

**❽** ジム(Jim)はその小さな子供がついていくのに十分なほどゆっくり歩きました。

Jim walked slowly (　　　　) (　　　　) the little child (　　　　)
(　　　　).

不定詞⑧
enough to

---

✎ **ボキャブラメモ**
① get up：起きる　　② catch：捕まえる　　③ move：動かす　　④ light：軽い　　⑤ carry：運ぶ
⑥ carefully：注意深く　　⑦ understand：理解する　　⑧ slowly：ゆっくりと　　⑨ walk：歩く
⑩ follow：ついて行く

**A** （　　）の中から正しいものを選んで丸で囲みましょう。

①　Mike got ( rich enough / enough rich ) to buy a new car.

②　Nancy is ( enough smart / smart enough ) to answer the question.

③　Those boys were ( kind enough to / enough to kind ) help the old people.

④　This bag is small ( enough for children to / enough to children ) carry.


**B** 日本語に合うように、空所に英語を入れましょう。

①　彼女はお酒が飲める年齢です。
　　She is (　　　　) (　　　　) to drink.

②　その男性は、その子どもを救うほど十分に勇敢でした。
　　The man was brave (　　　　) (　　　　) save the child.

③　この本は十分簡単なので、私にも読めます。
　　This book is easy (　　　　) (　　　　) me to read.

④　このソファーは十分に軽いので、子供たちにも運べます。
　　This sofa is light (　　　　) (　　　　) children (　　　　) carry.


**C** （　　）の語句を、日本語に合うように並べかえましょう。

①　彼らは十分早く起きたのでバスの始発に間に合いました。
　　They got up ( enough / catch / early / to ) the first bus.

--------------------------------------------------------

②　私の兄は十分強かったので重いテーブルを動かせました。
　　My brother was ( move / strong / enough / to ) the heavy table.

--------------------------------------------------------

③ その若者は十分勇敢だったのでその高齢の女性を救えました。
The young man was ( enough / brave / save / to ) the old lady.

-------------------------------------------------------------------

④ この参考書は十分簡単なので私は読めます。
This textbook is ( easy / for / enough / to / me ) read.

-------------------------------------------------------------------

**L28**

不定詞⑧
enough to

**D** 次の会話文を読んで、後の質問に合う答えを①～③から１つ選びましょう。

Son : I've been practicing my speech for the party tomorrow.

Mother : That's great!  Do you feel confident enough to present without
notes?

Son : I think so.  I have really practiced it hard.

息子はスピーチについてどう思っていますか。

① He feels very nervous.

② He wants to get some memos.

③ He thinks he can do it.

-------------------------

✎ **ボキャブラ最終チェック**　この STEP3 で出てきた語のスペルと音を確認しよう。

| □ **drink** | [drínk] | 動 （酒を）飲む | □ **brave** | [bréiv] | 形 勇かんな |
| □ **kid** | [kíd] | 名 子供 | □ **note** | [nóut] | 名 メモ |

★ドリルと練習問題の答えは別冊 P15へ！

131

# 不定詞⑨ enough to と so 〜 that

> ## Josh is so rich that he can buy a new house.
> （ジョシュは十分にお金持ちなので、新しい家を買えます）

---

**STEP 1**
**文法ノート** 〜 enough to V と so 〜 that S V の関係

　レッスン27では〈so 〜 that S can't V〉を学習しました。ここでは、not の入らない〈so 〜 that S（can）V〉という構文について学びましょう。〈so 〜 that S（can）V〉の意味は、「とても〜なので S が V する［できる］」や「S が V するほど〜する［できる］」のようになります。

　どうして今回、that の後ろの SV を、肯定文と否定文で分けたのかというと、SV の部分が肯定文になっている〈so 〜 that S（can）V〉の構文を、〈enough to V 原形〉で書きかえられることがあるからです。

　たとえば、She is so smart that she can answer the question.（彼女はとても賢いので、その問題に答えられます）という文は、She is smart enough to answer the question. と書きかえられるのです。ちなみにこの例文は、文頭の S と that の後ろの S が同じなので、to answer の前に、for her を入れる必要はありません。

Josh is  rich  **enough to** buy a new house.
　　　　　形容詞　　 enough to ＋ V 原形

➡ Josh is so rich that  he  can buy  a new house.
　　　　　とても［形容詞］なので　S　　　V
　　　　　　　　　　　　that 以下の SV は肯定文

---

✎ **これも覚えよう！**　that の前後で主語が異なる場合の書きかえ

次の例文を見てください。

例　これらのかばんはとても軽いので、私は簡単にそれらを運べる。
　　**These bags** are so light that  **I  can carry  them easily**.
　　　主語①　　　　　　　　　　　主語②　 V　　↑主語①を表す言葉

この文の that S V 〜に出てくる them は、文の S である these bags を指していますが、この文を enough to に書き換えると以下の例文のようになります。

　　**These bags** are light enough to **carry** easily.

　carry の目的語の them（＝these bags）は、文の主語と同じなので、enough to の構文では、書く必要はありません（too 〜 to の時と同じですね）。ですが、これだけだと、carry する人がだれなのかがわかりませんので、to の前に for 〜の形で、動作の主体を入れます。

　　**These bags** are light enough **for me** to **carry** easily.
　　　　　　　　　　　　　　　　　　　動作の主体

**STEP 2**
**文で確認**　so ～ that S V を使って、「とても～なので S が V する」や「S が V するほど～する」という英文を書いてみましょう。

❶ ジョシュ(Josh)は十分にお金持ちなので、新しい家を買えます。

Josh is (　　　　　) rich (　　　　　　) he can buy a new house.

❷ この英語の本は十分やさしいので、私は読めます。

This English book is (　　　　　) easy (　　　　　) I can read it.

❸ このかばんはとても軽いので、子供たちはそれを運べます。

This bag is (　　　　　) light (　　　　　) children can carry it.

❹ その男性はとても勇敢だったので、その子供を救いました。

The man was (　　　　　) brave (　　　　　) he saved the child.

❺ 彼らは十分に早く起きたので、バスに間に合いました。

They got up (　　　　) early (　　　　) they (　　　　) catch the bus.

❻ ケイト(Kate)は十分に賢かったので、その問題に答えることができました。

Kate was (　　　　　) smart that she (　　　　　) answer the question.

❼ この本はとてもやさしいので、みんなが理解できます。

This book is (　　　　　) easy (　　　　　) everyone (　　　　　) understand it.

❽ 彼は英語をとてもゆっくり話したので、私たちは話について行くことができました。

He spoke English (　　　　) slowly (　　　　) we (　　　　) follow him.

✎ ボキャブラメモ
① brave：勇敢な　　② smart：賢い　　③ beginner：初心者　　④ save：救う　　⑤ get up：起きる
⑥ early：早く　　⑦ catch：間に合う　　⑧ slowly：ゆっくりと　　⑨ understand：理解する
⑩ follow：話について行く

**A** （　　　）の中から正しいものを選んで丸で囲みましょう。

① The young man is ( rich enough / so rich ) that he can buy a new car.

② The man is ( so old / old enough ) that he can't drive.

③ The question is ( so easy / easy enough ) that we can answer it.

**B** 日本語に合うように、空所に英語を入れましょう。

① 彼女は昨夜とても眠かったので、早く寝ました。

　 She was (　　　　) sleepy (　　　　) she slept early last night.

② とても寒かったので、エアコンをつけました。

　 It was (　　　　) cold (　　　　) I turned on the air conditioner.

③ 彼女はとても親切だったので、多くの人に好かれました。

　 She was (　　　　) kind (　　　　) she was liked by a lot of people.

**C** （　　　）の語句を、日本語に合うように並べかえましょう。

① この質問は、私が答えるのに十分に簡単です。
　 This question is ( I / so / easy / that / could ) answer it.

　 ----------------------------------------------------------------------

② この机は、その少年が動かせるほど十分に軽いです。
　 This table is ( that / the / can / boy / so / light ) move it.

　 ----------------------------------------------------------------------

③ 彼女はとても眠かったので、早く寝ました。

She was ( sleepy / that / so / went / she ) to bed early.

------------------------------------------------------------

④ 私は昨晩とても空腹だったので、たくさん食べました。

I was ( last / hungry / so / that / night ) I ate a lot.

------------------------------------------------------------

**D**　2つの文が同じ意味になるように、( ) に適語を入れましょう。

① These bags are light enough for me to carry.

These bags are (　　　　) light (　　　　) I can carry them.

② Mike spoke slowly enough for me to follow.

Mike spoke (　　　　) slowly (　　　　) I was able to follow him.

③ My teacher was handsome enough to be liked by a lot of students.

My teacher was (　　　　) handsome (　　　　) he (　　　　) liked by a lot of students.

④ This river is so clean that people can swim in it.

This river is clean (　　　　) for (　　　　) to swim (　　　　).

✎ **ボキャブラ最終チェック**　この STEP3 で出てきた語のスペルと音を確認しよう。

| □ turn on 〜 | 熟 | 〜の電源を入れる | □ air conditioner | 名 | エアコン |
| □ move | [múːv] | 動 動かす | □ go to bed | 熟 | 寝る |
| □ handsome | [hǽnsəm] | 形 ハンサムな | | | |

★ドリルと練習問題の答えは別冊 P16へ！

# 不定詞⑩　want ～ to V

## I want Ken to study English.
（私はケンに英語を勉強してほしいです）

---

**STEP 1**
**文法ノート**　want ～ to V の意味と用法

　中2の「不定詞の名詞的用法」のところで学習した、〈S want to V 原形〉は、「S が V することを望む」という表現でした。今回学習するのは、そこからステップアップした形で、このレッスン30からレッスン33までは、動詞と不定詞とをセットで使う表現について見ていきます。

　最初は want（望む）です。たとえば、I want to go.（私は行きたいです）のように、want の直後に不定詞を置いた〈want to V 原形〉という形で、「V することを望む」「V したい」という意味を表します。

　今回は、この want と to の間に O（＝目的語）を入れて、〈want＋O（主に人を表す名詞）＋to＋V 原形〉という形にします。これは、「O に V してもらいたい」という意味で、O に対して動作を求めるときに使う表現です。

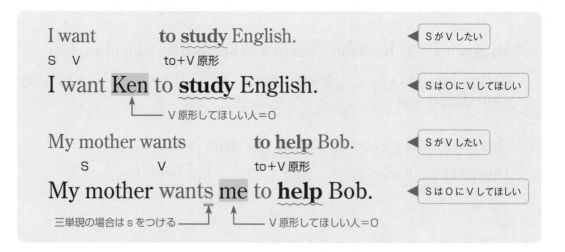

---

✎ **これも覚えよう！**　〈want ～ to V 原形〉を使った疑問文

〈want ～ to V 原形〉を使った疑問文について少し学びましょう。

例　あなたは私にたばこをやめてほしいですか。
　　**Do you want me to stop smoking?**

この〈Do you want me to V ～?〉という形で、「あなたは私に～してほしいですか」という意味を表します。〈Shall I ～?（～しましょうか）〉と同じように、何かを申し出るときに使うことができます。とても便利な表現ですので、覚えておきましょう。

**STEP 2**
**文で確認**　[　　]の動詞を使って、日本語に合う英文を作りましょう。

❶ 私はサリー(Sally)に私のアドバイスを聞いてほしいです。　[take]

I want Sally (　　　　　) (　　　　　) my advice.

❷ 私はケン(Ken)に英語を勉強してほしいです。　[study]

I want Ken (　　　　　) (　　　　　) English.

❸ 私の父は私にミオ(Mio)と結婚してほしいと思っています。　[marry]

My father wants me (　　　　　) (　　　　　) Mio.

❹ 私の母は私に、ボブ(Bob)を手伝ってほしいと思っています。　[help]

My mother wants me (　　　　　) (　　　　　) Bob.

❺ リサ(Lisa)はボブ(Bob)にもっと一生懸命働いてほしいと思っています。　[work]

Lisa wants Bob (　　　　　) (　　　　　) harder.

❻ ジャックは私たちにここに来てほしかったのです。　[come]

Jack wanted us (　　　　　) (　　　　　) here.

❼ 私の上司は私に、会議に出席してほしかったのです。　[attend]

My boss wanted me (　　　　　) (　　　　　) the meeting.

❽ ユキ(Yuki)は彼女の息子に宿題をやってほしいと思っています。　[do]

Yuki wants her son (　　　　　) (　　　　　) his homework.

L30
不定詞⑩
want 〜 to V

✎ ボキャブラメモ
① advice：アドバイス　　② marry：結婚する　　③ work：働く　　④ hard：一生懸命に
⑤ boss：上司　　⑥ attend：出席する　　⑦ son：息子　　⑧ homework：宿題

**A**　（　　）の中から正しいものを選んで丸で囲みましょう。

①　I ( want him / want to him ) to study a foreign language.

②　My father ( wants me / wants to me ) to help him.

③　Tom's parents ( wants to him / want him ) to do his homework.

④　They ( wanted us / wanted for us ) to come here.


**B**　日本語に合うように、空所に英語を入れましょう。

①　私は彼女に、私のアドバイスを聞いてもらいたいです。
　　I (　　　　) (　　　　) (　　　　　) take my advice.

②　私の母は私に、食器を洗ってもらいたいと思っています。
　　My mother (　　　　) (　　　　) (　　　　) wash the dishes.

③　私の父は私に、彼と結婚してほしいと思っていません。
　　My father doesn't (　　　　) (　　　　) (　　　　) marry him.

④　あなたの上司はあなたに、もっと一生懸命働いてほしいと思っていますか。
　　Does your manager (　　　　) (　　　　) (　　　　) work harder?

**C**　（　　）の語句を、日本語に合うように並べかえましょう。

①　彼はあなたに、ここへ来てほしいと思っていました。
　　He ( come / you / wanted / to ) here.

--------------------------------------------------------------------------------

② 教授は私たちに、話を聞いてほしいと思いました。
Our professor ( us / listen / wanted / to ) to him.

-------------------------------------------------------------------------

③ あなたは彼女に、あなたのアドバイスを聞いてほしいですか。
Do you ( want / her / take / to ) your advice?

-------------------------------------------------------------------------

④ 私の娘は私に、すぐにメールで返信をしてほしいと思っていました。
My daughter ( wanted / reply / me / to ) by e-mail soon.

-------------------------------------------------------------------------

⑤ 私の父は兄に、大学に行ってほしいと思っています。
My father ( wants / my / to / brother / go ) to university.

**L30**

不定詞⑩
want 〜 to V

-------------------------------------------------------------------------

**D** 次の会話文を読んで、後の質問に合う答えを①〜③から1つ選びましょう。

Wife : I want you to wash the dishes.  Can you do that?

Husband : Of course!  I'll start right away.

Wife : Great!  Thank you for your help.

夫は次に何をするつもりですか。

① To go out soon.

② To clean the dishes.

③ To start his own task.

-------------------------

**ボキャブラ最終チェック**　この STEP3 で出てきた語のスペルと音を確認しよう。

□ **foreign** [fɔ́ːrən] 形 外国の 　　□ **language** [lǽŋgwidʒ] 名 言語
□ **manager** [mǽnidʒər] 名 上司 　　□ **professor** [prəfésər] 名 教授

★ドリルと練習問題の答えは別冊 P16へ！

# 不定詞⑪　would like 〜 to V

## I would like you to help Sally.
（私はあなたにサリーを手伝っていただきたいです）

---

**STEP 1**
**文法ノート**　**want 〜 to V よりもていねいな表現**

　前のレッスンで学習した、〈want＋O（主に人を表す名詞）＋to＋V 原形〉のような、動詞と不定詞をセットで使う表現を、引き続き学習します。

　ここでは、助動詞 would と動詞 like を組み合わせた would like（〜が欲しい）を使って学習しましょう。まず、would like と to 不定詞を組み合わせた〈would like to＋V 原形〉は、「V したい（のですが）」という意味として、会話文などでよく使われる表現です。

　では、〈would like＋O＋to＋V 原形〉のように、like と to＋V 原形の間に名詞（目的語）を置くと、どのような意味を持つ表現になるのでしょうか。

　これは、「O に V してもらいたいのですが」という意味で、相手に何かをやってもらいたいことがあるときに用いる表現です。つまり、〈to＋V 原形〉の動作を行うのは、S ではなく O であるということがポイントです。

　また、レッスン30で学習した、「O に V してほしい」という意味の、〈want＋O＋to＋V 原形〉はこれによく似ていますが、〈would like＋O＋to＋V 原形〉は、〈want＋O＋to＋V 原形〉と比べて、よりていねいな表現になります。一般的に、年上の相手や初対面の人にお願いをしたりするときに用いる表現です。

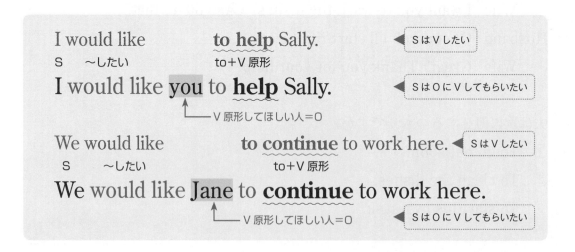

**STEP 2**
**文で確認**　[　　]の動詞を使って、日本語に合う英文を作りましょう。

❶ 私はあなたにサリー(Sally)を手伝ってもらいたいです。　[help]

I would like you (　　　　　) (　　　　　) Sally.

❷ 私はマイク(Mike)に言うことを聞いてもらいたいです。　[listen]

I would like Mike (　　　　　) (　　　　　) to me.

❸ 私はあなたにドアを閉めてもらいたいです。　[close]

I would like you (　　　　　) (　　　　　) the door.

❹ 私はみなさんに、この記事を読んでもらいたいです。　[read]

I would like everyone (　　　　　) (　　　　　) this article.

❺ 我々はボブ(Bob)に、もっとゆっくり話してもらいたいです。　[speak]

We would like Bob (　　　　　) (　　　　　) more slowly.

❻ 当社はジェーン(Jane)に、ここで働き続けてもらいたいです。　[continue]

Our company would like Jane (　　　　　) (　　　　　) to work here.

❼ 我々はあなたに日本史を学んでもらいたいです。　[learn]

We would like you (　　　　　) (　　　　　) Japanese history.

❽ 私はあなたにパスポートを見せてもらいたいです。　[show]

I would like you (　　　　　) (　　　　　) me your passport.

L31
不定詞⑪
would like 〜 to V

✎ ボキャブラメモ
① close：閉める　② article：記事　③ slowly：ゆっくりと　④ learn：学ぶ
⑤ continue：続ける　⑥ Japanese history：日本史　⑦ passport：パスポート

**A** （　　）の中から正しいものを選んで丸で囲みましょう。

① I ( would like him / would like to him ) to study Japanese.

② She ( would like me / would like to me ) to help her.

③ Nancy ( would like to / would like ) Bob to do his own task.

④ They ( would like to / would like ) my boss to meet them.


**B** 日本語に合うように、空所に英語を入れましょう。

① 私は自分の息子に、アドバイスを聞いてもらいたいです。
I (　　　　) (　　　　) my son (　　　　) take my advice.

② 彼は彼の友達に、静かにしてほしいと思っています。
He (　　　　) (　　　　) his friends (　　　　) be quiet.

③ 私の父は私に、ナンシーと結婚してほしいと思っています。
My father (　　　　) (　　　　) me (　　　　) marry Nancy.

④ 私は彼に、謝ってほしいと思っています。
I (　　　　) (　　　　) him (　　　　) apologize to me.


**C** （　　）の語句を、日本語に合うように並べかえましょう。

① 彼女はあなたに、今戻ってきてほしいと思っています。
She ( like / you / would / to / come ) back now.

-----------------------------------------------------------------------------

② トムはあなたに、彼のアドバイスを聞いてほしいと思っています。

Tom ( you / like / would / to / take ) his advice.

---

③ 私たちはメアリーに、私たちと一緒に滞在してほしいです。

We ( would / Mary / stay / to / like ) with us.

---

④ 彼らはあなたに、その教室を掃除してほしいと思っています。

They ( would / clean / you / to / like ) the classroom.

---

⑤ あなたの両親はあなたに自立してほしいと思っています。

Your parents ( would / to / you / be / independent / like ).

---

**L31**

不定詞⑪

would like ～ to V

**D** 次の会話文を読んで、後の質問に合う答えを①～③から１つ選びましょう。

Tim : We're planning a small party for our mom's birthday next week.

Kate : That sounds great! I would like everyone to bring a dish they think she would love.

Tim : Good idea. I think she will be very glad.

彼らはみんなに何をしてもらいたいですか。

① To prepare a meal their mom would like very much.

② To plan a wedding ceremony together.

③ To enjoy the dance party.

---

✎ **ボキャブラ最終チェック** この STEP3 で出てきた語のスペルと音を確認しよう。

| | | | | | | | |
|---|---|---|---|---|---|---|---|
| □ **own** | [óun] | 代 | 自身の | □ **task** | [tǽsk] | 名 | 仕事 |
| □ **quiet** | [kwáiət] | 形 | 静かな | □ **apologize** | [əpálədʒàiz] | 動 | 謝る |
| □ **independent** | [ìndɪpéndənt] | 形 | 独立した | | | | |

★ドリルと練習問題の答えは別冊 P17へ！

32

## My mother tells me to help her.
（私の母は私に、手伝うように言います）

---

　前のレッスンで学習した、〈would like＋O（主に人を表す名詞）＋to＋V原形〉のような、動詞と不定詞をセットで使う表現を、引き続き学習します。

　ここでは、動詞 tell（言う；告げる）を使って学習しましょう。この tell も、後ろに O＋to＋V原形を続けて、〈tell＋O＋to＋V原形〉という形にすることができます。

　これは、「O に V するように言う」という意味で、相手に何かをしなさいと告げるときに用いる表現です。これも、前の want や would like と同じように、〈to＋V原形〉の動作を行うのは、S ではなく O です。

　なお、tell は「言う」「話す」という意味を持つ動詞ですが、よく似た動詞に speak や say や talk などがあります。ですが、〈O＋to＋V原形〉という形を後ろに続けることができる動詞は、tell だけなのです。英語では、動詞によって、後ろに続けることができる形が決まっているのですね。ですから、すべての動詞について丸暗記をする必要はありませんが、tell のように頻出する動詞については、確実に覚えていくようにしましょう。

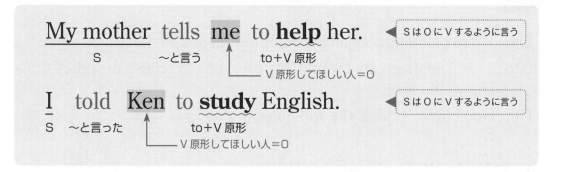

---

✎ **これも覚えよう！**　「V しないように言う」の場合

「(S は) O に V しないように言う」と表現したい場合には、to の前に not を置いて、〈not to V原形〉という形にします。これは、レッスン30で学習した want の場合も同様です。

例　I told him to smoke here.（私は彼にここでタバコを吸うように言った）

　　I told him not to smoke here.（私は彼にここでタバコを吸わないように言った）

　　　　　　　└── not は to V を否定

**STEP 2**
**文で確認**　[　　]の動詞を使って、日本語に合う英文を作りましょう。

❶ 私の母は私に、手伝うように言います。　[help]

My mother tells me (　　　　　) (　　　　　) her.

❷ 私の上司は、私に席に着くように言いました。　[take]

My boss told me (　　　　) (　　　　) a seat.

❸ 私はジム(Jim)に、ここに戻ってくるように言うつもりです。　[come]

I'll tell Jim (　　　　) (　　　　) back here.

❹ ホワイト氏(Mr. White)は我々に、彼のアドバイスに従うように言いました。　[follow]

Mr. White told us (　　　　) (　　　　) his advice.

❺ 私の祖母はいつも私に、早く起きるように言っていました。　[get up]

My grandmother always told me (　　　　) (　　　　) early.

❻ その教授はアメリカの学生たちに、日本文化について学ぶように言いました。　[learn]

The professor told the American students (　　　　) (　　　　) about Japanese culture.

❼ その教師は学生たちに、うそをつかないように言いました。　[tell]

The teacher told the students (　　　　) to (　　　　) a lie.

❽ 私の両親は私に、夜ふかししないように言います。　[stay up]

My parents tell me (　　　　) (　　　　) (　　　　) late.

✎ ボキャブラメモ
① boss：上司　　② take a seat：席に着く　　③ come back：戻ってくる　　④ early：早く
⑤ grandmother：祖母　　⑥ professor：教授　　⑦ Japanese culture：日本文化
⑧ tell a lie：うそをつく　　⑨ stay up：夜ふかしをする

L32
不定詞⑫
tell〜to〈

**A**　（　　）の中から正しいものを選んで丸で囲みましょう。

① I ( told him / told to him ) to study Korean.

② My father always ( tells me / tells to me ) to help my mother.

③ They ( told me / said me ) to apologize to her.

④ Our director ( told us to / talked us to ) listen to her carefully.

**B**　日本語に合うように、空所に英語を入れましょう。

① 私の父は私に、宿題をするように言いました。

My father (　　　) me (　　　) (　　　) my homework.

② 彼女は彼に、しばらく休憩するように言いました。

She (　　　) him (　　　) (　　　) a rest for a while.

③ 私の母は私に、この花びんに触れないように言いました。

My mother (　　　) me (　　　) (　　　) touch this vase.

④ あなたの上司はあなたに、戻ってくるように言ったのですか。

Did your boss (　　　) you (　　　) (　　　) back?

**C**　（　　）の語句を、日本語に合うように並べかえましょう。

① 彼は息子たちに、この部屋に入らないように言いました。
He ( enter / his / sons / told / to / not ) this room.

-----

146

② 私の上司は私たちに、自分で考えるように言いました。
Our boss ( us / think / to / told ) by ourselves.

--------------------------------------------------------

③ あなたは娘に、7時までに帰宅するよう言いましたか。
Did you ( tell / your / come / to / daughter ) home before seven?

--------------------------------------------------------

④ 祖父母は私たちに、他人に対して礼儀正しくあるよう言いました。
My grandparents ( polite / told / us / to / be ) to other people.

--------------------------------------------------------

**D** 次の会話文を読んで、後の質問に合う答えを①～③から１つ選びましょう。

David : My little brother is always coming into my room and using my computer.

 Sally : Maybe you should tell him to ask for your permission first.

David : Yeah, you're right. I'll talk to him about it.

**L32**

不定詞⑫
tell ～ to V

サリーのアドバイスは何ですか。

① To tell David's brother to buy his own computer.

② To tell David's brother to get out of the room.

③ To tell David's brother to get permission.

--------------------------

✎ **ボキャブラ最終チェック** この STEP3 で出てきた語のスペルと音を確認しよう。

| | | | | | | | |
|---|---|---|---|---|---|---|---|
| ☐ Korean | [kərí:ən] | 名 | 韓国語 | ☐ always | [ɔ́:lwèiz] | 副 | いつも |
| ☐ apologize | [əpálədʒàiz] | 動 | 謝る | ☐ director | [diréktər] | 名 | 監督 |
| ☐ carefully | [kéərfəli] | 副 | 気をつけて | ☐ take a rest | | 熟 | 休憩をとる |
| ☐ for a while | | 熟 | しばらくの間 | ☐ enter | [éntər] | 動 | 入る |
| ☐ come home | | 熟 | 帰宅する | ☐ grandparent | [grǽndpɛ̀ərənt] | 名 | 祖父 [祖母] |
| ☐ polite | [pəláit] | 形 | 礼儀正しい | ☐ permission | [pərmíʃən] | 名 | 許可 |

★ドリルと練習問題の答えは別冊 P17へ！

# 不定詞⑬　ask 〜 to V

## Mike asked his friends to be quiet.
（マイクは友人に静かにするよう頼みました）

---

**STEP 1**
**文法ノート**　**ask 〜 to V の意味と用法**

　レッスン30から学習してきた、「動詞の後ろに〈O to V 原形〉を続けられる動詞」について、引き続き学習します。

　ここでは、動詞 ask（お願いする）を使って学習しましょう。〈ask＋O＋to＋V 原形〉という形は、「O に V することをお願いする［頼む］」という意味です。「O に V するように言う」という〈tell＋O＋to＋V 原形〉が、命令的な表現だったのに対して、〈ask＋O＋to＋V 原形〉は、依頼の意味を含む表現だと考えればよいでしょう。

　また、前の want や tell と同じように、〈to＋V 原形〉の動作を行うのは、S ではなく O です。

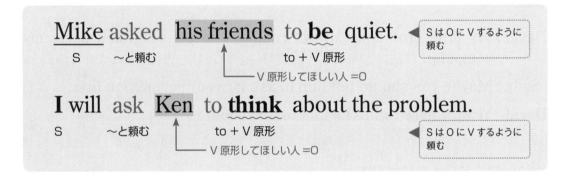

Mike asked his friends to **be** quiet.　◀ S は O に V するように頼む
S　　〜と頼む　　　　　　to＋V 原形
　　　　　　　　└─ V 原形してほしい人 ＝O

**I** will ask Ken to **think** about the problem.
S　　〜と頼む　　　to＋V 原形　　　　　◀ S は O に V するように頼む
　　　　　　└─ V 原形してほしい人 ＝O

---

　✎ **これも覚えよう！**　「V しないように…」の場合

「（S は）〜に V しないようにお願いする」と表現したい場合には、to の前に not を置いて、〈not to V 原形〉という形にします。

**例**　We asked the boys to run around.（私たちはその少年たちに、走り回るように頼んだ）

　　　We asked the boys **not to run** around.（私たちはその少年たちに、走り回らないように頼んだ）
　　　　　　　　　　　　└─ not は to V を否定

ちなみに、I asked him to smoke here. に did not をつけて、I did not ask him to smoke here. という文にすると、not は smoke ではなく ask を否定し、「私は彼にここでタバコを吸うようにお願いしなかった」という意味になります。混同しないように注意しましょう。

**STEP 2**
**文で確認**　[　　] の動詞を使って、日本語に合う英文を作りましょう。

❶ ジョン(John)は我々に、ここに来るように頼みました。　[come]

John asked us (　　　　　) (　　　　　) here.

❷ マイク(Mike)は彼の友達に、静かにするように頼みました。　[be]

Mike asked his friends (　　　　　) (　　　　　) quiet.

❸ その役人は私に、パスポートを見せるように頼みました。　[show]

The officer asked me (　　　　　) (　　　　　) him my passport.

❹ 私の父は私に、電気を消すよう頼みました。　[turn off]

My father asked me (　　　　) (　　　　) (　　　　) the light.

❺ 私の父は私に、いつも彼の車を洗うように頼みます。　[wash]

My father always asks me (　　　　) (　　　　) his car.

❻ 彼らはメアリー(Mary)に、パーティーに来るよう頼みましたか。　[come]

Did they ask Mary (　　　　) (　　　　) to the party?

❼ ジョン(John)はあなたに、彼の犬の世話を頼まないでしょう。　[take care of]

John won't ask you (　　　　) (　　　　) (　　　　) of his dog.

❽ 私は生徒たち全員にこの経験を忘れないようにお願いするつもりです。　[forget]

I will ask all the students (　　　　) (　　　　) (　　　　) this experience.

---

✎ **ボキャブラメモ**
① quiet：静かな　　② passport：パスポート　　③ turn off ～：～（電気など）を消す　　④ light：電気
⑤ take care of ～：～の世話をする　　⑥ experience：経験

L33
不定詞⑬
ask ～ to V

149

① I ( asked him / asked to him ) to bring his dictionary.

② The young man ( asked Nancy / asked to Nancy ) to keep a secret.

③ I ( asked to you/ asked you ) to be more careful.

④ Those people ( asked for me / asked me ) to apologize to them.


**B**  日本語に合うように、空所に英語を入れましょう。

① 私は彼女に、私のアドバイスを聞くように頼みました。

I (　　　　) her (　　　　　) take my advice.

② 私の母は私たちに、皿を洗うように頼みました。

My mother (　　　　) us (　　　　　) wash the dishes.

③ 彼女は彼に、ノートを一冊持ってくるように頼みましたか。

Did she (　　　　) him (　　　　) (　　　　) a notebook?


**C**  （　）の語句を、日本語に合うように並べかえましょう。

① マイクは娘たちに、ここへ来るよう頼みました。
Mike ( come / his / daughters / asked / to ) here.

-------------------------------------------------------------------------------

② 私たちの上司は労働者たちに、彼のアドバイスを聞くよう頼みました。
Our boss ( the / follow / to / workers / asked ) his advice.

-------------------------------------------------------------------------------

③ あなたは友達に、7時までにあなたの家へ来るよう頼みましたか。
Did you ( ask / your / come / to / friends ) to your house before seven?

---

④ 私の母はときどき私に、ドーナツを買ってくるように頼みます。
My mother sometimes ( asks / buy / me / to ) some donuts.

---

⑤ 祖父母は私に、数枚の毛布を持ってくるよう頼みました。
My grandparents ( bring / asked / me / to / some blankets ).

---

**D** 次の会話文を読んで、後の質問に合う答えを①〜③から1つ選びましょう。

Nami : Can you ask the teacher to explain the homework?

Rick : Sure, I'll do that. Is there anything you don't understand?

Nami : Yes, the math problems are hard for me.

リックが次にすることは何ですか。

① To help his teacher with the work.

② To study math with Nami.

③ To talk to his and Nami's teacher.

**L33**

不定詞⑬
ask 〜 to V

---

✎ **ボキャブラ最終チェック** この STEP3 で出てきた語のスペルと音を確認しよう。

| | | | | | | | |
|---|---|---|---|---|---|---|---|
| □ **bring** | [bríŋ] | 動 | 持ってくる | □ **keep a secret** | | | 秘密を守る |
| □ **careful** | [kéərfəl] | 形 | 注意深い | □ **apologize** | [əpάlədʒàiz] | 動 | 謝る |
| □ **follow** | [fάlou] | 動 | 従う | □ **sometimes** | [sʌ́mtàimz] | 副 | 時々 |
| □ **donut** | [dóunʌt] | 名 | ドーナツ | □ **blanket** | [blǽŋkit] | 名 | 毛布 |

★ドリルと練習問題の答えは別冊 P18へ！

**A**　日本語に合うように（　　）に適語を入れ、全文を書きましょう。

① 私は昨晩、眠すぎて勉強できませんでした。
I was (　　　　) sleepy (　　　　　) study last night.

---

② 私はあなたにこれらの単語を覚えてもらいたい。
I (　　　　) you (　　　　) (　　　　　) these words.

---

③ 彼らは私に、そこに行くように言いました。
They (　　　　) me (　　　　) (　　　　　) there.

---

④ 私は昨日、忙しすぎてほかに何もする事ができませんでした。
I was (　　　　) busy (　　　　) I (　　　　　) do anything else.

---

**B**　2つの英文が同じ意味になるように、（　　）に適語を入れましょう。

① My mother was so busy that she couldn't help me with my homework.
My mother was (　　　　) busy (　　　　) (　　　　　) me with my homework.

② Karen was so pretty that she was very popular among the boys.
Karen was (　　　　) (　　　　) (　　　　　) be very popular among the boys.

③ The boxes were so heavy that I couldn't carry them.
The boxes were (　　　　) heavy (　　　　) (　　　　　) to carry.

**C**　（　　）の語句を、日本語に合うように並べかえましょう。

① 私はあなたに、英語を熱心に勉強してもらいたいです。
I ( like / you / would / study / to / English ) hard.

------------------------------------------------------------

② 私の先生は私たちに、ノートを持ってくるように頼みました。
(teacher / asked / my / us / to / our notebooks / bring ).

------------------------------------------------------------

③ 昨日私はとても忙しくて、友人たちと話せませんでした。
Yesterday I ( couldn't / talk / was / busy / so / that / I / with ) my friends.

------------------------------------------------------------

**D**　次の会話文を読んで、後の質問に合う答えを①〜③から１つ選びましょう。

Woman : You look sleepy.  What's the matter with you?

Man : The neighbor living next to me was listening to music so loud that I couldn't sleep well last night.

Woman : That's too bad.  You should complain to the person next time.

男性は昨晩なぜよく眠ることができなかったのですか。

① Because the woman was too loud.

② Because the person who lives next to him was too noisy.

③ Because a person complained to him.

------------------------

★答えは別冊 P18へ！

153

# I know what you mean.
（私は、あなたが何を意味しているのかわかります）

## STEP 1
### 文法ノート　**what が作る意味のまとまり**

　間接疑問文とは、意味のまとまりを持つ〈疑問詞（＋S）＋V〉の文が全体の一部になっている疑問文です。ここからは、いくつかのレッスンを使って、様々な間接疑問文のルールを学びましょう。まずは what からです。what は〈what＋S＋V〉で「S が何を V するか」のように用いるのが一般的ですが、〈what＋V〉で「何が V するのか」のように what 自身が S の役割を兼ねるタイプの文もあります。

What do you mean?　◀ ふつうの疑問文
　　　疑問文の語順

I know what　you mean.　◀ 間接疑問文
　　　　　S＋V の語順

What happened last night?　◀ ふつうの疑問文
　↑↓ 疑問詞の後の語順は変わらない

Could you tell me what happened last night?　◀ 間接疑問文
　　　　　what＋V の語順

---

✎ **これも覚えよう！**　what time＋S＋V

疑問詞 what の関連表現として what time「何時」があります。この what time も 1 つの疑問詞として間接疑問文を作ることができます。what time を使う場合は必ず後ろに S V が続きます。

例　「あなたは、マイクが何時に私たちに電話をしてきたか覚えていますか」
　　**Do you remember** what time **Mike called us?**
　　　　　　　　　　　what time＋S＋V

**STEP 2**
**文で確認**　what＋S V/ what＋V を使って、間接疑問文を書いてみましょう。

❶　私はあなたが何を意味しているのかわかります。

　　I know (　　　　　　) you mean.

❷　私はケイト(Kate)が何をしたのかトム(Tom)にたずねるつもりです。

　　I will ask Tom (　　　　　　) Kate (　　　　　　).

❸　私はボブ(Bob)が何を言ったのか思い出せません。

　　I can't remember (　　　　　) Bob (　　　　　).

❹　これが何だか知っていますか。

　　Do you know (　　　　　) (　　　　　) (　　　　　)?

❺　何を書くべきか私に教えて下さい。

　　Please tell me (　　　　　) (　　　　　) should (　　　　　).

❻　私は机の上に何があったか知っています。

　　I know (　　　　　) was on the table.

❼　昨夜ここで何が起こったのかだれも知りません。

　　Nobody knows (　　　　　) (　　　　　) here last night.

❽　ユキ(Yuki)はあの箱の中に何があったのか知っていますか。

　　Does Yuki know (　　　　　) (　　　　　) in that box?

L34
間接疑問文①
what＋SV/what＋V

✎ ボキャブラメモ
① ask：たずねる　　② do：する　　③ remember：思い出す　　④ write：書く　　⑤ happen：起こる
⑥ nobody：だれも～ない

**A**   （　　）の中から正しいものを選んで丸で囲みましょう。

① I know ( what this is / what is this ).

② Can you tell me ( what will happen / what will happening ) tomorrow?

③ They asked me ( what was / what did ) on the table.

**B**   （　　）の語句を、日本語に合うように並べかえましょう。

① 私は彼らが私に何と言ったか思い出せません。
I can't remember ( what / said / they ) to me.

------------------------------------------------------------

② 先日その生徒が何を買ったか私に言ってください。
Please tell me ( the / what / bought / student ) the other day.

------------------------------------------------------------

③ 私は彼が何を意味していたか知りたいです。
I want to know ( he / what / meant ).

------------------------------------------------------------

**C**   日本語に合うように、空所に適語を入れましょう。

① 彼が何をするつもりなのか教えてください。

Please tell me (　　　　) (　　　　) (　　　　) (　　　　) (　　　　)
(　　　　).

② 私は、彼女が彼のために何を料理したのかたずねるつもりです。

I will ask her (　　　　) (　　　　) (　　　　) for him.

③　彼らはそのときソファの上に何があったか知っていますか。

Do they know (　　　　) (　　　　) (　　　　) the sofa then?

**D**　日本語を英語にしてみましょう。

①　私は次に何をするべきなのか分かりません。

-------------------------------------------------------------------------

②　彼が何を言いたかったのか、私には理解できません。

-------------------------------------------------------------------------

**E**　次の会話文を読んで、後の質問に合う答えを①〜③から１つ選びましょう。

Emi　: Can you tell me what you are planning to do during Christmas?

Taku : I'm planning to spend it with my family.　What about you?

Emi　: I'm going to visit Kyoto with my friends.

彼らは何について話していますか。

①　About their holidays.

②　About the history of Christmas.

③　About the people they like.

-------------------------------

**L34**

間接疑問文①
what＋SV/what＋V

✎ **ボキャブラ最終チェック**　この STEP3 で出てきた語のスペルと音を確認しよう。

| □ bought | | 動 **buy**（買う）の過去形 |
| □ meant | | 動 **mean**（意味する）の過去形 |
| □ in the future | | 熟 将来は |
| □ said | | 動 **say**（言う）の過去形 |
| □ sofa | [sóufə] | 名 ソファー |

★ドリルと練習問題の答えは別冊 P18へ！

# 間接疑問文② who

## Could you tell me who he is?
（彼が誰なのか教えてくれませんか）

---

**STEP 1**
**文法ノート** ### who が作る意味のまとまり

　what に続いて who を使った間接疑問文について学習することにします。who も what と同じように 〈who＋S＋V …〉という形で「S が誰を V するか」のように用いるのが一般的ですが、〈who＋V …〉で「誰が V するのか」のように who 自身が S の役割を兼ねるタイプの文もあります。

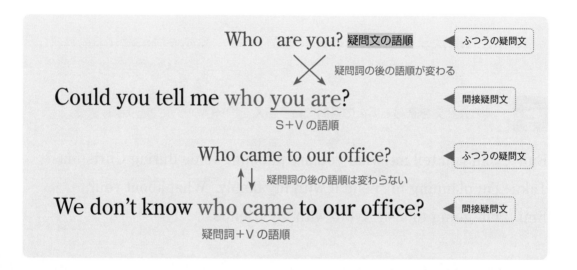

Who　are you? 疑問文の語順　◀ ふつうの疑問文

疑問詞の後の語順が変わる

Could you tell me who you are?　◀ 間接疑問文
S＋V の語順

Who came to our office?　◀ ふつうの疑問文

疑問詞の後の語順は変わらない

We don't know who came to our office?　◀ 間接疑問文
疑問詞＋V の語順

---

✎ **これも参考にしよう！**

間接疑問文の who の後ろに S V が続く場合、まれに who の代わりに whom が使われる文を見ることがあるかもしれません。この whom は非常に古い表現なので、みなさんは who を使っても問題はありません。

例　「あなたは誰のことをもっとも尊敬しているのか知りたい」
I want to know who you respect most. → ○
　　　　　　　　who＋S＋V
I want to know whom you respect most. → △
　　　　　　　　whom＋S＋V

**STEP 2**
**文で確認**  who を使って、間接疑問文を書いてみましょう。

**❶** あなたは、私のクラスの新しい先生が誰か知っていますか。

Do you know (　　　　　) the new teacher of my class is?

**❷** 彼女はナンシーに、その男性が誰だったかたずねました。

She asked Nancy (　　　　　) (　　　　　) (　　　　　) (　　　　　).

**❸** 彼女は私に、昨晩誰と夕食をとったかたずねました。

She asked me (　　　　　) (　　　　　) (　　　　　) dinner with last night.

**❹** あなたにその情報を与えた人は誰か私に教えていただけますか。

Can you tell me (　　　　　) (　　　　　) you that information?

**❺** 私は、私の机の上に誰がこのメモを残したのか気になります。

I wonder (　　　　　) (　　　　　) this note on my desk.

**❻** 私たちは、このミスの責任が誰にあるかを調べる必要があります。

We need to find out (　　　　　) (　　　　　) responsible for this mistake.

**❼** 私は会議の次の話者が誰になるか知っています。

I know (　　　　　) (　　　　　) (　　　　　) (　　　　　) (　　　　　)
at the meeting next.

**❽** 誰と話していたのか、お聞きしてもいいですか。

Can I ask you (　　　　　) (　　　　　) (　　　　　) (　　　　　) with?

L35

who 間接疑問文②

✎ **ボキャブラメモ**
① leave：残す［left（過去）－left（過去分詞）］

**STEP 3**
**問題にトライ**

**A** 日本語に合うように、下の語群から疑問文を選んで適当な形に変え、それぞれの書き出しに付け足して、間接疑問文を作ってみましょう。

① 今晩のパーティーに誰が来るか知っていますか。

Do you know
-----------------------------------------------------------------------

② 私たちの仕事を手伝ってくれる人が誰かジムに聞いてもらえませんか。

Can you ask Jim
-----------------------------------------------------------------------

③ マネージャーは遅れの責任が誰にあるか知りたがっていました。

The manager wanted to know
-----------------------------------------------------------------------

  (1)  Who can help us with our task?
  (2)  Who is coming to the party tonight?
  (3)  Who was responsible for the delay?


**B** 次の文を日本語にしてみましょう。

① Do you know who won the Nobel Prize last year?

-----------------------------------------------------------------------

② I wonder who will attend the meeting next week.

-----------------------------------------------------------------------

③ Can you tell me who recommended the restaurant to you?

-----------------------------------------------------------------------

**C** （　）の語句を、日本語に合うように並びかえましょう。

① 彼女は私に、私のお気に入りの作家は誰かたずねました。
She asked me ( is / who / favorite / author / my ).

--------

② 私は、誰がこの建物をデザインしたのか興味があります。
I'm curious about ( designed / who / building / this ).

--------

③ 彼は、誰が彼の机からノートを取ったのか気になっています。
He wonders ( his / who / took / notebook ) from his desk.

--------

**D** 次の会話文を読んで、後の質問に合う答えを①〜③から１つ選びましょう。

Tom : I wonder who made this dinner?  I have never eaten such a delicious meal.

Nami : I'm very glad to hear that.  I made it, but my mother taught me how to cook.

Tom : Oh, both you and your mother should be good cooks.

トムは夕食についてなんと言っていますか。

① Tom wants to know how to cook.

② It is excellent, and Nami is a great cook.

③ Nami should teach Tom how to cook.

--------

✎ **ボキャブラ最終チェック** この STEP3 で出てきた語のスペルと音を確認しよう。

| □ the Novel Prize | | 名 ノーベル賞 | □ I wonder | 〜が気になる |
| □ attend | [əténd] | 動 参加する | □ recommend [rèkəménd] | 動 勧める |

★ドリルと練習問題の答えは別冊 P19へ！

L35
who
間接疑問文②

# 36 間接疑問文③ which

## I asked students which they liked?
(私は学生たちに、どちらを好むかたずねました)

---

**STEP 1**
**文法ノート** **which が作る意味のまとまり**

　what や who に続いて which を使った間接疑問文について学習することにします。which も what や who と同じように、〈which＋S＋V ...〉という形で「S がどちら（どれ）を V するか」のように用いるのが一般的ですが、〈which＋V ...〉で「どちらが V するのか」のように which 自身が S の役割を兼ねるタイプの文もあります。

**Which did they like?** ◀ ふつうの疑問文
　　　　疑問文の語順

**I asked students which they liked.** ◀ 間接疑問文
　　　　S＋V の語順

**Which is more popular, jazz or rock?** ◀ ふつうの疑問文
　　　　　　　疑問文の語順

**We don't know which is more popular, jazz or rock.** ◀ 間接疑問文
　　　疑問詞＋V の語順

---

✎ **これも覚えよう！** which＋名詞＋S＋V

間接疑問文の which は、その直後に名詞を置くことも多くあります。which movie「どちらの（どの）映画」や which subject「どちらの（どの）科目」のような〈which＋名詞〉の後ろに〈S V ...〉や〈V ...〉を置いて意味のまとまりを作ることができます。

例　I'd like to know which subject you are interested in.
　　　　　　　　　which＋名詞＋S＋V
（あなたがどちらの（どの）科目に興味があるのか知りたいです）

　　Please tell me which movie is more popular.
　　　　　　　　which＋名詞＋V
（どちらの映画が人気があるのか、私に教えてください）

---

✎ **ボキャブラメモ**
① recommend：勧める　　② be held：開催される　　③ closer：より近い　　④ department：部署

**STEP 2**
**文で確認**　which を使って、間接疑問文を書いてみましょう。

❶ この本とあの本のどちらがお勧めか教えていただけますか。

Could you please tell me (　　　　　) (　　　　　) (　　　　　), this book or that one?

❷ 会議が開催された部屋はこの部屋とあの部屋のどちらか知っていますか？

Do you know (　　　　　) room (　　　　　) (　　　　　) (　　　　　) (　　　　　) at, this room or that room?

❸ 公園により近いのはバス停か電車の駅かどちらか教えていただけますか。

Please tell me (　　　　　) (　　　　　) (　　　　　) to the park, the bus stop or the train station.

❹ 町で一番おいしい寿司を提供するレストランはどこだろうか。

I wonder (　　　　　) (　　　　　) serves the best sushi in town.

❺ そのカーペットに一番似合う色は何か考えています。

I'm thinking about (　　　　　) (　　　　　) would look best with the carpet.

❻ 今夜、映画館で何の映画が上映されているか知っていますか。

Do you know (　　　　　) (　　　　　) (　　　　　) (　　　　　) at the theater tonight?

❼ 私は、この問題についてどの部署に話をすればいいかわかりません。

I'm not sure (　　　　　) (　　　　　) I should speak to about this issue.

❽ あなたは、私たちが英語の授業でどの本を読んだかを覚えていますか？

Do you remember (　　　　　) (　　　　　) (　　　　　) (　　　　　) in our English class?

L36
which
間接疑問文③

163

**A** 日本語に合うように、下の語群から疑問文を選んで適当な形に変え、それぞれの書き出しに付け足して、間接疑問文を作ってみましょう。

① あなたはこのコンピュータとあのコンピュータのどちらが安いか知っていますか。

Do you know
-------------------------------------------------------------------------------

② 世界でどの国が最も人口が多いのか教えてください。

Please tell me
-------------------------------------------------------------------------------

③ 私はどのバス停で降りるべきかを知りたいです。

I want to know
-------------------------------------------------------------------------------

④ 私は、あなたがコーヒーか紅茶のどちらが好きか気になります。

I wonder
-------------------------------------------------------------------------------

(1) Which is cheaper, this computer or that one?
(2) Which bus stop should I get off at?
(3) Which do you like better, coffee or tea?
(4) Which country has the largest population in the world?

**B** 日本語に合うように適当な語を入れましょう。

① 空港に行くのにどのバスに乗ればいいか、私に教えてもらえますか。

Can you tell me (　　　　) goes to the airport, this bus or that one?

② 私は、あなたが家族用に勧めるホテルがどれか知りたいです。

I want to know (　　　) (　　　　) you recommend for a family.

③ 私は、どのジムに入会すべきか決めかねています。

I'm trying to decide (　　　) (　　　) I should join.

**C** （　　）の語句を、日本語に合うように並べかえましょう。

① 私は世界でどこが最も美しい都市なのかに興味があります。
I'm interested in ( most / is / which / the / beautiful ) city in the world.

------------------------------------------------------------

② 博物館に行くにはどのルートを取るべきかわかりません。
I'm not sure ( route / should / which / take / I ) to get to the museum.

------------------------------------------------------------

③ あなたは昨年どのチームが優勝したのか推測することができますか。
Can you guess ( won / team / the championship / which ) last year?

------------------------------------------------------------

**D** 次の会話文を読んで、後の質問に合う答えを①〜③から１つ選びましょう。

Jill : I want a new smartphone.  I want to know which model is the best.

Jim : Which functions are most important to you, camera quality, battery life, or screen size?

Jill : I take a lot of pictures, so I want to have a good camera.

ジルは新しいスマホの何が必要ですか。

① The quality of the camera.

② The price of the model.

③ The size of the phone.

------------------------

**L36**

間接疑問文③
which

✎ **ボキャブラ最終チェック**　この STEP3 で出てきた語のスペルと音を確認しよう。

□ **gym**　　　[dʒím]　　图 ジム

★ドリルと練習問題の答えは別冊 P19へ！

# 間接疑問文④　when＋SV/where＋SV

## I know when Jim went shopping.
（私は、ジムがいつ買い物に行ったのか知っています）

---

**STEP 1**
**文法ノート** | **when/ where が作る意味のまとまり**

　when と where を使った間接疑問文について学習します。when は「いつ」という意味の「時」を表し、where は「どこ」という意味の「場所」を表した疑問詞でしたね。これらの2つの疑問詞を間接疑問文の中で用いるときには、必ず後ろに S と V を続けて意味のまとまりを作ります。この〈when/ where＋SV〉のかたまりは名詞の働きをするので、名詞節といいます。what / who / which のように、疑問詞それ自身が S になることはありません。

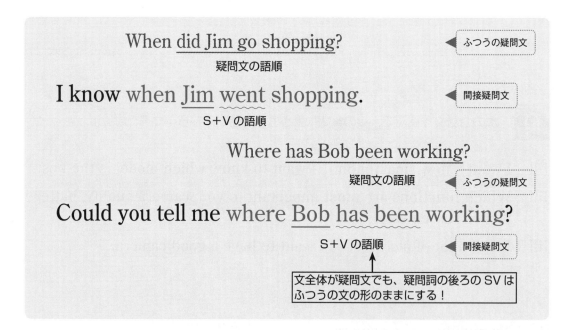

---

✎ **これも覚えよう！　疑問文での注意点**

間接疑問文を含む文全体が疑問文の場合、疑問詞の後ろの SV はふつうの文の形のままにしますが、たとえば、Do you know where she lives?（彼女がどこに住んでいるか知っていますか）のように、間接疑問文の動詞が3人称単数現在である場合、動詞に s をつけるのを忘れないようにしましょう。
そしてまた、「彼女がそのときどこに住んでいたか知っていますか」のように、過去のことについて言いたい場合は、Do you know where she lived then? のように、間接疑問文の中の動詞を過去形にします。

**STEP 2**
**文で確認** when＋S V / where＋S V を使って、間接疑問文を書いてみましょう。

❶ 私はジム（Jim）がいつ買い物に行ったのか知っています。

I know (　　　　　　) Jim went shopping.

❷ 私たちはその科学者がいつ亡くなったのか知っています。

We know (　　　　　) the scientist (　　　　　).

❸ 私はジャック（Jack）がいつ出発したのか覚えていません。

I don't remember (　　　　　) Jack (　　　　　).

❹ 私たちのクラスにいつ新しい先生が来るのか教えて下さい。

Please tell me (　　　　　) the new teacher (　　　　) (　　　　)
to our class.

❺ 私はあなたがどこに行かなければならないか教えましょう。

I will tell you (　　　　) you (　　　　) (　　　　).

❻ この宝物がどこで見つけられたか我々に教えて下さい。

Please tell us (　　　　) the treasure (　　　　) (　　　　).

❼ 彼はどこでその事故が起こったのか知りません。

He doesn't know (　　　　) (　　　　) (　　　　) (　　　　).

❽ ボブ（Bob）がどこで働いているのか、おたずねしてもいいですか。

Can I ask you (　　　　) Bob (　　　　)?

✎ **ボキャブラメモ**
① die：死ぬ　② found：find（見つける）の過去形　③ accident：事故

**A** （　　　）の中から正しいものを選んで丸で囲みましょう。

① We don't know ( where should we / where we should ) go next week.

② Can you tell me ( when she will / when will she ) meet you?

③ Do you still remember ( where you met / where did you meet ) Nancy?

④ Please tell me ( when do you study / when you study ).


**B** （　　　）の語句を、日本語に合うように並べかえましょう。

① 彼がいつ外国へ行ったか知りたいですか。
Do you want to know ( abroad / he / when / went) ?

----------------------------------------------------------------

② いつここでそのコンサートが行われたか教えてもらえませんか。
Could you tell me ( was / the / when / concert / held ) here?

----------------------------------------------------------------

③ いつその有名なコメディアンが私たちの街に来たのか知りたいです。
I want to know ( famous / when / a / comedian / came ) to our city.

----------------------------------------------------------------

④ 彼が今、どこに住んでいるか彼らは知りたいでしょうか。
Do they want to know ( now / he / where / lives )?

----------------------------------------------------------------

⑤ 昨夜そのイベントがどこで行われたか教えていただけますか。
Could you tell me ( the / was / where / event / held ) last night?

----------------------------------------------------------------

**C** 日本語に合うように空所に適語を入れましょう。

① 私たちは、あなたのお父さんがいつ東京を訪れるか知りたいです。

We want to know (　　　) your father (　　　) (　　　) Tokyo.

② 人々は、いつ日本で大きな地震が起こったか知っていますか。

Do people know (　　　) the big earthquake (　　　) in Japan?

③ あなたは、私たちが昨年どこで会ったか覚えていますか。

Do they remember (　　　) (　　　) (　　　) last year?

④ 私は彼女に、夜遅く1人でどこに行ったかたずねるつもりです。

I will ask her (　　　) (　　　) (　　　) alone late at night.

**D** 次の会話文を読んで、後の質問に合う答えを①〜③から1つ選びましょう。

Mike ： Hey, Nancy, do you know where our class trip is going to be held?

Nancy ： Well, the teacher didn't talk about it. Let me ask some other classmates.

Mike ： Thanks. Let me know if you find out!

ナンシーは会話の後に何をするつもりですか。

① Plan the class trip.

② Decide when the class trip will be held.

③ Talk to other members of her class.

✎ **ボキャブラ最終チェック** この STEP3 で出てきた語のスペルと音を確認しよう。

| | | | | | | |
|---|---|---|---|---|---|---|
| □ **remember** | [rimémbər] | 動 | 覚えている | □ **go abroad** | 海外へ行く | |
| □ **concert** | [kánsərt] | 名 | コンサート | □ **famous** | [féiməs] | 形 有名な |
| □ **comedian** | [kəmídiən] | 名 | コメディアン | □ **event** | [ivént] | 名 出来事 |
| □ **hold** | [hóuld] | 動 | 開催する | □ **happen** | [hǽpən] | 動 起こる |
| □ **earthquake** | [ə́ːrθkwèik] | 名 | 地震 | □ **late at night** | | 熟 夜遅く |
| □ **alone** | [əlóun] | 副 | 単独で | | | |

★ドリルと練習問題の答えは別冊 P20へ！

# Do you know why George was late for the meeting?

（あなたは、なぜジョージが会議に遅れたのか知っていますか）

---

**STEP 1**
**文法ノート** **why/ how が作る意味のまとまり**

　why と how を使った間接疑問文について学習します。why は「なぜ」という意味の「理由」を表し、how は「どのように」という意味の「方法や様態」を表した疑問詞でした。これらの２つの疑問詞を間接疑問文の中で用いるときには、必ず後ろに S と V を続けて意味のまとまりを作ります。なお、how には違った使い方をすることがありますが、次のレッスンで学習します。

Why was George late for the meeting?

疑問文の語順　　　◀ ふつうの疑問文

Do you know why George was late for the meeting?

S＋V の語順　　　◀ 間接疑問文

How does the machine work?

疑問文の語順　　　◀ ふつうの疑問文

Show me how the machine works.

S＋V の語順

文全体が疑問文でも、疑問詞の後ろの SV はふつうの文の形のままにする！

---

✎ **これも覚えよう！**　how の意味の違い

上記の how については「方法や様態」を表すと解説しました。どちらも日本語訳では「どう（どのように）」のようになりますが、以下の例文で違いを確認しておきましょう。

例　| How | do you go | to school every day? 「あなたは毎日どのように通学していますか」（方法）

➡ Tell me | how | you go | to school every day. 「あなたが毎日どのように通学しているか教えてください」

| How | is the weather | in Okinawa? 「沖縄の天気はどうですか」（様態）

➡ Tell me | how | the weather is | in Okinawa. 「沖縄の天気がどのような感じか教えてください」

STEP 2
文で確認　　why＋S V / how＋S V を使って、間接疑問文を書いてみましょう。

❶　私は彼がなぜそう言ったのか知っています。

I know (　　　　　) he said so.

❷　私はなぜあなたがここにいるのか知りたいです。

I want to know (　　　　　) (　　　　　) (　　　　　) here.

❸　なぜあなたが学校に遅れたのかを教えてください。

Please tell me (　　　　) (　　　　) (　　　　) (　　　　) for school.

❹　私はなぜあの男性が逮捕されたのか知りません。

I don't know (　　　　　) that man (　　　　　) (　　　　　).

❺　私はどのように料理をするのかあなたに見せましょう。

I will show you (　　　　　) I cook.

❻　私はあなたがどうやってここに来たのか知りたいです。

I want to know (　　　　　) (　　　　　) (　　　　　) here.

❼　私はここでどうふるまうべきなのかわかりません。　[ヒント：behave]

I don't know (　　　　　) (　　　　　) should (　　　　　) here.

❽　どうやって図書館へ行けばいいのか教えてもらえますか。

Could you tell me (　　　　　) I can (　　　　　) (　　　　　) the library?

✎ ボキャブラメモ
① arrest：逮捕する　　② behave：ふるまう

**A**　（　　）の中から正しいものを選んで丸で囲みましょう。。

① Could you tell me ( why were you / why you were ) there then?

② I don't remember ( why he got / how did he get ) angry.

③ I don't know ( how should I / how I should ) cook.

④ I want to know ( how you succeeded / why did you succeed ) in business.

**B**　（　　）の語句を、日本語に合うように並べかえましょう。

① あなたのご主人がなぜそう言ったか私は理解できます。
I can understand ( so / why / husband / your / said ).

------------------------------------------------

② 昨夜、そのコンサートがなぜ中止になったのか私に教えていただけますか。
Could you tell me ( was / the / why / concert / cancelled ) last night?

------------------------------------------------

③ その科学者はこの機械がどうやって動くか私たちに見せました。
The scientist showed us ( how / machine / this / worked ).

------------------------------------------------

④ あなたがどうやってこのコンピュータを使うか私に教えてください。
Please tell me ( computer / how / use / you / this ).

------------------------------------------------

⑤ 彼はメアリーに、彼女がどうやって上手にギターを弾けるのかたずねたがっています。
He wants to ask Mary ( how / can / guitar / she / the / play ).

------------------------------------------------

172

## C 日本語に合うように空所に適語を入れましょう。

① あなたはなぜ彼女がロンドンに行ったか知りたいですか。

Do you want to know (          ) (          ) (          ) to London?

② あなたがなぜ朝早く起きるのかを教えて下さい。

Please tell us (          ) (          ) (          ) up early in the morning.

③ 私たちはどのようにして彼がここまで来たのか知りません。

We don't know (          ) (          ) (          ) here.

④ どのようにしてこの機械が動くのか、だれも知りません。

No one knows (          ) (          ) (          ) (          ).

**L38**

間接疑問文⑤
why＋SV/how＋SV

## D 次の会話文を読んで、後の質問に合う答えを①～③から１つ選びましょう。

Manager : Tell me why you decided to quit your job.

Mr. White : There were a few reasons, but the main one was that I wanted to spend more time with my family.

Manager : Oh, I see. You had to work overtime. But are you sure you'll be able to find a new job?

マネージャーは何について心配していますか。

① Mr. White's physical condition.

② Mr. White's professional abilities.

③ Mr. White's next job.

---

### ✎ ボキャブラ最終チェック　このSTEP3で出てきた語のスペルと音を確認しよう。

| | | | | | | | |
|---|---|---|---|---|---|---|---|
| □ then | [ðén] | 副 | そのとき | □ angry | [ǽŋgri] | 形 | 怒っている |
| □ succeed in ~ | | 熟 | ～に成功する | □ husband | [hʌ́zbənd] | 名 | 夫 |
| □ cancel | [kǽnsəl] | 動 | 取り消す | □ concert | [kánsəːrt] | 名 | コンサート |
| □ scientist | [sáiəntist] | 名 | 科学者 | □ work | [wəːrk] | 動 | 動く、機能する |
| □ get up | | 熟 | 起きる | | | | |

★ドリルと練習問題の答えは別冊 P21へ！

# Lesson 39　間接疑問文⑥　how＋形容詞・副詞

## I know how old the children are.

（私はその子供たちが何歳なのか知っています）

### STEP 1
**文法ノート**　how＋形容詞・副詞が作る意味のまとまり

　ここまでで、〈how＋ＳＶ（どのようにＳがＶするか）〉という、「方法」や「手段」を表す名詞節について学習してきました。

　実は how にはもう１つの使い方があります。how の後ろに形容詞や副詞を置いて、１つの疑問詞として用いるパターンです。例えば、how old he is という表現は、how の後ろに old という形容詞を置いてからＳＶが続いています。また、how easily he solved the problem という英語では、how の後ろに easily という副詞が置かれてから、ＳＶが続いています。

　このように、〈how＋形容詞［副詞］〉で使われる how は、「どれほどの」や「どれだけの」と、何かの程度を表し、「どれだけの［形容詞 / 副詞］、ＳはＶするのか」という意味の文になります。how old なら「どれほど古い」→「何歳」になりますし、how easily なら「どれだけ簡単に」という意味になるのです。how の後ろの形容詞に、名詞が続くこともあります（例：how many dogs）。

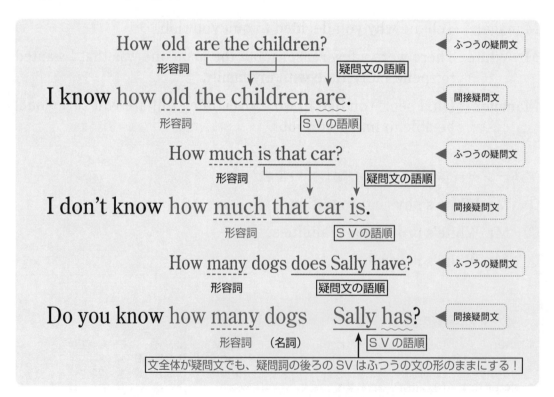

174

STEP 2
文で確認　how＋副詞・形容詞を使って、間接疑問文を書いてみましょう。

❶ 私はその子供たちが何歳なのか知っています。

I know (　　　　) (　　　　　) the children are.

❷ ジム(Jim)は私に、その犬がどれくらい速く走れたかたずねました。

Jim asked me (　　　　) (　　　　　) the dog could run.

❸ あなたがどれくらいの期間日本にいるつもりか教えてください。

Please tell me (　　　　) (　　　　　) you will stay in Japan.

❹ 私はあなたにこの劇場が来年何年になるか教えることができます。

I can tell you (　　　　) (　　　　　) this theater will be next year.

❺ ケイト(Kate)はそのパソコンにいくらかかるかをボブ(Bob)に伝えるでしょう。

Kate will tell Bob (　　　　) (　　　　　) the computer will cost.

❻ ケン(Ken)はここから駅までどれくらいの距離があるのか知りたいです。

Ken wants to know (　　　　) (　　　　　) it is from here to the station.

❼ あの車がいくらなのか私は知りません。

I don't know (　　　　) (　　　　　) that car is.

❽ あなたはサリー(Sally)が何匹犬を飼っているか知っていますか。

Do you know (　　　　) (　　　　　) (　　　　　) Sally has?

**A** （　　）の中から正しいものを選んで丸で囲みましょう。

① Do you know ( how old he was / how he was old ) at that time?

② We don't know ( how long you will / how long will you ) stay here.

③ Can you tell me ( how it is far / how far it is ) from Tokyo to Osaka?

④ Please tell me ( how much you have / how you have much ) in your purse.


**B** 日本語に合うように空所に適語を入れましょう。

① メアリーが来年で何歳になるのか、私たちは知りません。

We don't know (　　　　) (　　　　　) Mary is going to be next year.

② あなたの母は、あなたがどれくらいの間東京に住むのか知っていますか。

Does your mother know (　　　) (　　　　) you will live in Tokyo?

③ 職場から駅までどれくらいの距離か、私に教えてくれますか。

Can you tell me (　　　　) (　　　　) it is from your office to the station?

④ 彼はその新しい車が、いくらするのか理解していますか。

Does he understand (　　　　) (　　　　) the new car will be?


**C** （　　）の語句を、日本語に合うように並べかえましょう。

① 私はあなたのお父さんが何歳なのか知りたいです。
I want to know ( your / father / how / old / is ).

----------------------------------------------------------------------------------

② その店員は私に、このソファがいくらだったか教えてくれました。
The clerk told me ( how / sofa / this / much / was ).

-----------------------------------------------------------------------

③ どれくらいの期間、あなたが英語を勉強したのか教えてください。
Please tell me ( long / how / you / English / studied ).

-----------------------------------------------------------------------

④ 何人の少年が公園にいたか覚えていますか。
Do you remember ( were / there / how / boys / many ) in the park?

-----------------------------------------------------------------------

**D** 次の会話文を読んで、後の質問に合う答えを①〜③から１つ選びましょう。

Jim ： Are you planning to go to the concert this weekend?

Kana： Yeah, I really want to go!  But I'm not sure how much the tickets are.

Jim ： All right.  I will check the official website.  Oh, here it is.

彼らはウェブサイトで何を探していますか。

① The official concert.

② The price of the event tickets.

③ The time schedule of the concert.

----------------------------

## チャレンジ！ 復習テスト⑦ /15

**A** 空所に入れるのに最も適切なものを、(1)〜(3)の中から選びましょう。

① あなたは、彼女がいつ来るか知っていますか
Do you know (　　　) she will come?
(1) where　(2) why　(3) when

② 私は、あなたの犬がどこに行ったのか知りません。
We don't know where (　　　).
(1) did your dog go　(2) your dog went　(3) went your dog

③ 彼らは、ここで昨日何が起こったのか知っていますか。
Do you know (　　　) here yesterday?
(1) what did happen　(2) what happened　(3) what happens

④ あなたは、先週、誰がここに来たのか覚えていますか。
Do you remember (　　　) last week?
(1) who came here　(2) who someone came　(3) who here comes


**B** (　　) の語句を、日本語に合うように並べかえましょう。

① あなたの意味していることが、私は理解できません。
I don't understand ( mean / what / you ).

----------------------------------------------------------------

② その図書館へ我々がどうやって行けばいいか、私に教えてくださいませんか。
Could you tell me ( can / how / to / get / we / library / the )?

----------------------------------------------------------------

③ 私の父は母がいつ戻ってくるか知りません。
My father doesn't know ( mother / will / my / back / when / come ).

----------------------------------------------------------------

178

④ 彼がどちらのマンガ本を好んだか推測することができますか。
Can you guess ( which / comic book / he / liked )?

------------------------------------------------------------

**C** 次の日本語を英語にしましょう。

① 私は昨晩、どれくらい眠たかったのか想像することができますか。

------------------------------------------------------------

② あなたたちは、その箱の中に、何があるか知っていますか。

------------------------------------------------------------

**D** 次の会話文を読んで、後の質問に合う答えを①〜③から１つ選びましょう。

Chisa　　: I'm planning a trip to Europe this summer. Can you tell me how many countries are in the European Union?

Teacher : Yes, there are currently 27 countries in the European Union. However, there are also other countries in Europe that are not part of the EU.

Chisa　　: I see. Thank you for the information. I'll make sure to do some more research.

先生によると、次のうちどれが本当のことですか。

① There are some countries that are not part of the EU.

② The number of countries in Europe will increase in the future.

③ Chisa will cancel traveling to Europe if she does more research.

------------------------

★答えは別冊 P22へ！

# Lesson 40 現在完了形① 経験用法

## I have visited Okinawa once.
（私は1度、沖縄を訪れたことがあります）

---

**STEP 1**
**文法ノート** **have＋Vpp（過去分詞）で経験を表す**

　英語は、動詞の形を変えることによって時間のちがいを表します。この、「時間を表す動詞の形」を時制（じせい）と言います。これまで学習した現在形・過去形・未来形・現在進行形・過去進行形のほかに、これから学習する現在完了形（げんざいかんりょうけい）と呼ばれる時制があります。

　現在完了形は、〈have［has］＋Vpp〉で表します（Vppは過去分詞ですね）。日本語では、「Vしたことがある（経験）」と「ずっとVしている（継続）」と「（もう）Vしてしまった（完了）」の3つがあり、ここでは、「Vしたことがある」という意味の経験を表す用法を学習します。この経験用法は、文の最後にonce（1度）、twice（2度）、three times（3度）、before（以前に）などの語句を置くことが多いです。

　ここで使われるhave［has］は、動詞ではなく助動詞です（このhaveには「持っている」という意味はありません）。

　また、haveは「've」、hasは「's」と短縮できます。なお、「一度も〜したことがない」と否定したい場合は、have［has］とVppの間にneverを置きます（現在完了形の否定文は、このあとレッスン44でくわしく学びます）。

---

I ___visited Okinawa.___
　　Vp（過去形）

◀「（過去のある時点において）沖縄を訪れた」という単なる事実

I have visited Okinawa once.
have＋Vpp　　　　　　　　1度

◀「（過去から現在までの間に）沖縄を訪れた経験が ある」という、過去から現在にかけての経験

Aki ___rode a horse.___
　　　Vp（過去形）

◀「（過去のある時点において）馬に乗った」という単なる事実

Aki has ridden a horse twice.
　　have＋Vpp　　　　　　　2度

◀「（過去から現在までの間に）馬に乗った経験が ある」という、過去から現在にかけての経験

**STEP 2**
**文で確認**　「V したことがある」という現在完了形の英文を書いてみましょう。

❶ 私は1度、沖縄を訪れたことがあります。

I (　　　　) (　　　　　　) Okinawa (　　　　　).

❷ アキ(Aki)は2回、乗馬をしたことがあります。

Aki (　　　　) (　　　　　　) a horse (　　　　　).

❸ 私は以前、その小説家に会ったことがあります。

I (　　　　) (　　　　　　) the novelist (　　　　　).

❹ 彼らは1度、大きな地震を経験したことがあります。

They (　　　　) (　　　　　　) a big earthquake (　　　　　).

❺ ケン(Ken)はその女優を3回見たことがあります。

Ken (　　　　) (　　　　　　) the actress (　　　　) (　　　　).

❻ グリーン氏(Mr. Green)は以前、料理の仕方を学んだことがあります。

Mr. Green (　　　　) (　　　　　　) how to cook (　　　　　).

❼ ジェーン(Jane)は以前、富士山の写真を数枚撮ったことがあります。

Jane (　　　　) (　　　　　　) some pictures of Mt. Fuji (　　　　　).

❽ ボブ(Bob)とトム(Tom)は以前、その新しい機械を使ったことがあります。

Bob and Tom (　　　　) (　　　　　　) the new machine (　　　　　).

✎ **ボキャブラメモ**
① horse：馬　　② ride：乗る　　③ experience：経験　　④ earthquake：地震　　⑤ actress：女優
⑥ take a picture：写真を撮る

**L40**
現在完了形①
経験用法

**A**  （　　）の語句を文末に加えて、現在完了形の英文にしましょう。

① I visit Sapporo. （ twice ）

------------------------------------------------------------

② We meet the actor. （ three times ）

------------------------------------------------------------

③ She writes a letter to Nancy. （ once ）

------------------------------------------------------------

**B**  日本語に合うように空所に適語を入れましょう。

① 私は以前、エッセイの書き方を学んだことがあります。

I （　　　　） （　　　　　） how to write an essay before.

② 私たちは何度もその小説を読んだことがあります。

We （　　　　） （　　　　） the novel many times.

③ 彼は以前、湖の写真を数枚撮ったことがあります。

He （　　　） （　　　　） some pictures of the lake （　　　　）.

**C**  （　　）の語句を、日本語に合うように並べかえましょう。

① 私は以前、料理の仕方を学んだことがあります。
I ( learned / how / cook / before / have / to ).

------------------------------------------------------------

② 私たちは何度もその雑誌を読んだことがあります

We ( read / many / have / the / magazine ) times.

-------------------------------------------------------------------------

③ 彼はこの映画を3度見たことがあります。

( three / has / movie / this / seen / he ) times.

-------------------------------------------------------------------------

**L40**

現在完了形①
経験用法

④ 私は以前、その新しいコンピュータを使ったことがあります。

( have / used / computer / the / new / I / before ).

-------------------------------------------------------------------------

**D** 次の会話文を読んで、後の質問に合う答えを①～③から1つ選びましょう。

Noriko: I have been to New York City once.

Ted : I want to know what you did while you were there.

Noriko: I visited Central Park, went shopping, and saw a show in the famous theater district called Broadway. It was a lot of fun.

ノリコがニューヨークにいる間、しなかったことは何ですか。

① Buying something.

② Watching a musical or a play.

③ Visiting the National Museum.

-------------------------

# Lesson 41 現在完了形② 継続用法

## I have lived in Tokyo for ten years.
（私は東京に10年間住んでいます）

**文法ノート** **have＋Vpp（過去分詞）で継続を表す**

　ここでは、現在完了形の3つの用法のうち、〈have[has]＋Vpp〉の形で過去から現在にかけての継続を表す、「ずっと V している」という意味の「継続用法」を学びましょう。
ここでは be、live、know、study のような、主語の状態を表す動詞や、長い間続けられたり繰り返されたりする行動を表す動詞がよく使われます

I　　　 live in Tokyo.
現在形
◄ 「私が東京に住んでいる」という現在の事実

I have lived in Tokyo for ten years.
　　 have＋Vpp　　　 　～の間
◄ 「私が（10年前から今まで）東京に住んでいる」という、過去から現在までの継続

Mike　　 is busy.
現在形
◄ 「マイクが忙しい」という現在の事実

Mike has been busy since last week.
　　 have＋Vpp　　　 ～以来
◄ 「マイクが（先週から今まで）忙しい」という、過去から現在までの継続

---

✎ **これも覚えよう！** 継続用法で使われる語句

**since ～**　～以来ずっと　※～の部分には、名詞のほかに S V を続けることができます。

例　**since** last year （昨年からずっと）
　　**since** I came to Tokyo （私が東京に来てからずっと）

**for ～**　～の間ずっと

例　**for** five hours （5時間）　　　 **for** a couple of years （2～3年の間）

**年号を表す数字**

上に出てきた since と一緒に、「2002」や「1999」などといった具体的な年号を表す数字が良く使われます。日本語とちがい英語では、年号を下から2けたずつ区切って上から読むのが基本です。ただし、1000年と2000年は、one [two] thousand と読みます。

例　645 → 6と45 → six (hundred and) forty-five
　　1999 → 19と99 → nineteen (hundred and) ninety-nine
　　2011 → 20と11 → twenty eleven または two-thousand eleven

**STEP 2**
**文で確認**
「～の間、V している」「～以来、V している」という現在完了形の英文を書いてみましょう。

❶ 私は東京に10年間住んでいます。

I (　　　　) (　　　　　　) in Tokyo for ten years.

❷ ナンシー(Nancy)は長い間あなたを愛しています。

Nancy (　　　　　) (　　　　　　) you for a long time.

❸ マイク(Mike)は先週から忙しくしています。

Mike (　　　　　) (　　　　　　) busy since last week.

❹ ジム(Jim)はケイト(Kate)を知って6カ月になります。

Jim (　　　　　) (　　　　) Kate (　　　　　) six months.

❺ 私は昨夜からずっと頭痛がしています。

I (　　　　　) (　　　　　) a headache (　　　　　) last night.

❻ 私たちは先週からこのホテルに滞在しています。

We (　　　　　) (　　　　　) at this hotel (　　　　　) last week.

❼ 私の祖父は1ヶ月の間、病気で寝ています。

My grandfather (　　　　　) (　　　　　) sick in bed (　　　　　) a month.

❽ その建物は200年以上ここに立っています。

The building (　　　　) (　　　　) (　　　　　) more than 200 years.

L41
現在完了形②
継続用法

---

✎ **ボキャブラメモ**
① for a long time：長い間　　② busy：忙しい　　③ headache：頭痛　　④ stay：滞在する
⑤ grandfather：祖父　　⑥ sick in bed：病気で寝ている

**A** （　　　）の語句を文末に加えて、現在完了形の英文にしましょう。

① I learn English. （for two years）

---

② We know each other. （since 2005）

---

③ I love you. （for a long time）

---

**B** 日本語に合うように空所に適語を入れましょう。

① ケンは３週間沖縄に住んでいます。

Ken （　　　　） （　　　　　） in Okinawa for three weeks.

② 私は２日間このホテルに滞在しています。

We （　　　　） （　　　　　） at this hotel for two days.

③ タケルは先月からバンコクにいます。

Takeru （　　　　） （　　　　） in Bangkok （　　　　） last month.

**C** （　　　）の語句を、日本語に合うように並べかえましょう。

① 彼女は長い間あなたのことを愛しています。
She （a / loved / for / you / time / has / long）.

---

② 私の父は先週から忙しくしています。

My father ( been / has / since / week / busy / last ).

--------------------------------------------------------------------

**D** 次の現在完了形の文が経験用法なら A、継続用法なら B を、解答欄に書きましょう。

① I have read the novel since last Friday.          --------------

② I have visited Kyoto three times.          --------------

③ They have heard this song twice.          --------------

**L41**
現在完了形②
継続用法

**E** 次の会話文を読んで、後の質問に合う答えを①〜③から 1 つ選びましょう。

Ms. Brown : I've lived here for nearly 20 years since I was 30 years old.

Masato : Wow, that's a long time!  Do you think there are any unique things about Japan?

Ms. Brown : Yes, I do.  Japanese people are very polite and place a high value on considering others' feelings.

ブラウンさんは日本人について何と言っていますか。

① They are sometimes rude and ignore others' feelings.

② They are nice and care about others' feelings.

③ They are shy and try to hide their feelings.

----------------------

✎ **ボキャブラ最終チェック**　このSTEP3で出てきた語のスペルと音を確認しよう。

□ **Bangkok**　[bǽŋkɑk]　图　バンコク

★ドリルと練習問題の答えは別冊 P22へ！

## Lesson 42 現在完了形③ 完了用法

### I have already eaten that cake.
（私はすでにあのケーキを食べてしまいました）

---

**STEP 1**
**文法ノート** **have＋Vpp（過去分詞）で完了を表す**

　過去と現在の両方の意味合いを持つ現在完了形は、〈have[has]＋Vpp〉という形で表され、「経験（→レッスン40）」「継続（→レッスン41）」「完了」という3つの用法があります。ここでは、何かが完了していることを表す「（もう）V してしまった／（今）V したところだ」という意味の「完了用法」を学びましょう。完了方法は、これまでの2つの用法と比べて、すこしイメージしにくい表現かもしれません。なぜなら、似た表現に過去形があるからです。まず、〈have＋Vpp〉で表す現在完了形の元々のイメージは、「過去に V したものを今もまだ持っている」というものです。たとえば、I lost my wallet. と I have lost my wallet. という文は、どちらも「財布をなくした」という事実を表していますが、過去形の文では、「なくした」という事実を言っているだけで、今がどうなのかという点については触れていません。一方、現在完了形の文は、「なくした」という状況が今も続いていることを表しています。現在が意識されているかどうかで、過去形か現在完了形を使い分けるということです。

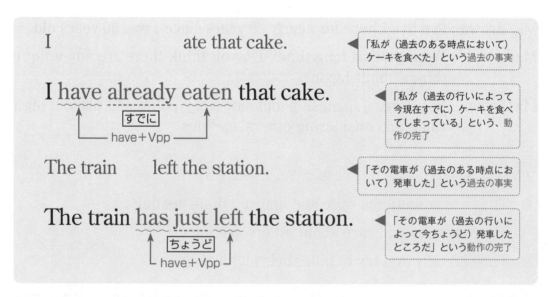

---

**✎ これも覚えよう！** 完了用法で使われる表現

完了用法とともによく使われる語句を確認しておきましょう。

☐ **just**（主に have と Vpp の間で） ちょうど　　☐ **already**（主に have と Vpp の間で） もうすでに

just は「今ちょうど～したところだ」という直前の完了を、already は「すでに～してしまっている」という完了の状態を表現します。上の2つの例文を見比べると、そのニュアンスがわかりやすいのではないでしょうか。

**STEP 2 文で確認** 「すでに V してしまった」「ちょうど V したところだ」という現在完了形の英文を書いてみましょう。

❶ ナミ（Nami）はもうすでにその小説を読みました。

Nami (　　　　) already (　　　　) the novel.

❷ 私はすでに、私の上司に電話をしました。

I (　　　　) already (　　　　) my boss.

❸ 私はすでにあのケーキを食べてしまいました。

I (　　　　) (　　　　) (　　　　) that cake.

❹ その電車はちょうど駅を出てしまいました。

The train (　　　　) just (　　　　) the station.

❺ 私はすでにあなたにメールを送りました。

I (　　　　) (　　　　) (　　　　) you an e-mail.

❻ その学生たちは、ちょうどここに到着しました。

The students (　　　　) (　　　　) (　　　　) here.

❼ 私の父はちょうど家に帰ってきました。

My father (　　　　) (　　　　) (　　　　) back home.

❽ 私の息子はすでに宿題を終えました。

My son (　　　　) (　　　　) (　　　　) his homework.

L42 現在完了形③ 完了用法

✎ ボキャブラメモ
① send：送る ② e-mail：メール ③ arrive：到着する ④ come back：戻ってくる ⑤ son：息子
⑥ homework：宿題

**A** 　（　　）の語句を文末に加えて、現在完了形の英文にしましょう。

① I finished reading this novel. （already）

------------------------------------------------------------

② My father called me. （just）

------------------------------------------------------------

③ She washed the dishes. （just）

------------------------------------------------------------


**B** 　日本語に合うように空所に適語を入れましょう。

① ケンはその雑誌をちょうど読み終えたところです。

Ken （　　　　） just （　　　　　） reading the magazine.

② 私たちはその部屋をちょうど掃除をしたところです。

We （　　　） just （　　　） the room.


**C** 　（　　）の語句を、日本語に合うように並べかえましょう。

① 私の父は、ちょうど家に帰ってきました。
My brother （ back / just / has / come / home ）.

------------------------------------------------------------

② その学生たちは、ちょうどここに到着しました。
（ just / have / arrived / students / the ） here.

------------------------------------------------------------

③　私はすでに、私の上司に、電話をしました。
　　( my / have / I / called / already / boss ).

------------------------------------------------

**D**　次の現在完了形の文が経験用法なら A、継続用法なら B、完了用法なら C を、解答欄に書きましょう。

①　I have just cleaned the classroom. --------------

②　I have visited Kyoto several times. --------------

③　The girls have already eaten lunch. --------------

④　The boss has been very busy since last week. --------------

**E**　次の会話文を読んで、後の質問に合う答えを①〜③から１つ選びましょう。

Taro : I have already completed the math homework. I worked hard over the weekend.

Meg : Great! You have to submit it to the teacher, right?

Taro : Yes, I will do it after homeroom today. I hope I will go home and sleep now.

タロウが、数学の宿題を提出した後にしそうなことは何ですか。

①　He will hold a meeting.

②　He will take a rest at home.

③　He will study math hard.

----------------------

**✎ ボキャブラ最終チェック**　この STEP3 で出てきた語のスペルと音を確認しよう。

☐ **magazine**　[mǽgəzíːn] 图 雑誌　　　☐ **busy**　[bízi]　形 忙しい
☐ **several**　[sévərəl]　形 いくつかの

★ドリルと練習問題の答えは別冊 P23へ！

# Lesson 43　現在完了形④　現在完了進行形

## They have been watching the YouTube videos since this morning.

（彼らは今朝からずっと YouTube を見ています）

---

### STEP 1
### 文法ノート　have＋been＋Ving で表す動詞の継続

　現在完了進行形は 〈have(has)＋been＋Ving〉 を使って表します。現在完了進行形は「継続用法（ずっと～している）」の意味合いでのみ使われます。また、この表現で用いられる動詞（Ving）は「動作動詞（反復できる動作）」のみになります。「状態動詞」を使うことはできないので注意しましょう。

---

They are watching the YouTube videos.
現在進行形

◀ 「彼らは YouTube を見ている」という現在進行中の事実

They have been watching the YouTube
have＋been＋Ving

videos since this morning.
～からずっと

◀ 「彼らは今朝からずっと YouTube を見ている」という、過去から現在の間までの継続

---

✎ これも覚えよう！　動作動詞 vs 状態動詞

同じ動詞であっても「動作動詞」にも「状態動詞」にもなれるものがあります。これは文の意味から判断するようにしましょう。

例　〈動作動詞〉
The young man has been standing by the window for nearly 30 minutes.
（その若い男性はおよそ30分間、窓のそばに立っています）

例　〈状態動詞〉
The old church has stood on the hill for about 120 years.
（その古い教会はおよそ120年間、丘の上に立っています）

動作動詞か状態動詞かの区別は、基本的には次のようにしましょう。
▶その動詞が表す動作を、S の意志や判断で直ちにストップすることができる⇒動作動詞
▶そうでないもの⇒状態動詞

192

現在完了進行形の文を作ってみましょう。

**❶** 私は２時間、英語を勉強しています。

I (　　　　) (　　　　　) (　　　　　　　) English for two hours.

**❷** 彼らは午後中ずっとフットボールをしています。

They (　　　　) (　　　　　) (　　　　　　　) football all afternoon.

**❸** マイクは１週間ずっとプロジェクトに取り組んでいます。

Mike (　　　　) (　　　　　) (　　　　　　) on the project for a week.

**❹** 私たちは午前10時から電車を待っています。

We (　　　　) (　　　　　) (　　　　　　) for the train since 10 am.

**❺** 彼は何ヶ月もギターの練習をしています。

He (　　　　) (　　　　　) (　　　　　　) the guitar for months.

**❻** 彼らは何時間も山でハイキングをしています。

They (　　　　) (　　　　　) (　　　　　　) in the mountains for hours.

**❼** ナミは何ヶ月も病気の母親の世話をしています。

Nami (　　　　) (　　　　　) (　　　　　) care of her sick mother for months.

**❽** 私はしばらくこの本を読んでいます。

I (　　　　) (　　　　　) (　　　　　　) this book for a while.

L43

現在完了形④
現在完了進行形
現在完了形

---

✎ **ボキャブラメモ**
① football：フットボール　　② project：プロジェクト　　③ practice：練習する
④ hike：ハイキングをする　　⑤ take care of 〜：〜の世話をする　　⑥ for a while：しばらくの間

**A** （　　）の語句を文末に加えて、現在完了進行形の英文にしましょう。作りましょう。

① I am watching TV.　( all morning )

-------------------------------------------------------------

② She is studying abroad.　( for a year )

-------------------------------------------------------------

③ We are waiting for the results of the exam.　( for weeks )

-------------------------------------------------------------

**B** 空所に入る最も適切なものを、⑴〜⑶の中から選びましょう。

① 私たちは何週間もこの問題を解決しようとしています。
We (　　　　) to fix this problem for weeks.
⑴ are trying　⑵ have been trying　⑶ has tried

② 彼は真夜からずっと試験勉強をしています。
He (　　　　) for the exam since midnight.
⑴ has been studying　⑵ have been studying　⑶ studied

③ 彼は１年間、毎日バスケットボールをしています。
He (　　　　) basketball every day for a year.
⑴ was playing　⑵ is playing　⑶ has been playing

**C** （　　）の語句を、日本語に合うように並べかえましょう。

① 私たちは何ヶ月も旅行のためにお金を貯めています。
We ( been / saving / have / money ) for our trip for months.

-------------------------------------------------------------

② 彼は何時間もプレゼンテーションの練習をしています。
He ( his / been / has / practicing / presentation ) for hours.

--------------------------------------------------------------------

③ 彼らは長い間、このプロジェクトに取り組んでいます。
They ( this / working on / project / have / been ) for a long time.

--------------------------------------------------------------------

**D** 次の会話文を読んで、後の質問に合う答えを①〜③から１つ選びましょう。

Miku : I've been doing my homework for a few days now.  It's a big task, so I need to spend a lot of time and effort.

Rob  : That sounds stressful.  Have you taken any breaks?

Miku : Yeah, I've been taking breaks every hour or so.  It's important to take a few minutes' break to relax.

ミクはなぜ、多くの時間と労力が必要ですか。

① Because she should take breaks after hard work.

② Because she should finish a lot of homework.

③ Because she should try something exciting.

------------------------

L43
現在完了形④
現在完了進行形

✎ **ボキャブラ最終チェック** この STEP3 で出てきた語のスペルと音を確認しよう。

| □ abroad | [əbrɔ́ːd] | 副 海外で | □ result | [rizʌ́lt] | 名 結果 |
| □ fix | [fíks] | 動 解決する | □ save | [séiv] | 動 貯める、節約する |
| □ work on | | 熟 取り組む | | | |

★ドリルと練習問題の答えは別冊 P23へ！

195

# 現在完了形⑤　経験・継続用法の否定文

## Ken has not played the drum for a year.
（ケンは1年間たいこを演奏していません）

STEP 1
文法ノート **現在完了形の否定文(1)**

　現在完了形の否定文は、have［has］と Vpp の間に not を置き、〈have not Vpp〉という形にするのが基本です。短縮形を用いて、haven't や hasn't とすることもできます。ここでは、経験用法と継続用法の否定文を見ていきますが、経験用法を否定文にするときに1つだけ注意が必要なことがあります。

　「V したことがある」という経験用法の否定文では、not の代わりに never を使って表します。never は「決して～ではない」という意味で、「1度も～したことがありません」という日本語になると考えればよいでしょう。

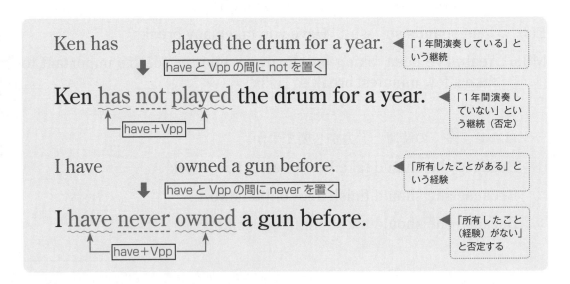

#### ✎ これも覚えよう！　完了形で大活躍する言葉

完了形では、be 動詞の過去分詞形の been が大活躍します。

① **have been to ～**（～に行ったことがある）➡ 経験用法

　例　I have never been to America before.（私はアメリカに行ったことが1度もありません）

② **have been in ～**（～にいる；～に住んでいる）➡ 継続用法

　例　He has been in Australia for a month.（彼は1ヶ月間、オーストラリアにいます）

#### ✎ ボキャブラメモ
① own：所有する　② machine：機械　③ earthquake：地震　④ each other：お互い

**STEP 2**
**文で確認**
「(一度も)V したことがない」「～の間、V していない」という現在完了の否定文を書いてみましょう。

❶ 私は以前、銃を所有したことは一度もありません。

I ( 　　　　 ) never ( 　　　　 ) a gun before.

❷ 彼は以前、ロンドンを一度も訪れたことがありません。

He ( 　　　 ) never ( 　　　 ) London before.

❸ 私は長い間東京に住んでいません。

I ( 　　　 ) not ( 　　　　 ) in Tokyo for a long time.

❹ トム(Tom)は以前、この機械を一度も使ったことがありません。

Tom ( 　　　 ) ( 　　　 ) ( 　　　 ) this machine ( 　　　 ).

❺ 私たちは以前、大きな地震を一度も経験したことがありません。

We ( 　　　 ) ( 　　　 ) ( 　　　 ) a big earthquake
( 　　　 ).

❻ 彼らは長い間の知り合いではありません。

They ( 　　　 ) ( 　　　 ) each other ( 　　　 ) a long time.

❼ 私の父はしばらく、英語を勉強していません。

My father ( 　　　 ) ( 　　　 ) English for a while.

❽ ジェイク(Jake)は以前彼女のような美しい女性に一度も会ったことがありません。

Jake ( 　　　 ) ( 　　　 ) ( 　　　 ) a beautiful woman like her
before.

現在完了形⑤
経験・継続用法の否定文

**A**  （　　）の語句を使って、現在完了形の否定文を書いてみましょう。

① Nancy has learned how to write *kanji* before. （ never ）

------------------------------------------------

② We have stayed at this hotel for a long time. （ not ）

------------------------------------------------

③ She has seen him for five years. （ not ）

------------------------------------------------


**B**  日本語に合うように空所に適語を入れましょう。

① 私は長い間、叔父さんに会っていません。

I (　　　　) (　　　　) (　　　　　) my uncle for a long time.

② 彼女は以前、富士山を見たことがありません。

She (　　　　) (　　　　) (　　　　) Mt. Fuji before.

③ カレンとナンシーはそれほど長く沖縄に住んでいません。

Karen and Nancy (　　　　) (　　　　) in Okinawa for such a long time.


**C**  （　　）の語句を、日本語に合うように並べかえましょう。

① 私は以前、運転の仕方を学んだことがありません。
I ( learned / how / drive / before / have / not / to ).

------------------------------------------------

② 私たちは以前、その教授と話をしたことが一度もありません。
We ( talked / never / have / professor / the / to ) before.

--------------------------------------------------------------------------------

③ 私の祖父は1週間外出していません。
( grandfather / for / gone / has / my / out / a / week / not ).

--------------------------------------------------------------------------------

**D** 次の会話文を読んで、後の質問に合う答えを①〜③から1つ選びましょう。

Dave : I haven't tried sushi before. Is it good?

Tammy : It's a unique taste. Some people love it and some don't. There are many different kinds of sushi, so maybe you'll find one that you really enjoy.

Dave : Hmm, I'm not sure if I'll like it, but I'm willing to try it once.

デイブはまもなく何をするでしょうか。

① To go to Japan and own a new sushi restaurant.

② To eat some different kinds of sushi.

③ To take some advice from people who have eaten sushi.

**L44**

現在完了形⑤
経験・継続用法の否定文

✎ **ボキャブラ最終チェック** この STEP3 で出てきた語のスペルと音を確認しよう。

| | | | | | | |
|---|---|---|---|---|---|---|
| □ uncle | [ʌ́ŋkl] | 名 | 叔父 | □ drive | [dráiv] | 動 運転する |
| □ professor | [prəfésər] | 名 | 教授 | □ grandfather | [grǽndfɑ̀ðər] | 名 祖父 |
| □ go out | | 熟 | 外出する | | | |

★ドリルと練習問題の答えは別冊 P24へ！

## Lesson 45　現在完了形⑥　完了用法の否定文

### I have not watched the movie yet.
（私はその映画をまだ見ていません）

---

**STEP 1　文法ノート　現在完了形の否定文⑵**

　現在完了形の否定文は、have［has］と Vpp の間に not を置いて作るのが基本だということは、前のレッスンで学習しましたね。

　ここでは、「もう V してしまった」という完了用法の否定文「まだ V していない」を学習しましょう。完了用法を否定文にするときには、just や already は、一般的に使われません。その代わりに、「まだ（～ない）」という意味の yet という単語を使うのが一般的です。

　これは、〈have［has］＋not＋Vpp ～＋yet.〉という形になります。

---

✎ **これも覚えよう！**　have gone to の考え方

　I have gone to America. という文をどのように考えますか？
　have gone to ～は一般的に、「～に行ってしまった（もうここにはいない）」という意味の、完了用法の表現なのです。
前のセクションに出てきた have been to ～（～に行ったことがある）は経験用法なので区別して覚えましょう。

例　He has already gone to Beijing.（彼はすでに北京へ行ってしまった）

　　He has been to Beijing before.（彼は以前北京に行ったことがある）

200

**STEP 2**
**文で確認**
「まだ V していない」という現在完了の否定文を書いてみましょう。⑥〜⑧は、否定の短縮形を使いましょう。

**❶** その電車はまだ出発していません。

The train (　　　　) not (　　　　) yet.

**❷** 私はその映画をまだ見ていません。

I (　　　　) not (　　　　) the movie yet.

**❸** 彼らはまだ私の母に会っていません。

They (　　　　) (　　　　) (　　　　) my mother yet.

**❹** 私たちはまだその新聞を読んでいません。

We (　　　　) (　　　　) (　　　　) the newpaper (　　　　).

**❺** あなたはまだ歯を磨いていません。

You (　　　　) (　　　　) (　　　　) your teeth (　　　　).

**❻** 私はあなたにまだ質問をしていません。

I (　　　　) (　　　　) you a question (　　　　).

**❼** 私の娘はまだ朝食を終えていません。

My daughter (　　　　) (　　　　) breakfast (　　　　).

**❽** 私の主人はまだ家に戻ってきていません。

My husband (　　　　) (　　　　) back home (　　　　).

---

✎ **ボキャブラメモ**
① newspaper：新聞　　② brush：磨く　　③ teeth：歯　　④ question：質問　　⑤ husband：夫
⑥ come back：戻ってくる

**A**   次の文を完了用法の否定文にしてみましょう。

①   We have just cleaned the room.

------------------------------------------------------------

②   She has already listened to these songs.

------------------------------------------------------------

③   My uncle has just come home.

------------------------------------------------------------


**B**   日本語に合うように空所に適語を入れましょう。

①   私はまだ昼食を食べ終えていません。

    I (　　　　) (　　　　) eating lunch (　　　　).

②   彼女はまだ私に電話をしてきていません。

    She (　　　　) (　　　　) me (　　　　).

③   私はまだ新しいコンピュータを使っていません。

    I (　　　　) (　　　　) the new computer (　　　　).


**C**   (　　) の語句を、日本語に合うように並べかえましょう。

①   私の母はまだ家に帰ってきていません。
My mother ( back / hasn't / come / home ) yet.

------------------------------------------------------------

② 彼の家族はまだここに到着していません。

( his / not / has / arrived / family ) here yet.

-------------------------------------------------------------------------------

**D** 次の現在完了形の文が経験用法なら A、継続用法なら B、完了用法なら C を、解答欄に書きましょう。

① We haven't cleaned the classroom yet.　　　　　--------------

② They have not met their uncle for a long time.　--------------

③ I have never used such a good dictionary like this before.

--------------

**E** 次の会話文を読んで、後の質問に合う答えを①〜③から1つ選びましょう。

Rick : I haven't seen the movie yet. I don't feel like seeing that kind of movie now.

Kate : Really? That's surprising. You usually like action movies.

Rick : Yeah, that's right. But I've been busy with work and haven't had time or energy to go to the movies.

会話から、次のうちどれが本当のことですか。

① Rick doesn't like action movies.

② Rick has not been in the mood to see the movie.

③ Rick has been sick in bed recently.

------------------------

**✎ ボキャブラ最終チェック** この STEP3 で出てきた語のスペルと音を確認しよう。

| □ **uncle** | [ʌ́ŋkl] | 名 叔父 | □ **come home** | 熟 帰宅する |

★ドリルと練習問題の答えは別冊 P24へ！

# 現在完了形⑦　疑問文と答え方

## Has your son finished his work yet?
（あなたの息子はもう仕事を終えましたか）

---

**STEP 1**
**文法ノート**　**現在完了形の疑問文**

　現在完了形の疑問文は、〈Have＋S＋Vpp ～？〉という語順で表すのですが、注意しておきたいことが2つあります。

　1つ目は、経験用法を疑問文にする場合です。経験用法では「V したことがありますか」という意味なのですが、〈Have［Has］S ever Vpp ～？〉のように、Vpp の前に ever を置くことが多くあります。この ever は一般的に、現在完了形の疑問文で用いられる単語で、「今までに」という意味の副詞です。たとえば、Have you ever visited Nara before? なら、「あなたは今までに奈良を訪れたことがありますか」という意味になるということですね。

　そして2つ目は、完了用法を疑問文にする場合です。完了用法では、否定文のときと同じように、already や just は用いません。そして疑問文にするときも文末に「もう（すでに）」という意味を持つ yet を置きましょう。

　答え方は、Yes, S have［has］.（はい）や No, S have［has］not.（いいえ）です。経験用法では、No, never.（いいえ、1度も）とも答えられます。

---

Your son has <u>already</u> finished his work.　◀ 完了用法

Has <u>your son</u> finished his work <u>yet</u>?

　　　S　　　　　Vpp　　　　　すでに

➡ Yes, he has. / No, he has not [hasn't].

You <u>have read</u> this book before.　◀ 経験用法

Have <u>you</u> ever read this book before?

　　S　今までに　Vpp

➡ Yes, I have. / No, I have not [haven't].

---

✎ **ボキャブラメモ**
① come back home：帰宅する　　② article：記事

**STEP 2**
**文で確認**　現在完了形の疑問文を答えを書いてみましょう。否定の部分は短縮形を用いましょう。

❶ ボブ(Bob)はかつてここに来たことがありますか。はい。

(　　　　　) Bob ever (　　　　　) here?  Yes, he (　　　　　).

❷ 電車はもう出発しましたか。いいえ。

(　　　　　) the train (　　　　　) yet?  No, it (　　　　　).

❸ あなたの息子はもう仕事を終えましたか。はい。

(　　　　　) your son (　　　　　) his work yet?  Yes, he (　　　　　).

❹ ボブ(Bob)はもう家に戻ってきましたか。いいえ。

(　　　　　) Bob (　　　　　) back home yet?  No, he (　　　　　).

❺ ジェーン(Jane)は長い間トム(Tom)を知っていますか。はい。

(　　　　　) Jane (　　　　　) Tom for a long time?  Yes, she (　　　　　).

❻ あなたは以前この記事を読んだことがありますか。いいえ。

(　　　　　) you ever (　　　　　) this article before?
No, I (　　　　　).

❼ 彼らは2週間ロンドンに滞在していますか。いいえ。

(　　　　　) they (　　　　　) in London for two weeks?
No, they (　　　　　).

❽ あなたは宮崎に昨年からずっと住んでいますか。いいえ。

(　　　　　) you (　　　　　) in Miyazaki since last year?
No, I (　　　　　).

**L46**

現在完了形⑦
疑問文と答え方

**A** 次の文を疑問文にして、（　）の単語を用いて答えましょう。

① David has learned how to cook before. （ yes ）

-------------------------------------------------------------------------------

② You have stayed at the hotel for a week. （ no ）

-------------------------------------------------------------------------------

③ You have known Nancy for a long time. （ yes ）

-------------------------------------------------------------------------------


**B** 日本語に合うように空所に適語を入れましょう。

① ケンは先週からヨーロッパの文化を学んでいるのですか。いいえ。

（　　　　　）Ken （　　　　　　） European cultures since last week?  No, he hasn't.

② グリーン氏は以前、あなたに数学を教えたことがありますか。はい。

（　　　　） Mr. Green （　　　　　） math to you before?  Yes, he has.

③ あなたはもう昼食を食べ終えましたか、いいえ。

（　　　　） you （　　　　　） eating lunch yet?  No, （　　　　） （　　　　　）.


**C** （　）の語を、日本語に合うように並べかえましょう。

① あなたは以前、俳句を学んだことがありますか。いいえ。
( learned / *haiku* / before / have / you )?  ( haven't / , / I / no ).

-------------------------------------------------------------------------------

② 彼は以前、その野球選手と話をしたことがありますか。はい。
( talked / has / player / the / with / he / baseball ) before?  ( yes /
has / , / he ).

-------------------------------------------------------------

③ ジュディは長い間トムを愛しているのですか。いいえ。
( a / has / loved / Tom / long / Judy / for / time )?  ( , / no / hasn't /
she ).

-------------------------------------------------------------

④ あなたの祖父は病院にいますか。はい。
( grandfather / in / been / has / your / the / hospital )?  ( has / he /
, / yes ).

-------------------------------------------------------------

**D**　次の会話文を読んで、後の質問に合う答えを①〜③から１つ選びましょう。

Nancy : I'm interested in going to Japan.  Have you ever been to Japan?

Mike　: Yes, I have been there few times.

Nancy : How was it?  Did you enjoy it?

Mike　: Yeah, it was amazing.  The food, the people, the culture,
everything was so interesting and beautiful.

マイクの日本の印象は何ですか。

① It was surprisingly great.

② The food was excellent, and the culture is mysterious.

③ It had both good points and bad points.

--------------------------

**✎ ボキャブラ最終チェック**　このSTEP3で出てきた語のスペルと音を確認しよう。

☐ **European** [jùərəpíːən] 形 ヨーロッパの　　☐ **culture** [kʌltʃər] 名 文化
☐ **math** [mæθ] 名 数学

★ドリルと練習問題の答えは別冊 P25へ！

L46 現在完了形⑦ 疑問文と答え方

> # How many times have you visited Kyoto before?
> （あなたは以前に何回、京都を訪れたことがありますか）
>
> # How long have you stayed in Paris?
> （あなたはどれくらいの間、パリに滞在しているのですか）

---

**STEP 1**
**文法ノート**　**期間や種類をたずねる疑問詞**

　現在完了形の疑問文と非常に相性のよい疑問詞について学習します。1つは How many times 〜?「何度、何回」、もう1つは How long 〜?「どのくらいの間」で、期間や頻度・回数をたずねるときに用います。これらが文頭に置かれ、疑問文が作られるときには、現在完了形は疑問文の語順〈have [has] ＋S＋Vpp〉になります。

I have visited Kyoto before.　　　◀ ふつうの疑問文
　訪れたことがある

Have you visited Kyoto before?　　◀ 疑問文
　訪れたことがあるか

How many times have you visited Kyoto before? ［経験用法］
　何回　　　　　　　疑問文の語順　　　◀ 回数をたずねる疑問文

Your father has stayed in Paris.　　◀ ふつうの疑問文
　　滞在している

Has your father stayed in Paris?　　◀ 疑問文
　　滞在しているか

How long has your father stayed in Paris? ［継続用法］
　どのくらいの間　　　　疑問文の語順　　◀ 期間をたずねる疑問文

---

✎ **これも覚えよう！**　回数・頻度をたずねるもう1つの表現

それは how often です。how many times と同じように使えます。

例　How many times **have** you been to Korea by ship?
　➡ How often **have** you been to Korea by ship?
　（あなたは何度船で韓国へ行きましたか）

**STEP 2**
**文で確認** How many times と How long を使って、回数や期間をたずねる疑問文を書いてみましょう。

❶ あなたは以前、何回トム(Tom)に会ったことがありますか。

(　　　　) (　　　　) (　　　　　　) have you met Tom (　　　　)?

❷ 彼らは何回その小説を読んだことがありますか。

(　　　　) (　　　　) (　　　　　　) have they read the novel?

❸ 彼女は何回その俳優に会ったことがありますか。

(　　　) (　　　) (　　　) (　　　) she (　　　) the actor?

❹ あなたがたは以前、札幌に何度行ったことがありますか。

(　　　　) (　　　　) (　　　　) (　　　　) you (　　　　) to Sapporo before?

❺ あなたはどれくらいの間、東京に住んでいますか。

(　　　　) (　　　　　) have you lived in Tokyo?

❻ メアリー(Mary)はどれくらいの間オークランドにいますか。

(　　　　) (　　　　　) has Mary been in Auckland?

❼ あなたはどれくらいの間、病気で寝ていますか。

(　　　) (　　　) (　　　) (　　　) (　　　　) sick in bed?

❽ 彼女はどのくらいの間、彼のことを知っていますか。

(　　　) (　　　) (　　　) (　　　) (　　　　) him?

✎ **ボキャブラメモ**
① novel：小説　　② actor：俳優　　③ Auckland：オークランド　　④ sick in bed：病気で寝ている

**L47**

現在完了形⑧
How many times 〜?/How long 〜?

**A** 下線部を How many times か How long にして、疑問文を作りましょう。

① You have used the new computer <u>once</u>.

-------------------------------------------------------------------

② She has written a letter to Nancy <u>several times</u>.

-------------------------------------------------------------------

③ Ken has lived in Okinawa <u>for three weeks</u>.

-------------------------------------------------------------------


**B** 次の文を日本語にしてみましょう。

① How many times have you heard the song?

-------------------------------------------------------------------

② How many times has he climbed Mt. Fuji?

-------------------------------------------------------------------

③ How long have they known each other?

-------------------------------------------------------------------


**C** （　　）の語句を、日本語に合うように並べかえましょう。

① あなたは何度ヨーロッパを訪れたことがありますか。
( times / how / visited / many / have / you / Europe )?

-------------------------------------------------------------------

② ジュディは何度京都を訪問したことがありますか。
( many / has / visited / Judy / Kyoto / how / times )?

\-\-\-\-\-\-\-\-\-\-\-\-\-\-\-\-\-\-\-\-\-\-\-\-\-\-\-\-\-\-\-\-\-\-\-\-\-\-\-\-\-\-\-\-\-\-\-

③ あなたはこのコンピュータを何回使ったことがありますか。
( times / many / used / how / you / this / have / computer )?

\-\-\-\-\-\-\-\-\-\-\-\-\-\-\-\-\-\-\-\-\-\-\-\-\-\-\-\-\-\-\-\-\-\-\-\-\-\-\-\-\-\-\-\-\-\-\-

④ あなたはトムと知り合ってどれくらいの期間になりますか。
( long / you / known / have / Tom / how )?

\-\-\-\-\-\-\-\-\-\-\-\-\-\-\-\-\-\-\-\-\-\-\-\-\-\-\-\-\-\-\-\-\-\-\-\-\-\-\-\-\-\-\-\-\-\-\-

**D** 次の会話文を読んで、後の質問に合う答えを①〜③から１つ選びましょう。

Mary : How many times have you gone bungee jumping?

David : I've gone bungee jumping twice.  It's such a thrilling experience!

Mary : Really?  I'm too scared to even try it once.

デイビッドはバンジージャンプをどう思いましたか。

① He didn't want to try it any more.

② He considered it an amazing experience.

③ He has never tried it before.

L47

現在完了形⑧
How many times 〜?/How long 〜?

✎ **ボキャブラ最終チェック**　このSTEP3で出てきた語のスペルと音を確認しよう。

□ **each other**　　熟　お互いに

★ドリルと練習問題の答えは別冊 P25へ！

## チャレンジ！ 復習テスト⑧

/15

**A** 次の現在完了形の用法が経験用法なら(1)を、継続用法なら(2)を、完了用法なら(3)を
それぞれ解答欄に示しなさい。

① I have visited London three times.     ---------------

② My brother has just finished his breakfast.     ---------------

③ I have been watching YouTube videos for almost 3 hours.

    ---------------

④ I have never been to Seoul before.     ---------------


**B** 各問いの指示に従って文章を書き換えなさい。

① ［never を用いて否定文に］I have been to Rome before.

---------------------------------------------------------------

② ［疑問文に］You have been playing soccer for a long time.

---------------------------------------------------------------

③ ［疑問文に］His mother has already cleaned the bathroom.

---------------------------------------------------------------

④ ［下線部をたずねる疑問文に］They have been in New Zealand <u>for a year</u>.

---------------------------------------------------------------


**C** 次の（　　）内の語を適する形になおしなさい。

① Mr. Brown has ( be ) in Okinawa for four months.     ---------------

② Mike has already ( go ) home.     ---------------

③ How long have you ( wait ) for me?     ---------------


212

D 以下の英単語を、並び替えなさい。

① ( known / for / years/ twenty / have / we / each other ).

-------------------------------------------------------------------------------

② ( in / interested / have / I / been / movies ).

-------------------------------------------------------------------------------

③ ( from / her / I / already / have / heard ).

-------------------------------------------------------------------------------

E 次の会話文を読んで、後の質問に合う答えを①～③から１つ選びましょう。

Rob : Have you finished your books yet? How were they?

Mayu : One of them was a mystery novel. The story was really interesting and the characters were unique. I have also read a great biography about a famous musician. It was really worth a lot.

Rob : Sounds interesting. I'm looking forward to reading both of them.

マユによると、本について次のうちどれが本当のことですか。

① The mystery novel is very unique.

② The biography is about a famous musician born in a small town.

③ The story of the mystery novel is very good.

-----------------------

★答えは別冊 P26へ！

# Lesson 48 接続詞① that

## I think that she is beautiful.
(私は、彼女は美しいと思います)

---

**STEP 1**
**文法ノート** **名詞節を作る that の用法**

　接続詞には、等位接続詞と呼ばれるものと従属接続詞と呼ばれるものの2種類がありますが、ここからは、従属接続詞を学習します。従属接続詞はいくつかありますが、共通点としては、後ろに SV を置いて大きな意味のかたまりを作るということです。まずこのレッスンでは、従属接続詞の that について見ていきましょう。

　接続詞の that は後ろに SV を置いて、「S が V するということ」という名詞のかたまり＝名詞節になります。この名詞節は、文の S や O や C になることができます。念のためですが、「節」とは 2 語以上の単語のかたまりで、その中に主語と動詞を含むものです。これに似たもので「句」がありますが、句には S と V は含まれません。

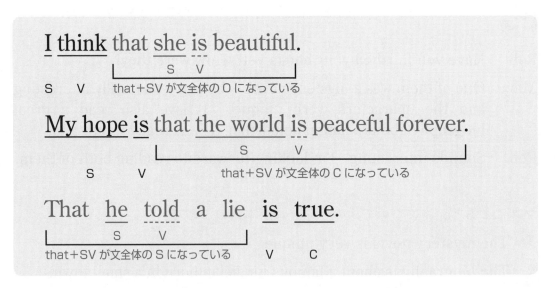

---

🖎 **これも覚えよう！** 　注意したいルール

　I think that he is kind. （私は、彼は親切だと思います）のように、that S V が O の位置で使われている場合、that を省略して、I think he is kind. とすることもできます。また、最初の SV を過去形にして、「私は～と思いました」などとしたい場合は、that の後ろの動詞や助動詞も過去形にするようにしましょう。

　That he told a lie is true. のように〈that S V〉の意味のまとまりが S になった場合、どうしても S が長くなってしまう傾向があります。その場合には、本来の主語ではない仮の主語として it（形式主語）を文頭に置いて、〈that S V〉を文末に置いて書くことが一般的です。このような it を用いた文を形式主語（仮主語）構文と呼びます。

例　That he told a lie is true. （彼がうそをついたのは本当です）

　➡ It is true that he told a lie. 《形式主語（仮主語）構文》
　　仮 S（形式 S）

214

**STEP 2**
**文で確認**　接続詞 that を使った文を書く練習をしましょう。

❶ 彼が嘘をついたというのは本当です。

It is true (　　　　　) he told a lie.

❷ 私は、彼女は美しいと思います。

I think (　　　　　) she is beautiful.

❸ 私は彼がアメリカ人であることを知っています。

I know (　　　　　) he is an American.

❹ そのニュースは、ホワイト氏が亡くなったということでした。

The news was (　　　　　) Mr. White died.

❺ あなたがメアリーを好まなかったことは間違いありません。

(　　　　) (　　　　　) certain (　　　　　) you didn't like Mary.

❻ 私は彼らがここに来ると信じています。

(　　　　) (　　　　　) (　　　　　) they will come here.

❼ あなたは、彼が私たちに真実を言ったと知っていますか。

Do (　　　　) (　　　　) (　　　　　) he told us the truth?

❽ 私の希望は、世界が永遠に平和であるということです。

(　　　　) (　　　　) (　　　　) (　　　　　) the world is peaceful forever.

L48<br>that 接続詞①

---

✎ **ボキャブラメモ**
① certain：間違いない　　② tell the truth：事実を言う　　③ peaceful：平和な　　④ forever：永遠に

**A**  下線部を（　　　）内の語句に置きかえ、全文を書きましょう。

① <u>The story</u> is true. （ that he died last year ）［it で始めて］

------------------------------------------------------------------

② <u>The rumor</u> is not true. （ that she told a lie to me ）［it で始めて］

------------------------------------------------------------------

③ I know <u>the novel</u>. （ that you are very kind ）

------------------------------------------------------------------


**B**  次の文を日本語にしてみましょう。

① I think that she is very beautiful.

------------------------------------------------------------------

② I can't believe that he could pass the test.

------------------------------------------------------------------

③ It is not true that he always tells a lie.

------------------------------------------------------------------


**C**  （　　　）の語句を、日本語に合うように並べかえましょう。

① 彼らは、彼が日本人であることを知っています。
They know ( he / is / that / Japanese ).

------------------------------------------------------------------

216

② 彼女が嘘をついたというのは本当ではありません。

It is not true ( that / she / lie / a / told ).

------------------------------------------------

③ マイクがメアリーを好きではないというのは間違いありません。

( Mike / doesn't / Mary / that / like ) is certain.

------------------------------------------------

**D** 次の会話文を読んで、後の質問に合う答えを①〜③から１つ選びましょう。

Megumi : Did you see the article about the new restaurant that just opened downtown?

Richard : No, I haven't seen it yet.  What did it say?

Megumi : It said that the restaurant has a unique concept and menu.

Richard : That sounds interesting.  We should check it out sometime.

次にリチャードがすることは何ですか。

① He will go to the new restaurant and try some foods.

② He will start to work at the new restaurant.

③ He will try to cook on his own.

------------------------

**L48**

接続詞① that

# Lesson 49 接続詞② SVC that＋文

## I'm glad that we could meet each other again.

（私は、私たちがお互いに再会できてとてもうれしいです）

---

### STEP 1
### 文法ノート | SVC に続く that＋文

be glad「うれしい」/ be sure「確信している」/ be afraid「残念に思う」/ be proud「誇りに思う」のような表現の後ろでは、that S V を続けることができます。また、この that は省略されることもあります。

I'm glad (that) we could meet each other again.
S  V   C   省略   S    V
that＋SV が文全体の O になっている

We are sure (that) he will be successful in his business.
S   V   C   省略   S   V   C
that＋SV が文全体の O になっている

---

✎ これも覚えよう！　to V 原と of Ving

be glad / be sure / be afraid / be proud のような表現は that S V を続ける代わりに to V 原や of Ving を続けることができます。

● to V 原を続けるもの → be glad to V 原 / be sure to V 原

例　I'm glad that I am here.
　　→ **I'm glad to be** here. （私はここにいれてうれしいです）

● of Ving を続けるもの → be afraid of Ving / be proud of Ving / be sure of Ving

例　I'm proud that I am a member of the team.
　　→ **I'm proud of being** a member of the team.
　　（私はそのチームのメンバーであることを誇りに思います）

218

## STEP 2
### 文で確認
空所に入る単語を書きましょう。

❶ 私は、問題が解けたことをうれしく思います。[that を含めて]

(　　　　　) (　　　　　) (　　　　　　　　) I was able to solve the question.

❷ 彼は、好きなミュージシャンと会う機会があったことをうれしく思っています。[that を含めて]

(　　　　　) (　　　　　) (　　　　　　) he had the chance to meet his favorite musician.

❸ 私たちは、天気がとても良いことをうれしく思っています。[that を含めて]

(　　　　　) (　　　　　) (　　　　　　　) the weather is very fine.

❹ 私は、この問題に対する解決策を見つけることができると確信しています。

(　　　　　) (　　　　　　　) we can find a solution to this problem.

❺ 彼らは、試合に勝てると確信しています。

(　　　　　) (　　　　　　) they'll win the game.

❻ 彼女は、自分の鍵をキッチンカウンターに置いたことを確信しています。

(　　　　　) (　　　　　　) that she left her keys on the kitchen counter.

❼ 彼は、自分のラップトップを電車に置いてきたのではと心配しています。

(　　　　　) (　　　　　　) that he left his laptop on the train.

❽ 私は、私たちの地域社会にプラスの影響を与えたことを誇りに思っています。

(　　　　　) (　　　　　　) we made a positive impact in our community.

---

✎ ボキャブラメモ
① solve：解く　② chance：機会　③ favorite：お気に入りの　④ weather：天気
⑤ solution：解決策　⑥ impact：影響　⑦ positive：プラスの　⑧ community：地域社会

**A**　日本語に合うように、glad / sure / afraid のいずれかを入れましょう。

① 明日の会議に出席できないことを心配しています。

I'm (　　　　) that I can't join the meeting tomorrow.

② 彼は科学のキャリアを追求したいと確信しています。

He's (　　　　) he wants to pursue a career in science.

③ 彼らは休暇を取ることができたことを嬉しく思っています。

They're (　　　　) that they were able to take a break.

**B**　of や to を使って、that を省略した文を作ってみましょう。

① She's afraid <u>that</u> she might have failed her final exams.

-------------------------------------------------------------

② I'm glad <u>that</u> I could spend some time with my family.

-------------------------------------------------------------

③ My parents are proud <u>that</u> I graduated from college.

-------------------------------------------------------------

**C**　日本語に合うように並び替えましょう。

① 彼らは、プロジェクトが予定通りに完了しないかもしれないと心配しています。

They're ( be completed / afraid / that / the project / might not ) on time.

-------------------------------------------------------------

② 彼女は、自分の情熱を追求したことを嬉しく思っています。
She's ( glad / to pursue / she / chose ) her passion.

--------------------------------------------------------

③ 私たちは、その町の新しいレストランがとても人気になると確信しています。
We're ( the / sure / new restaurant in town / become / will ) very popular.

--------------------------------------------------------

**D** 次の会話文を読んで、後の質問に合う答えを①〜③から１つ選びましょう。

Michael : Hey, did you hear that John passed the university entrance examination?

Kim : No, I didn't. That's great news! He's been working so hard for it.

Michael : I'm glad that he did his best. He really deserves it.

彼らは何について話していますか。

① About John's success in the entrance examination.

② About Michael's efforts to pass the examination.

③ About Kim's university.

------------------------

✎ **ボキャブラ最終チェック** この STEP3 で出てきた語のスペルと音を確認しよう。

| □ pursue | [pərsúː] | 動 追求する | □ take a break | 熟 休暇を取る |
| □ passion | [pǽʃən] | 名 情熱 | | |

★ドリルと練習問題の答えは別冊 P27へ！

221

# Lesson 50 接続詞③ when

> ## When Tom comes here, I will meet him.
> ## = I will meet him when Tom comes here.
> （トムがここに来たら、私は彼に会うつもりです）

---

### STEP 1
### 文法ノート 副詞節を作る接続詞の when

　ここでは、接続詞 when について学習しましょう。〈when S V〉のかたまりは、「S が V するとき」という意味です。前のレッスンで学習した接続詞の that は、名詞節を作る接続詞でしたが、〈when S V〉は副詞節です。副詞節は、文全体で観た場合、M（修飾語）の働きをし、文型を確定する要素にはなりません。たとえば、When I was young, I lived in Hong Kong.（若いころ、私は香港に住んでいました）という文では、文全体の S は 2 番目の I で、V は lived です。when I was young（私が若かったころ）という副詞節は、節全体で M の働きをしていると考えましょう。また、この副詞節のかたまりは、I lived in Hong Kong when I was young. のように文末に置いても同じ意味で用いることができます。

> **When** S₁ V₁ 〜, S₂ V₂ ....　　　　　　**S₁ が V₁ するとき、S₂ が V₂ する**
> = S₂ V₂ ... **when** S₁ V₁ 〜.

When Tom comes here, I will meet him.
　　　　S　　V　　　　　　　S　　V　　　O
　└─ when＋SV が文全体の M になっている ─┘

= I will meet him when Tom comes here.
　　S　　V　　　O　　　　　　S　　V
　　　　　　　　　└─ when＋SV が文全体の M になっている ─┘

---

> ✎ **これも覚えよう！**　現在形で未来を表す
>
> When he comes here, I will meet him. の When he comes here にあるように、when の中で使われる V は、未来のことがらを表す内容でも、will などを使わずに現在形を使います。
>
> 例　When he **will come** here, I will meet him. → ✕
> 　　When he **comes** here, I will meet him. → ○

**STEP 2**
**文で確認**　when を使った英文を書いてみましょう。④〜⑥は when S V を後ろに置きましょう。

❶ トム(Tom)がここに来たら、私は彼に会うつもりです。

(　　　) (　　　) (　　　) here, I will meet him.

❷ ボブ(Bob)は若かったとき、ローマに住んでいました。

(　　　) (　　　) (　　　) (　　　), he lived in Rome.

❸ 昨日私が帰宅したとき、彼は私に電話してきました。

(　　　) (　　　) (　　　) home yesterday, he called me.

❹ 彼女が子供だったとき、アメリカに住んでいました。

(　　　) (　　　) (　　　) a child, she lived in America.

❺ 彼女が来たとき、彼はその本を読んでいました。

He was reading the book (　　　) (　　　) (　　　).

❻ あなたがここに来たら、私に電話してください。

Please call me (　　　) (　　　) (　　　) here.

❼ 彼は駅に到着したとき、偶然、友人に会いました。

(　　　) (　　　) (　　　) at the station, he happened to meet his friend.

❽ ケン(Ken)が部屋に入ったとき、彼女は英語を勉強していました。

(　　　) (　　　) (　　　) the room, she was studying English.

✎ ボキャブラメモ
① arrive at：〜に到着する　② enter：入る

223

**A**　下線部を（　　）内の語句に置きかえ、全文を書きましょう。

① I will meet him <u>next year.</u>　( when he comes to my house )

\-\-\-\-\-\-\-\-\-\-\-\-\-\-\-\-\-\-\-\-\-\-\-\-\-\-\-\-\-\-\-\-\-\-\-\-\-\-\-\-\-\-\-\-\-\-\-\-

② She was reading the book <u>at that time.</u>　( when I entered the room )

\-\-\-\-\-\-\-\-\-\-\-\-\-\-\-\-\-\-\-\-\-\-\-\-\-\-\-\-\-\-\-\-\-\-\-\-\-\-\-\-\-\-\-\-\-\-\-\-

③ <u>Last night</u>, he called me.　( When I was studying English )

\-\-\-\-\-\-\-\-\-\-\-\-\-\-\-\-\-\-\-\-\-\-\-\-\-\-\-\-\-\-\-\-\-\-\-\-\-\-\-\-\-\-\-\-\-\-\-\-

**B**　下線部を文頭にして、全文を書いてみましょう。

① Mike was reading a book <u>when she came to his house</u>.

\-\-\-\-\-\-\-\-\-\-\-\-\-\-\-\-\-\-\-\-\-\-\-\-\-\-\-\-\-\-\-\-\-\-\-\-\-\-\-\-\-\-\-\-\-\-\-\-

② Please call me <u>when you arrive at the station</u>.

\-\-\-\-\-\-\-\-\-\-\-\-\-\-\-\-\-\-\-\-\-\-\-\-\-\-\-\-\-\-\-\-\-\-\-\-\-\-\-\-\-\-\-\-\-\-\-\-

**C**　次の文を日本語にしてみましょう。

① When I came back home yesterday, it began to rain.

\-\-\-\-\-\-\-\-\-\-\-\-\-\-\-\-\-\-\-\-\-\-\-\-\-\-\-\-\-\-\-\-\-\-\-\-\-\-\-\-\-\-\-\-\-\-\-\-

② When Emily was a child, she lived in Australia.

\-\-\-\-\-\-\-\-\-\-\-\-\-\-\-\-\-\-\-\-\-\-\-\-\-\-\-\-\-\-\-\-\-\-\-\-\-\-\-\-\-\-\-\-\-\-\-\-

**D** （　）の語句を、日本語に合うように並べかえましょう。

① 彼女は子供のとき、絵を描くのが好きでした。
( was / she / child / when / a ), she liked to draw pictures.

------------------------------------------------

② 手を洗うとき、私たちは節水できます。
( we / when / hands / our / wash ), we can save water.

------------------------------------------------

③ 彼女が家に帰ったとき、彼女の父はビールを飲んでいました。
Her father was drinking beer ( she / home / came back / when ).

------------------------------------------------

**E** 次の会話文を読んで、後の質問に合う答えを①～③から１つ選びましょう。

Makoto : When are you planning to visit the National Park?

Sally 　 : I will go there when the cherry blossoms are in full bloom.

Makoto : That sounds like a great idea.  It is usually around the end of March to early April, but it depends on the weather.

サリーは３月下旬から４月上旬に何をするつもりですか。

①　To see roses.

②　To go to the National Park.

③　To think about an interesting plan.

------------------------

✎ **ボキャブラ最終チェック**　この STEP3 で出てきた語のスペルと音を確認しよう。

| □ **at that time** | 熟 そのとき | □ **Australia** [ɔːstréiljə] | 图 オーストラリア |
| □ **save** [séiv] | 動 救う | □ **wash** [wáʃ] | 動 洗う |

★ドリルと練習問題の答えは別冊 P27へ！

225

L50
接続詞③
when

# 接続詞④　if

> **If it rains tomorrow, we will not go out.**
> **＝We will not go out if it rains tomorrow.**
> （明日雨が降ったら、私たちは外出しません）

---

**STEP 1**
**文法ノート**　**副詞節を作る接続詞の if**

　ここでは、接続詞 if について学習しましょう。〈if S V〉のかたまりは、「もし S が V すれば」という意味です。レッスン49で学習した接続詞の that は、名詞節を作る接続詞でしたが、〈if S V〉は副詞節です。副詞節は、文全体で観た場合、M（修飾語）の働きをし、文型を確定する要素にはなりません。たとえば、If you are busy, you don't need to come.（もし忙しければ、あなたはくる必要はありません）という文では、文全体の S は 2 番目の you で、V は don't need です。when if you are busy（もし忙しければ）という副詞節は、節全体で M の働きをしていると考えましょう。また、この副詞節のかたまりは、You don't need to come if you are busy. のように文末に置いても同じ意味で用いることができます。

| | |
|---|---|
| **if S V** | もし S が V すれば |
| **if S₁ V₁ ～, S₂ V₂ ….** | もし S₁ が V₁ すれば、S₂ が V₂ する |
| **＝ S₂ V₂ … if S₁ V₁.** | |

　　If it rains tomorrow, we will not go out.
　　　S　　V　　　　　　　　　S　　V
　　└─ if+SV が文全体の M になっている ─┘

　＝ We will not go out if it rains tomorrow.
　　　S　　V　　　　　　　S　V
　　　　　　　　　　　└─ if+SV が文全体の M になっている ─┘

---

✎ **これも覚えよう！**　**現在形で未来を表す**

接続詞 when と同様に、if の中で使われる V は、未来のことがらを表す内容でも、will などを使わずに現在形を使います。

例　We **will go** shopping if it **will be** fine tomorrow, → ✗
　　We **will go** shopping if it **is** fine tomorrow, → ○

**STEP 2**
**文で確認**
if を使った英文を書いてみましょう。①〜④は if S V を後ろに、⑤〜⑧は if S V を前に置きましょう。否定は短縮形を使いましょう。

❶ あなたが忙しくなかったら、私に電話してください。

Please call me (　　　　) (　　　　) (　　　　) (　　　　).

❷ あなたが参加することができれば、私たちはとてもうれしいです。

We will be very happy (　　　　) (　　　　) can (　　　　).

❸ あなたが暇ならパーティーに来ることができますか。

Can you come to the party (　　　　) (　　　　) (　　　　) (　　　　)?

❹ 明日雨が降ったら、私たちは外出しません。

(　　　　) (　　　　) (　　　　) tomorrow, we won't go out.

❺ 明日が天気なら、私はジム(Jim)とドライブへ行きます。

(　　　　) (　　　　) (　　　　) fine tomorrow, I'll go for a drive with Jim.

❻ 忙しければ、あなたは来る必要がありません。

(　　　　) (　　　　) (　　　　) (　　　　), you don't need to come.

❼ もし化石燃料を使い果たしたら、我々は何に頼れますか。　[ヒント：use up]

(　　　　) (　　　　) (　　　　) (　　　　) fossil fuels, what can we depend on?

❽ もし最新のニュースを聞いたら、すぐに私に連絡してください。

(　　　　) (　　　　) (　　　　) the latest news, please contact me soon.

✎ ボキャブラメモ
① join：参加する　　② free：暇な

**A**     （　　）内の語句を文末に加えて、全文を書きましょう。

①  I can meet him. ( if he comes to my house) ［him に続けて］

-------------------------------------------------------------------

②  Let's climb the mountain.  ( if it is fine tomorrow) ［mountain に続けて］

-------------------------------------------------------------------

**B**     ＿＿と＿＿の位置を入れ替えて全文を書きましょう。

①  If it is rainy tomorrow, we will watch a movie at home.

-------------------------------------------------------------------

②  If my father comes, we can have dinner together.

-------------------------------------------------------------------

**C**     次の文を日本語にしてみましょう。

①  If it is rainy tomorrow, I won't go on a picnic.

-------------------------------------------------------------------

②  Let's go to the library if you have time.

-------------------------------------------------------------------

**D** （　）の語句を、日本語に合うように並べかえましょう。

① もしあなたが彼女に会ったら、彼女によろしく伝えてください。
Please say hello to her ( her / meet / you / if ).

--------------------------------------------------------------------------------

② もし時間があれば、夕食を食べに行きましょう。
Let's go out to eat dinner ( you / if / have / time ).

--------------------------------------------------------------------------------

**L51**

接続詞④

**E** 次の会話文を読んで、後の質問に合う答えを①〜③から1つ選びましょう。

Tom : Are you going to go to the party tonight?

Emi : I'm not sure yet.  I will join the party if I finish my project before
　　　then.  I'll try my best to finish in time so I can come.

Tom : I hope that you can finish it.  It won't be the same without you.

トムはエミについてどう思っていますか。

① Tom hopes Emi can't go to the party.

② Tom is sure Emi is too busy to join the party.

③ Tom thinks Emi will be important for the party.

------------------------

✎ **ボキャブラ最終チェック**　この STEP3 で出てきた語のスペルと音を確認しよう。

□ **climb**　　　[kláim]　　動　上る　　　　　□ **together** [təɡéðər] 副　一緒に
□ **go on a picnic**　　　熟　ピクニックをする　□ **say hello to** 〜　　熟　〜によろしくと言う

★ドリルと練習問題の答えは別冊 P28へ！

# Lesson 52 接続詞⑤ before/after

> **Before it starts to rain, we must go home.**
> （雨が降る前に、私たちは家に帰らなければならない）
>
> **After Nancy came back home, she prepared for the dinner.**
> （ナンシーは家に戻った後、夕食の準備をした）

## STEP 1
文法ノート **副詞節を作る接続詞の before/after**

　副詞節を作る接続詞の before と after について学習しましょう。「S が V する前に」という意味を表す〈before S V〉や、「S が V した後で」を意味する〈after S V〉のような意味のまとまりを作ります。考え方は when や if のときと全く同じです。これらの副詞節は、上記の例文では文頭に置かれていますが、以下のように文末に置いても同じ意味になります。

$$
\underset{}{\text{Before }} \underset{S_1}{\underline{\text{it}}} \underset{V_1}{\underline{\text{starts}}} \text{ to rain, } \underset{S_2}{\underline{\text{we}}} \underset{V_2}{\underline{\text{must go}}} \text{ home.}
$$

$$
= \underset{S_2}{\underline{\text{We}}} \underset{V_2}{\underline{\text{must go}}} \text{ home } \underset{}{\text{before }} \underset{S_1}{\underline{\text{it}}} \underset{V_1}{\underline{\text{starts}}} \text{ to rain.}
$$

$$
\underset{}{\text{After }} \underset{S_1}{\underline{\text{Nancy}}} \underset{V_1}{\underline{\text{came}}} \text{ back home, } \underset{S_2}{\underline{\text{she}}} \underset{V_2}{\underline{\text{prepared}}} \text{ for the dinner.}
$$

$$
= \underset{S_2}{\underline{\text{She}}} \underset{V_2}{\underline{\text{prepared}}} \text{ for the dinner } \underset{}{\text{after }} \underset{S_1}{\underline{\text{Nancy}}} \underset{V_1}{\underline{\text{came}}} \text{ back home.}
$$

---

✎ **これも覚えよう！** 　前置詞 after/ before

after や before は接続詞としての使い方のほかに、「後ろに続く名詞」とともに意味のまとまりを作る前置詞としての使い方があります。

**Let's discuss the plan after school.**
（放課後、その計画について話し合いましょう）

**Before the ceremony, they had to complete the task.**
（式の前に、彼らはその仕事を終えなければなりませんでした）

before と after を使った英文を書いてみましょう。

❶ ルーシー(Lucy)が戻る前に、我々はそこにいなければなりません。

(        ) Lucy comes back, we have to be there.

❷ 夕食を食べる前に手を洗わなければなりません。

(     ) (     ) (      ) dinner, you have to wash your hands.

L52
接続詞⑤
before/after

❸ 雨が降り始める前に、マイク(Mike)は家に帰りました。

Mike went home (     ) (     ) (     ) to rain.

❹ 出かける前に、服を着替えるべきです。

You should change your clothes (     ) (     ) (     ) out.

❺ 彼女は戻ってきたら、ボブ(Bob)に電話するでしょう。

(     ) (     ) (      ) back, she will call Bob.

❻ 暴風雨が終わった後、空は澄みわたるでしょう。

(     ) (     ) (      ) stormy, the weather will be clear.

❼ サリー(Sally)は部屋を掃除した後、シャワーを浴びました。

Sally took a shower (     ) (     ) (     ) the room.

❽ 赤ん坊が寝た後で、私が皿を洗いましょうか。　[ヒント：fall asleep]

Shall I wash the dishes (     ) the baby (      ) (     )?

✎ ボキャブラメモ
① clothes：服    ② stormy：荒れ模様の    ③ weather：天候    ④ take a shower：シャワーを浴びる

**A** 下線部を（　　）内の語句に置きかえ、全文を書きましょう。

① Please watch the YouTube videos <u>now</u>.　( after you eat dinner )

-------------------------------------------------------------------

② <u>Next April</u>, I want to marry Nancy.　( Before spring comes )

-------------------------------------------------------------------

**B** 下線部を文頭にして、全文を書いてみましょう。

① I called my friend <u>after I got to the station</u>.

-------------------------------------------------------------------

② Let's go home <u>before it begins to rain</u>.

-------------------------------------------------------------------

**C** 英語を日本語にしてみましょう。

① After you eat something, you have to brush your teeth.

-------------------------------------------------------------------

② Listen to your teacher before you begin to speak.

-------------------------------------------------------------------

③ She started to study English after she looked out of the window.

-------------------------------------------------------------------

**D** （　　）の語句を、日本語に合うように並べかえましょう。

① 彼女は電車に乗る前に、たくさんの写真を撮りました。

( train / she / got / before / a / on ), she took a lot of pictures.

------------------------------------------------

② 朝ごはんを食べる前に、あなたは顔を洗わなければなりません。

( you / before / breakfast / eat ), you have to wash your face.

------------------------------------------------

**E** 次の会話文を読んで、後の質問に合う答えを①〜③から1つ選びましょう。

Mari : What time should we leave for the movie tonight?

Nick : Let's leave at 6:30.  That should give us enough time to eat dinner before the movie starts at 8.

Mari : Sounds good.  Actually, let's meet at the restaurant before the movie.  We can catch up and chat before the show.

会話によると、次のうちどれが本当ですか。

① They can have dinner after the movie.

② After they have a meal, they will see the movie.

③ They will eat something at the restaurant around 8:00.

------------------------

✎ **ボキャブラ最終チェック**　この STEP3 で出てきた語のスペルと音を確認しよう。

| | | | | | | | |
|---|---|---|---|---|---|---|---|
| □ **marry** | [mǽri] | 動 | 結婚する | □ **get to ~** | | 熟 | ~に着く |
| □ **brush** | [brʌʃ] | 動 | 磨く | □ **tooth** | [tú:θ] | 名 | 歯 |
| □ **look out of ~** | | 熟 | ~から外を見る | □ **window** | [wíndou] | 名 | 窓 |
| □ **catch up and chat** | | 熟 | 会わなかった人と話をする | | | | |

★ドリルと練習問題の答えは別冊 P28へ！

> # Because it is rainy today, I can't go anywhere.
> # =I can't go anywhere because it is rainy today.
> （今日は雨なので、どこにも行けません）

### STEP 1
### 文法ノート　because が作る副詞節

　続いて、because について学習しましょう。この接続詞も、〈because S V〉の形で、「S が V するので」という意味で、物事の理由を表します。

　また、ここでは、〈Because $S_1 V_1 \sim$, $S_2 V_2 \sim$.〉という従属接続詞としての because の例文を紹介していますが、because は、前に書かれている文について理由付けをする使い方もできます。

　たとえば、I don't like Tom. Because he is too selfish.（私はトムのことが好きではありません。なぜなら彼は、あまりにもわがままだからです）という文の because は、これまでのように、2つの SV をつなげる働きをしているわけではありません。最初の文に書かれている、「私はトムのことが好きではない」ということの理由を、2つ目の文で、「わがままだから」と述べています。このように、because は、〈Because $S_1 V_1 \sim$, $S_2 V_2 \sim$.〉以外に、他の接続詞と同様に、〈$S_2 V_2 \sim$ because $S_1 V_1$〉という順序でも使うことが可能な単語なのです。

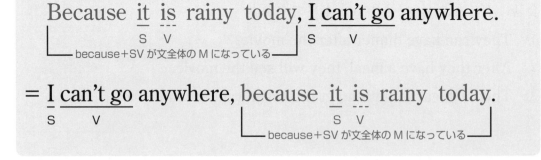

**STEP 2**
**文で確認**

because を使った英文を書いてみましょう。①〜⑤は because S V を前に、⑥〜⑧は後ろに置きましょう。否定は短縮形を使いましょう。

**❶** 今日は雨なので、どこにも行けません。

(　　　　　) it is rainy today, I can't go anywhere.

**❷** パートナーが死んだので、ボブ(Bob)はとても悲しそうでした。

(　　　　　) his partner (　　　　　), Bob looked very sad.

**❸** 彼は若かったので、アルコールを飲むことができませんでした。

(　　　　) he (　　　　) (　　　　　), he couldn't drink alcohol.

**❹** 彼は眠っていたので、ドアベルが聞こえませんでした。

(　　　　) he (　　　　) (　　　　　), he couldn't hear the doorbell.

**❺** サリー(Sally)は賢くて頼りになるので、だれもが彼女を好きです。

(　　　　) Sally is clever and reliable, everybody likes her.

**❻** 私はあなたに会うことができるのでとても幸せです。

I am very happy (　　　　) I (　　　　) (　　　　) you.

**❼** ケン(Ken)が来なかったので、私はその計画をとりやめました。

I canceled the plan (　　　　) Ken (　　　　) (　　　　).

**❽** 旧友に会うことができるので、私はとてもワクワクしています。

I am very excited (　　　　) I (　　　　) (　　　　) an old frined of mine.

---

✎ **ボキャブラメモ**
① anywhere：どこにも（〜ない）　② asleep：眠っている　③ cancel：取りやめる

L53
接続詞⑥
because

**A** （　　）内の指示にしたがって、英文を書きかえましょう。

① He looks very tired. （because he can't sleep well：tired の後ろに）

------------------------------------------------

② I couldn't go to school yesterday. （Because I had a cold：文頭に）

------------------------------------------------

**B** 下線部を文頭にして、全文を書いてみましょう。

① I miss her very much because she went to America.

------------------------------------------------

② Please call her because she wants to talk to you.

------------------------------------------------

**C** 次の文を日本語にしてみましょう。

① Because I was busy, I couldn't meet you yesterday.

------------------------------------------------

② Nancy is loved by many people because she is kind.

------------------------------------------------

③ I was very happy because my mother gave me a present.

------------------------------------------------

**D** （　　　）の語句を、日本語に合うように並べかえましょう。

① 彼はタクシーに乗ったので、飛行機に間に合いました。
( taxi / he / took / because / a ), he caught the flight.

---

② 朝ごはんを食べ終えたので、出かける準備をしてください
( you / because / breakfast / eating / finished ), please be ready to go out.

---

③ 彼女はとても忙しかったので、私は彼女を手伝いたかったのです。
( she / was / busy / because / very ), I wanted to help her.

---

**E** 次の会話文を読んで、後の質問に合う答えを①～③から１つ選びましょう。

Nancy : Why did you decide to stay home today?

Tom : I didn't feel like going out because I have a headache.

Nancy : Oh, I'm sorry to hear that. Is there anything I can do to help?

Tom : Thanks, but I think I just need to rest for a bit. Maybe I'll watch a movie or read a book.

トムがする予定のないことは何ですか。

① Stay at home and take a rest.

② Watch a movie or read a book.

③ Go to see a doctor and take some medicine.

---

✎ **ボキャブラ最終チェック**　このSTEP3で出てきた語のスペルと音を確認しよう。

| | | | | | |
|---|---|---|---|---|---|
| □ **have a cold** | 熟 | 風邪をひいている | □ **tired** | [táiərd] | 形 疲れた |
| □ **present** [prézənt] | 名 | プレゼント | □ **flight** | [fláit] | 名 飛行機の便 |
| □ **get ready to** ~ | 熟 | ～する準備ができている | □ **headache** [hédeik] | | 名 頭痛 |

★ドリルと練習問題の答えは別冊 P29へ！

## チャレンジ！ 復習テスト⑨

**A** 下線部を文頭にして、全文を書き換えましょう。

① When he arrived at the station, it began to rain.

------------------------------------------------

② After he ate dinner, he read a newspaper.

------------------------------------------------

③ Before you come into the room, please take off your shoes.

------------------------------------------------

**B** 次の文章を日本語にしましょう。

① It is necessary that Japanese people speak English.

------------------------------------------------

② Someone called him when he was taking a shower.

------------------------------------------------

③ I'm very glad that we had a good opportunity to be with you.

------------------------------------------------

**C** 日本語に合うように並びかえましょう。

① 私は忙しかったので、あなたを訪れることができませんでした。
I couldn't visit you ( was / busy / I / because ).

------------------------------------------------

② もし私たちに時間があったら、図書館に行きましょう。
Let's go to the library ( have / time / if / we ).

----------

③ 彼は眠たかったので、英語の勉強をすることができませんでした。
( was / because / he / sleepy ), he couldn't study English.

----------

D　(　　) の単語からはじめて、英文を作りましょう。

① 雨が降っていたので、私は昨日、家にいました。( Because )

----------

② あなたは、彼がうそをついたということが本当だと思いますか。( Do )

----------

E　次の会話文を読んで、後の質問に合う答えを①〜③から1つ選びましょう。

Father　　： Did you finish your homework yet?

Daughter： Not yet, but I'll do it after I finish watching this video.

Father　　： Don't you think you should finish your homework first?  It should be submitted tomorrow.

Daughter： I know, but I've been working on it all day and I need a break. I promise I'll get it done after this.

お父さんは何について話していますか。

① His daughter needs some time to relax.

② His daughter should finish the homework before watching the video.

③ His daughter should help him with the housework.

----------
★答えは別冊29へ！

# 感嘆文① how

## How pretty she is!
（彼女はなんと可愛いのでしょう）

---

**STEP 1**
**文法ノート** ## 驚きを表す表現の how

　ここからは、感嘆文という表現について学習しましょう。感嘆文は、「なんて～なのでしょう」というように、Ｓの状態や様子、または動作に驚いたときに用いる表現です。感嘆文には、how と what を使う 2 種類の形がありますが、このレッスンでは how について学習しましょう。

　英語の語順は、〈How＋形容詞（または副詞）＋S＋V ～!〉です。文末には、「！（エクスクラメーションマーク）」を置くことを忘れないようにしましょう。一般的には、この感嘆文は、very を用いたふつうの文を書き換える形式で、出題されることがあります。

　たとえば、He is very clever.（彼はとても賢い）という文で考えてみましょう。これを感嘆文にして表現するためには、very を how に置き換え、後ろの clever という形容詞とともに文頭に置きます。その後に SV である he is と、最後に「！」を置けば、How clever he is!（彼はなんて賢いのでしょう）という感嘆文が完成！というわけです。

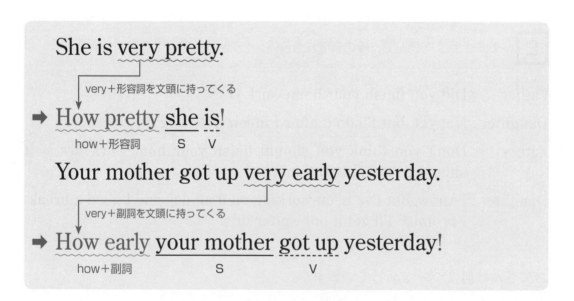

**STEP 2**
**文で確認**　how を使った感嘆文を書いてみましょう。

❶　彼女はなんと可愛いのでしょう。

　　(　　　　　) pretty she is!

❷　彼らはなんと愚かだったのでしょう。

　　(　　　　　) stupid they were!

❸　ケン(Ken)はなんと速く走れるのでしょう。

　　(　　　　) (　　　　　) Ken can run!

❹　その女優はなんと美しいのでしょう。

　　(　　　　) (　　　　　) the actress is!

❺　先週はなんと寒かったのでしょう。

　　(　　　　) (　　　　　) it was last week!

❻　あれらのリンゴはなんと甘そうに見えるのでしょう。

　　(　　　　) (　　　　　) those apples look!

❼　彼らはなんと上手に英語を話せるのでしょう。

　　(　　　　) (　　　　　) they can speak English!

❽　ジェイソン(Jason)は昨日なんと早く起きたのでしょう。

　　(　　　　) (　　　　　) Jason got up yesterday!

L54
how 感嘆文 ①

✎ ボキャブラメモ
① pretty：かわいい　　② stupid：愚かな　　③ fast：速く　　④ beautiful：美しい　　⑤ actress：女優
⑥ cold：寒い　　⑦ sweet：甘い　　⑧ well：上手に　　⑨ early：早く　　⑩ get up：起きる

**A** how を使った感嘆文に書きかえてみましょう。

① This magazine is very interesting.

-------------------------------------------------------------------

② Mike looked very busy yesterday.

-------------------------------------------------------------------

③ The man can run very fast.

-------------------------------------------------------------------

**B** very を使った文に書きかえてみましょう。

① How stupid I was yesterday!

-------------------------------------------------------------------

② How cold it was last week!

-------------------------------------------------------------------

③ How difficult the English book is!

-------------------------------------------------------------------

**C** (　　) の語句を、日本語に合うように並べかえましょう。

① その赤ちゃんはなんと可愛いのでしょう。
How ( baby / the / pretty / is )!

-------------------------------------------------------------------

② 昨日はなんと暑かったのでしょう。
How ( was / hot / it / yesterday )!

------------------------------------------------------------

③ これらの歌手はなんと上手に歌を歌うのでしょう。
How ( these / well / singers / sing )!

------------------------------------------------------------

④ 彼らはなんて速く走れるのでしょう。
How ( can / fast / they / run )!

------------------------------------------------------------

**D** 次の会話文を読んで、後の質問に合う答えを①～③から１つ選びましょう。

Emily : Did you see the sunset last night?  How amazing it was!

James : No, I missed it.  How was it?

Emily : The sky was filled with different colors of pink,
purple, and orange.  How does nature create such
beautiful colors?

彼らは何について話していますか。

① How beautiful the sunset was.

② How amazing pink, purple, and orange are.

③ How natural the sun looks.

------------------------------

L54
how 感嘆文①

✎ **ボキャブラ最終チェック**　この STEP3 で出てきた語のスペルと音を確認しよう。

| □ stupid | [stjú:pid] | 形 | ばかげた | □ singer | [síŋər] | 名 | 歌手 |
| □ sing | [síŋ] | 動 | 歌う | □ amazing | [əméiziŋ] | 形 | 驚くべき |
| □ miss | [mís] | 動 | 逃す | □ be filled with ~ | | 熟 | ~で満ちる |
| □ create | [kriéit] | 動 | 生み出す | | | | |

★ドリルと練習問題の答えは別冊 P30へ！

243

# 感嘆文②　what

## What a kind girl she was!

（彼女は何と親切な少女だったのでしょう）

---

**STEP 1**
**文法ノート**　**驚きを表す表現の what**

このレッスンでは、what を用いた感嘆文について学習しましょう。

what を使った感嘆文と how の感嘆文とのいちばんの違いは、その後ろに続く語順です。

基本的に how の感嘆文は、how の直後に形容詞や副詞が置かれるのに対して、what は〈what＋(a[an])＋形容詞＋名詞 ～!〉という語順になります。

たとえば、What a beautiful lady!（何と美しい女性だ）は正しい表現ですが、How a beautiful lady! とするのは、文法的には誤りだということです。how のときと同様に、what の場合も、ふつうの文からの書き換えができます。

たとえば、He is a very kind boy.（彼はとても親切な少年だ）という文があったとします。これを感嘆文にするには、very を what にし、a kind boy とともに文頭に置きます。その後に S と V である he is を置けば出来上がりです。What a kind boy he is!（彼はなんと親切な少年なのでしょう）という文になりますね。

なお、これらの感嘆文の最後の SV は、省略されることが多いです。

---

She was a very kind girl.

↓ very＋形容詞＋名詞を文頭に持ってくる

➡ What a kind girl she was!

what＋(a[an])＋形容詞＋名詞　　S　　V

They are very smart students.

↓ very ＋形容詞＋名詞を文頭に持ってくる

➡ What smart students they are!

what＋(a[an])＋形容詞＋名詞　　S　　V

---

✎ **これも覚えよう！**　「正直」にご注意を !?

He is a very honest boy.（彼はとても正直な少年です）を感嘆文に書きかえると、What an honest boy he is! となります。honest は h という子音字から始まっていますが、最初の音が母音であるために、冠詞は a ではなく an にする必要があります。

**STEP 2**
**文で確認** what を使った感嘆文を書いてみましょう。

❶ 彼女は何と親切な少女だったのでしょう。

(       ) (       ) (       ) (       ) she was!

❷ なんと寒い日だったのでしょう。

(       ) (       ) (       ) (       ) it was!

❸ 彼はなんと正直な少年なのでしょう。

(       ) (       ) (       ) (       ) he is!

❹ あちらはなんとかわいい赤ちゃんなのでしょう。

(       ) (       ) (       ) (       ) that is!

❺ ジェイクはなんと大きな都市に住んでいるのでしょう。

(       ) (       ) (       ) (       ) Jake lives in!

❻ 彼らはなんと賢い生徒たちなのでしょう。

(       ) (       ) (       ) they are!

❼ これはなんと役に立つ辞書なのでしょう。

(       ) (       ) (       ) (       ) this is!

❽ 彼はなんと難しい問題を解いたのでしょう。

(       ) (       ) (       ) he solved!

**L55**
**感嘆文②**
**what**

✎ **ボキャブラメモ**
① honest：正直な    ② smart：賢い    ③ difficult：難しい    ④ question：質問    ⑤ solve：解く

**A**  what を使った感嘆文に書きかえてみましょう。

① She is a very cute girl.

---------------------------------------------------------------

② Jim was a very hard worker.

---------------------------------------------------------------

③ It was a very hot night last night.

---------------------------------------------------------------


**B**  very を使った文に書きかえてみましょう。

① What a stupid boy Jim was!

---------------------------------------------------------------

② What a beautiful lady she was!

---------------------------------------------------------------

③ What difficult questions they are!

---------------------------------------------------------------


**C**  (　　) の語句を、日本語に合うように並べかえましょう。

① これはなんと美しい写真なのでしょう。
What ( picture / this / beautiful / is / a )!

---------------------------------------------------------------

② これはなんとひどい事故なのでしょう。
What ( is / terrible / a / accident / this )!

--------------------------------------------------------------------

③ 彼らはなんと優しい子どもたちなのでしょう。
What ( are / they / kind / children )!

--------------------------------------------------------------------

**D** 次の会話文を読んで、後の質問に合う答えを①～③から１つ選びましょう。

Nori : Have you tried the new restaurant on Main Street yet?

Nami : Yes, I went there last night. What a fantastic restaurant it was!

Nori : Really? What did you order?

Nami : I had the seafood pasta and it was delicious. What a talented chef!
What a perfect place for a date!

**L55**

what 感嘆文②

彼らは主に何について話していますか。

① How fantastic the new restaurant was.

② The skills of the restaurant chef.

③ The location of the new restaurant.

------------------------

🖉 **ボキャブラ最終チェック** この STEP3 で出てきた語のスペルと音を確認しよう。

| | | | | | | | |
| --- | --- | --- | --- | --- | --- | --- | --- |
| □ **hard** | [há:rd] | 形 | 一生懸命な | □ **worker** | [wə́:rkər] | 名 | 労働者 |
| □ **stupid** | [stjú:pid] | 形 | ばかな | □ **beautiful** | [bjú:təfəl] | 形 | 美しい |
| □ **lady** | [léidi] | 名 | 婦人 | □ **terrible** | [térəbl] | 形 | ひどい |
| □ **accident** | [ǽksədənt] | 名 | 事故 | | | | |

★ドリルと練習問題の答えは別冊 P30へ！

## Aki is a pretty woman, isn't she?

（アキはかわいい女性ですよね）

ここからは、付加疑問文という文法事項について学習していきましょう。

付加疑問文は、日本語で表すと「～です（よ）ね」という意味で、相手に同意を求めたり、確認をしたりするときに用いることができる表現方法です。

作り方は、〈肯定文＋,（カンマ）＋be 動詞［助動詞］＋not［短縮形］＋S?〉という形になります。

たとえば、She is a beautiful lady.（彼女は美しい女性です）を付加疑問文にするときは、まず、文末のピリオドをカンマにしたあと、肯定文の文を否定文にするときの短縮形の形を確認します。ここでは、is not［isn't］ですね。最後に、S を代名詞に置き換えたものを置きます。ここでの主語は she なので、そのまま she を使えば OK です。つまり、She is a beautiful lady, isn't she?（彼女は美しい女性ですよね）となるわけですね。

かんたんにまとめてみましょう。

> be 動詞を使ったふつうの文　＋,＋**be 動詞**
> 一般動詞を使ったふつうの文　＋,＋**do[does]**　⎫ の否定の短縮形＋S＋？
> 助動詞を使ったふつうの文　　＋,＋**助動詞**　⎭

過去形の場合は、be 動詞は wasn't か weren't、一般動詞は didn't、助動詞はそれぞれ過去形の否定の短縮形にします。

Aki is a pretty woman, isn't she?
S　V　　　　　　　　　　　　,＋be 動詞の否定＋S＋?

Jim will go on a picnic tomorrow, won't he?
S　V　　　　　　　　　　　　　　　,＋助動詞の否定 ＋S＋?

**STEP 2**
**文で確認**　肯定文で始める付加疑問文を作ってみましょう。

❶　とても寒かったですよね。

It was very cold, (　　　　) (　　　　)?

❷　彼はとても速く走れるのですね。

He can run very fast, (　　　　) (　　　　)?

❸　この本はとても面白いですね。

This book is very interesting, (　　　　) (　　　　)?

❹　ジム(Jim)は明日、ピクニックに行くのですね。

Jim will go on a picnic tomorrow, (　　　　) (　　　　)?

❺　ケン(Ken)は英語を毎夜勉強しますね。

Ken studies English every night, (　　　　) (　　　　)?

❻　あなたとボブ(Bob)は昨夜、一緒に踊りましたね。

You and Bob danced together last night, (　　　　) (　　　　)?

❼　あなたのお母さんは先週の日曜日、散歩に行きましたね。

Your mother took a walk last Sunday, (　　　　) (　　　　)?

❽　その学生たちは、毎日コンピュータを使いますね。

The students use computers every day, (　　　　) (　　　　)?

L56

付加疑問文①
肯定文から作る付加疑問文

✎ ボキャブラメモ
① interesting：面白い　　② go on a picnic：ピクニックに行く　　③ dance：踊る
④ together：一緒に　　⑤ take a walk：散歩する　　⑥ computer：コンピュータ

**A** 次の文を付加疑問文にしましょう。

① Mike is very busy today.

------------------------------------------------------------

② She will be beautiful.

------------------------------------------------------------

③ This magazine was very interesting.

------------------------------------------------------------

**B** 下線部を正しい形にしましょう。

① The songs were very famous, <u>didn't</u> they?

------------------------------------------------------------

② He can run very fast, <u>isn't</u> he?

------------------------------------------------------------

③ You will go on a picnic tomorrow, <u>will</u> you?

------------------------------------------------------------

**C** （　　）の語句を、日本語に合うように並べかえましょう。

① 彼は昨晩、よく眠りましたね。
He ( he / well / , / slept / didn't )?

------------------------------------------------------------

② 先月はとても暑かったですね。
It ( was / very / wasn't / , / month / it / hot / last )?

--------------------------------------------------------------------------

③ あなたは来年、20歳になるのですね。
You ( won't / be / old / 20 / , / years / will / you )?

--------------------------------------------------------------------------

**D**　次の会話文を読んで、後の質問に合う答えを①〜③から1つ選びましょう。

Bob : You're coming to the party tonight, aren't you?

Kate : I'm not sure yet.  Do you really want me to come?

Bob : Of course!  Everyone's going.  You want to see many of them, don't you?  It starts at 7 pm, but you can come anytime throughout the evening.

Kate : OK, I'll come.

会話の内容として正しいものはどれですか。

① Everyone will be there at seven.

② Some people will arrive there late.

③ Bob doesn't feel like coming to the party.

L56
付加疑問文①
肯定文から作る付加疑問文

**ボキャブラ最終チェック**　この STEP3 で出てきた語のスペルと音を確認しよう。

□ **beautiful** [bjúːtəfəl] 形 美しい　　□ **magazine** [mǽgəzín] 名 雑誌
□ **famous** [féiməs] 形 有名な　　□ **month** [mʌ́nθ] 名 （暦の）月

★ドリルと練習問題の答えは別冊 P31へ！

# Lesson 57 付加疑問文② 否定文から作る付加疑問文

## Mike isn't a hard worker, is he?
（マイクは一生懸命働く人ではありませんね）

---

### STEP 1
### 文法ノート　相手に同意や確認を求める表現（2）

付加疑問文についてもう1つのパターンを学習していきましょう。

付加疑問文が「～です（よ）ね」という意味になることは、前のレッスンで学びました。前のレッスンの例文は、もとの文が肯定文のものばかりでしたが、ここでは、もとの文が否定文である場合について見てみましょう。

もとの文が否定文になった場合には、カンマを置くところまでは同じなのですが、カンマの後に、否定文の not をとったものを置きます。最後に、S を代名詞にするというのは、肯定文の場合と同じです。つまり、〈否定文＋,（カンマ）＋be 動詞（または助動詞）＋S＋?〉という形になります。

たとえば、Mike doesn't drink coffee.（マイクはコーヒーを飲みません）を付加疑問文にするときは、文末のピリオドをカンマにした後、not を取った does を置き、最後に Mike の代名詞である he を置きます。Mike doesn't drink coffee, does he?（マイクはコーヒーは飲みませんよね）という文になるわけです。

---

Mike　isn't　a hard worker, is he?
　S　　be 動詞の否定　　　　　　　　　,＋be 動詞の肯定＋S＋?

Your dog　can't　run so fast, can it?
　　S　　　助動詞の否定　　　　　　　,＋助動詞の肯定＋S＋?

**STEP 2**
**文で確認**　否定文で始める付加疑問文を作ってみましょう。否定は短縮形を使いましょう。

❶　それほど寒くはありませんでしたね。

It wasn't very cold, (　　　　　) (　　　　　)?

❷　マイク(Mike)は一生懸命働く人ではありませんね。

Mike isn't a hard worker, (　　　　　) (　　　　　)?

❸　彼は上手に英語を話せませんね。

He can't speak English well, (　　　　　) (　　　　　)?

❹　その生徒たちはコンピュータを使いませんね。

The students don't use computers, (　　　　　) (　　　　　)?

❺　これらの本はそれほど人気がありませんでしたね。

These books weren't very popular, (　　　　　) (　　　　　)?

❻　ユカ(Yuka)は昨夜、皿を洗いませんでしたね。

Yuka didn't wash the dishes last night, (　　　　　) (　　　　　)?

❼　トム(Tom)とケイト(Kate)は会議に出席するつもりはありませんね。

Tom and Kate won't attend the meeting, (　　　　　) (　　　　　)?

❽　あなたのお母さんは昨日、散歩をしませんでしたね。

Your mother didn't take a walk yesterday, (　　　　　) (　　　　　)?

**L57**

付加疑問文②
否定文から作る付加疑問文

---

✎ **ボキャブラメモ**
① worker：労働者　　② well：上手に　　③ use：使う　　④ computer：コンピュータ
⑤ watch：見る　　⑥ take a walk：散歩する

**A** 次の文を付加疑問文にしましょう。

① She isn't very busy today.

--------------------------------------------------------

② Mary doesn't drink coffee in the morning.

--------------------------------------------------------

③ This movie wasn't interesting.

--------------------------------------------------------

**B** 下線部を正しい形にしましょう。

① The actors weren't very famous, <u>weren't</u> they?

--------------------------------------------------------

② He can't run fast, <u>does</u> he?

--------------------------------------------------------

③ You and Tom won't go to the mountain tomorrow, <u>do</u> you?

--------------------------------------------------------

**C** （　　）の語句を、日本語に合うように並べかえましょう。

① 彼は昨晩、勉強しませんでしたね。
He ( night / he / , / study / did / didn't / last )?

--------------------------------------------------------

② 先月は寒かったですよね。

It ( was / wasn't / month / it / cold / , / last )?

--------------------------------------------------------------------------------

③ あなたは来年、オーストラリアに行かないのですね。

You ( will / won't / to / , / go / Australia / you )?

--------------------------------------------------------------------------------

**D**　次の会話文を読んで、後の質問に合う答えを①〜③から１つ選びましょう。

Takashi : You don't like sushi, do you?

Karen 　: Actually, I love sushi.  Why do you ask?

Takashi : Oh, I thought you didn't like it.  Anyway, are you free next Friday?  I was thinking of going to this new sushi place that just opened up.  Do you want to come with me?

Karen 　: That sounds great!

彼らは来週の金曜日に何をしますか。

① They will open a new sushi restaurant.

② They will eat sushi at a new sushi restaurant.

③ They will introduce a new friend to the owner of a new sushi restaurant.

--------------------------------------------------------------------------------

**L57**

付加疑問文②
否定文から作る付加疑問文

---

📝 **ボキャブラ最終チェック**　このSTEP3で出てきた語のスペルと音を確認しよう。

☐ **famous** ［féiməs］ 形 有名な　　☐ **mountain** ［máuntən］ 名 山
☐ **Australia** ［ɔːstréiljə］ 名 オーストラリア

★ドリルと練習問題の答えは別冊P31へ！

# Lesson 58 仮定法

## If I were you, I would not do such a thing.

（もし私があなたなら、私はこのようなことはしないだろう）

---

**STEP 1**
**文法ノート** **現実とは異なる内容を仮定して伝える**

　仮定法は「もしも～ならば…だろう」のような意味を持つ表現で、「今の現実とは異なること」を仮定するときに使う表現です。

　英語の形は〈If S₁ V 過去形 ～, S₂ would＋V 原形 ～.〉で、「もし S₁ が V すれば、S₂ が V するだろう」のように表します。

　この表現を使うときの注意点は 2 つあります。

① Vp（過去形）の部分に be 動詞が置かれる場合は、were を用いるのが一般的です。was を使っても誤りではありませんが were を使って練習をしましょう。

② would＋V 原形 の部分では would の代わりに could や might のように助動詞の過去形を使うことができます。それほど大きな意味の差はありませんが、would が「～するだろう」という意味であるのに対し、could は「～できるかもしれない」、might は「～かもしれない」のような日本語訳になることを覚えておくとよいでしょう。

---

If I were you, I would not do such a thing.
　If　S₁　V 過去形　　　　S₂　　　would＋V 原形

Our guests would be pleased if you came to the party tonight.
　　S₂　　　would＋V 原形　　　　if　S₁　V 過去形

---

**✎ これも覚えよう！** **I wish を使った表現**

I wish ＋ S Vp ～. や I wish ＋ S could V 原形～. を使うと「S が V すれば（V できれば）なあ」という「願望」を表す表現を作ることができます。この場合も Vp が be 動詞の場合は were が好んで用いられます。

**例** **I wish I were** a magician. （私がマジシャンだったらなあ）
　　　　S V 過去形

**I wish I could sleep** all day long today. （今日、1 日中寝ることができればなあ）
　　　　S　could ＋V 原型

---

**STEP 2 文で確認** 「もし S1が V すれば、S2が V するだろう」という仮定法の英文を書いてみましょう。⑦⑧は「S が V すれば（V できれば）なあ」という表現を書いてみましょう。

❶ もし私にもっと時間があれば、世界中を旅行することができるだろう。

If I (　　　　) more time, I (　　　　) travel around the world.

❷ もし彼がここにいたら、同じことを言うだろう。

If he (　　　　) here, he (　　　　) tell you the same thing.

❸ もし私たちが宝くじに当たったら、新しい家を買うことができるだろう。

If we (　　　) the lottery, we (　　　) buy a new house.

❹ もし彼らに十分なお金があれば、自分たちのビジネスを始めることができるだろう。

They (　　　) start their own business if they (　　　) enough money.

❺ もし雪が降っていなかったら、私たちは散歩に行くのになあ。

We (　　　) go for a walk if it (　　　) (　　　) snowing.

❻ もしナミにもっと時間があれば、動物保護施設でボランティアをするだろう。

If Nami (　　　) more time, she (　　　) volunteer at the animal shelter.

**L58** 仮定法

❼ 車で仕事に行くことができればなあ。

I wish (　　　) (　　　) (　　　) to work.

❽ 英語がもっと流暢だったらなあ。

I wish (　　　) (　　　) more fluent in English.

**ボキャブラメモ**
① lottery：宝くじ　② go for a walk：散歩する　③ animal shelter：動物保護施設
④ fluent：流暢な

**A** （　　）の中から正しいものを選んで丸で囲みましょう。

① If I ( had / have ) more time, I would exercise every day.

② If it ( isn't / weren't ) raining, I would go for a walk.

③ I wish I ( could visit / visits ) Hawaii more often.


**B** [　　]の中の動詞を適当な形にして（　　）に入れましょう。

① もっと野菜があったら、私たちはより健康的に食べられるのになあ。
If we (　　　　) more vegetables, we would eat healthier.　[have]

② 雨が降っていたら、私たちはピクニックをキャンセルするだろうに。
We would cancel the picnic if it is (　　　　).　[rain]

③ もしあなたがタイを訪れたら、そこの食べ物や文化が大好きになるだろうに。
You (　　　　) (　　　　) the food and culture if you visited Thailand.
[will love]

④ もし私が宝くじに当たったら、新しい車と家を買うことができるだろう。
If I won the lottery, I (　　　　) buy a new car and a house.　[can]


**C** （　　）の語句を、日本語に合うように並べかえましょう。

① もし彼らがスペイン語を話せたら、現地の人々とコミュニケーションを取る
ことができるだろう。
( they / spoke / if / Spanish ), they would be able to communicate
with the locals.

--------------------------------------------------------------------

② 涼しかったら、私たちは公園をもっと楽しめるだろうに。
We would enjoy the park more ( if / it / cooler / were ).

-------------------------------------------------------------------------

③ 私たちにもっと自由な時間があればなあ。
I wish ( we / had / free time / more ).

-------------------------------------------------------------------------

**D** 次の会話文を読んで、後の質問に合う答えを①〜③から１つ選びましょう。

Sara : If I had more money, I would travel around the world.

Jim　: That sounds like a great idea.  Where would you go first?

Sara : I've always wanted to visit Japan, but I would also love to explore Europe and South America.

サラはもっとお金があれば、何をするつもりですか。

① Go to various places around the world.

② Learn the skills of speaking a different language.

③ See amazing people all over the world.

-------------------------

**L58**

仮定法

✎ **ボキャブラ最終チェック**　この STEP3 で出てきた語のスペルと音を確認しよう。

| □ **go for a walk** | 熟 | 散歩をする | □ **Thailand** | [táilænd] | 图 | タイ |
|---|---|---|---|---|---|---|
| □ **lottery** | [látəri] | 图 | 宝くじ | □ **local** | [lóukəl] | 图 | 地元の人 |

★ドリルと練習問題の答えは別冊 P32へ！

259

# 使役動詞の make と let

> ## Our parents will make us live by ourselves.
> （私たちの両親は私たちを自分の力で生活させるだろう）

---

**STEP 1**
**文法ノート** 「強制」の make と「許可」の let

　　make と let は、ともに後ろに「目的語（O）＋V原」を続けることができ「OにVさせる」という意味を持ちます。日本語ではそれほど大きな意味の違いを感じることはありませんが、make は「Oに強制する」/ let は「Oに許可を与える」という意味合いの違いがあります。それぞれの意味の違いを理解して練習しましょう。

Our parents will <u>make us live</u> by ourselves.
私たちの両親は私たちを自分の力で生活させるだろう。（強制）

The manager <u>let the workers take</u> some days off.
マネージャーは従業員が数日間の休暇を取ることを許した。（許可）

✎ **これも覚えよう！** be ＋ made ＋ to V原

使役動詞の make を使った文では受動態が使われることがあります。この場合の語順は be ＋ made ＋ <u>to V原</u>という**語順**になります。

例　He **made his friend pay** money back.「彼は友人に返金をさせた」
→ His friend <u>was made to pay</u> money back by him.「彼の友人は彼によって返金をさせられた」

**STEP 2**
**文で確認** 日本語の文に合うように、使役動詞や他の語を入れて文を完成させましょう。

❶ 上司は、プロジェクトを終えるために私を夜遅くまで働かせました。

My boss (　　　　) (　　　　　　) work late to finish the project.

❷ 私は、弟が出かける前に弟に自分の部屋を掃除させます。

I (　　　　　) my brother (　　　　　　) his room before he goes outside.

❸ 彼女は子供たちにデザートを食べる前に野菜を食べさせました。

She (　　　　　) her children (　　　　　) their vegetables before they had dessert.

❹ 先生は、生徒たちにもう一度宿題をやり直させるでしょう。

The teacher will (　　　　　) the students (　　　　　) their homework again.

❺ 彼は、犬を公園で自由に走らせました。

He (　　　　　) his (　　　　　) run free in the park.

❻ スケジュールに変更があった場合には、私に知らせていただけますか？

Could you (　　　　　) (　　　　　) know if there are any changes to the schedule?

❼ 先生は、天気のために生徒たちを早退させました。

The teacher (　　　　　) the students (　　　　　) class early because of the weather.

❽ 上司は、私が兄弟の結婚式に出席するために休みを取ることを許可しました。

My boss (　　　　　) me (　　　　　) the day off to attend my brother's wedding.

---

✎ ボキャブラメモ
① go outside：出かける　② attend：出席する　③ wedding：結婚式

**L59**

使役動詞の make と let

**A** 文の内容に合うように、make か let を選び、適当な形にして入れましょう。

① The bad weather (　　　　) us cancel our picnic plans.

② The coach (　　　　) the team practice every day.

③ My mother's cooking always (　　　　) me feel at home.

④ Please (　　　　) me pay for the meal.

**B** 次の文を日本語にしてみましょう。

① I let my daughter stay up late to finish her homework.

------------------------------------------------

② I let my sister borrow my computer to finish her report.

------------------------------------------------

③ The teacher let us use a calculator for the math test.

------------------------------------------------

④ He let his dog run free in the park.

------------------------------------------------

**C** (　　) の語句を、日本語に合うように並べかえましょう。

① 教授は、生徒たちに宿題を遅れて終わらせることを許しました。
The professor ( his students / finish / their assignments / let ) late.

② 上司は、プロジェクトを終えるために私を遅くまで働かせました。
My boss ( made / work / late / me ) to finish the project.

③ 私は、弟が外出する前に自分の部屋を掃除させるでしょう。

I ( will / the room / clean / make / my brother ) before he goes outside.

④ ホテルは、私たちの部屋が準備できていたため、早めにチェックインさせてくれました。

The hotel ( check in / early / us / let ) because our room was ready.

**D** 次の会話文を読んで、後の質問に合う答えを①〜③から１つ選びましょう。

Mike : Did you enjoy the concert last night?

Kate : It was amazing!  The band made the whole audience dance and sing together.

Mike : That sounds like a great time.  What was your favorite song?

Kate : They played my favorite song, "Don't Stop Believing".  It made me feel so excited.

会話の内容として正しいものはどれですか。

① They went to the concert together.

② Kate danced and sang with the musicians.

③ Mike likes "Don't Stop Believing" the best.

**L59**

使役動詞の make と let

✎ **ボキャブラ最終チェック**　この STEP3 で出てきた語のスペルと音を確認しよう。

| □ **calculator** [kǽlkjulèitər] | 图 計算機 | □ **free** [fríː] | 副 自由に |
| □ **borrow** [bárou] | 動 借りる | □ **stay up late** | 熟 夜遅くまで起きる |

★ドリルと練習問題の答えは別冊 P32へ！

## Lesson 60 数えられる名詞・数えられない名詞

# Jane will make a sandwich.
（ジェーンはサンドウィッチを作るでしょう）

---

**STEP 1**
**文法ノート**　名詞の種類

　英語には、数えられる名詞と数えられない名詞という、2種類の名詞があります。たとえば、boy（少年）、book（本）などは、数えられる名詞です。その一方で、money（お金）、tea（お茶）、water（水）のような名詞は数えることができない名詞です。数えられる名詞を可算名詞、数えられない名詞を不可算名詞と呼びます。可算名詞と不可算名詞の大きな文法的特徴は、可算名詞には、冠詞の a [an] や複数形の s をつけられますが、不可算名詞にはそれらをつけられないということです。

　不可算名詞には以下の3種類があります。

1　物質名詞　たとえば液体や気体など、形がはっきりしないもの―water（水）／rain（雨）
　　　　　　　など

2　抽象名詞　たとえば教科の名前など、物質ではないもの―peace（平和）／love（愛）など

3　集合名詞（の一部）　いくつかの種類の集合体を表すもの―money（お金）／ furniture（家
　　　　　　　　　　　　　具）など

　ではたとえば「1杯のお茶」のように、数えたい場合はどのようにするのでしょうか。お茶の場合は、tea の前に a cup of をつけて、a cup of tea のようにします。「2杯のお茶」の場合は、two cups of tea のように、cup を複数形にします。

　最後に、代表的な不可算名詞の例を挙げておきますので、合わせて覚えておきましょう。

| | | | |
|---|---|---|---|
| ☐ a glass of water | 1杯の水 | ☐ two glasses of water | 2杯の水 |
| ☐ a glass of milk | 1杯のミルク | ☐ three glasses of milk | 3杯のミルク |
| ☐ a glass of beer | 1杯のビール | ☐ five glasses of beer | 5杯のビール |
| ☐ a cup of tea | 1杯のお茶 | ☐ two cups of tea | 2杯のお茶 |
| ☐ a piece of paper | 1枚の紙 | ☐ ten pieces of paper | 10枚の紙 |
| ☐ a pair of shoes | 1足の靴 | ☐ four pairs of shoes | 4足の靴 |
| ☐ a pair of socks | 1足の靴下 | ☐ six pairs of socks | 6足の靴下 |
| ☐ a pair of scissors | 1つのはさみ | ☐ some pairs of scissors | いくつかのはさみ |

※shoes（靴）や scissors（はさみ）のように、2つ（はさみは2つの刃）のものがペアになっている単語の場合、通常は複数形で表します。そのような場合も、two shoes とは言わずに、a pair of ～や two pairs of ～と表現します。

**STEP 2**
**文で確認**　名詞に注意して、英文を書いてみましょう。

❶ ジェーン(Jane)はサンドウィッチを作るでしょう。

Jane will make (　　　　　) (　　　　　).

❷ マイクはニンジンを好きではありません。

Mike doesn't like (　　　　　).

❸ トム(Tom)は2足のくつを持っていました。

Tom had (　　　　　) (　　　　　) (　　　　　) (　　　　　).

❹ 私はビールを1杯飲みたいです。

I want to drink (　　　　　) (　　　　　) (　　　　　) (　　　　　).

❺ 私はお茶を1杯欲しいです。

I would like to have (　　　　　) (　　　　　) (　　　　　) (　　　　　).

❻ ケイト(Kate)はいくつかの靴下を購入しました。

Kete bought (　　　　　) (　　　　　) (　　　　　) (　　　　　).

❼ 私の父は、1枚の紙を私に与えました。

My father gave me (　　　　　) (　　　　　) (　　　　　) (　　　　　).

❽ テーブルの上には2杯の牛乳があります。

There are (　　　　　) (　　　　　) (　　　　　) (　　　　　) on the table.

数えられる名詞・数えられない名詞

---

✎ **ボキャブラメモ**
① sandwich：サンドイッチ　　② carrot：ニンジン

**A** 　数えられる名詞であれば A、数えられない名詞であれば B を、解答欄
　　　　　に書きましょう。

① money ............... ② cat ...............

③ knife ............... ④ love ...............

⑤ wine ............... ⑥ water ...............

⑦ table ............... ⑧ glass ...............

⑨ potato ............... ⑩ peace ...............


**B** 　空所に入る英単語を書いてみましょう。

① 1杯の水　　　　　　a (　　　　　) of water

② 2杯のビール　　　　(　　　) (　　　) (　　　) beer

③ 3杯の牛乳　　　　　(　　　) (　　　) (　　　) milk

④ 1足の靴　　　　　　a (　　　) (　　　) shoes


**C** 　下線部を正して、全文を書いてみましょう。

① He bought two shoes at the shop.

-----------------------------------------------------------------

② He drank two teas.

-----------------------------------------------------------------

③ I would like to have a water.

-----------------------------------------------------------------

**D** 次の日本語を英語にしましょう。

① 私の父は夕食後にワインを2杯飲みました。

------------------------------------------------

② グラス1杯のお水をいかがですか。

------------------------------------------------

③ トム（Tom）は2つのはさみを持っていました。

------------------------------------------------

**E** 次の会話文を読んで、後の質問に合う答えを①〜③から1つ選びましょう。

Woman : Are you feeling all right?  You look a little pale.

Boy　　: Yeah, I'm feeling a bit sick.  I think I need a glass of water.

Woman : Of course.  I'll get you one right away.  Do you want it with ice?

Boy　　: No.  Just room temperature is fine.  This should make me feel
　　　　　better.  Thank you so much.

会話の中で少年はどんな状態でしたか。

① He was not feel well.

② He would like to go to the gym.

③ He found the room very cold.

**L60**

数えられる名詞・
数えられない名詞

------------------------------------------------

# 61 数量を表す語句

## There are many children in the park.
（公園には多数の子供たちがいます）

---

**STEP 1**
**文法ノート**　**数や量を表す語**

　英語には、前のレッスンで学習したように、可算名詞と不可算名詞という２つの名詞があります。

　たとえば、「たくさんの生徒」や「たくさんのお金」という時には、どのように書けばよいのでしょうか。「たくさんの生徒」は、students という複数形の名詞の前に、「たくさんの」という意味を表す many を置いて many students とします。また、「たくさんのお金」の場合には、money の前に、much を置いて、much money と表します。つまり、可算名詞と不可算名詞では、「たくさんの」という意味を表す単語が異なるのです。ここでは、数量を表す表現について見てみましょう。

---

◆可算名詞の場合　　many students　（多数の生徒）

　　　　　　　　　　a lot of students　（多数の生徒）

　　　　　　　　　　some students　（何人かの生徒）

　　　　　　　　　　a few students　（２～３人の生徒）

　　　　　　　　　　few students　（ほとんど生徒がいない）

　　　　　　　　　　no students　（まったく生徒がいない）

◆不可算名詞の場合　much mone　（たくさんのお金）

　　　　　　　　　　a lot of money　（たくさんのお金）

　　　　　　　　　　some money　（いくらかのお金）

　　　　　　　　　　a little money　（少しのお金）

　　　　　　　　　　little money　（ほとんどお金がない）

　　　　　　　　　　no money　（まったくお金がない）

---

　few と little は、a がつくと「少しある」という肯定的なイメージで、a がつかない場合は、「ほとんどない」という否定的なイメージです。a lot of（たくさんの）と some（いくらかの）と no（まったく～ない）は、可算名詞でも不可算名詞でも使用することができます。

**STEP 2**
**文で確認**　多い、少ないなどの表現に注意して、英文を書いてみましょう。

❶ お水をいただきたいです。

I would like (　　　　　) (　　　　　).

❷ その子供たちはほとんど本を持っていません。

The children don't have (　　　　　) (　　　　　).

❸ 部屋には2 〜 3人の少年たちがいました。

There were (　　　　　) (　　　　　) (　　　　　) in the room.

❹ 私は財布の中に少しのお金を持っています。

I have (　　　　　) (　　　　　) money in my purse.

❺ ロバート(Robert)はお金をたくさん持っていません。

Robert doesn't have (　　　　　) (　　　　　).

❻ ジェーン(Jane)はオーストラリアにたくさんの友達がいます。

Jane has (　　　　　) (　　　　　) (　　　　　) friends in Australia.

❼ 私たちはその問題を話し合うための時間がまったくありません。

We have (　　　　　) (　　　　　) to discuss the problem.

❽ この部屋には生徒が1人もいません。

There are (　　　　　) (　　　　　) in this room.

---

✎ ボキャブラメモ
① I would like 〜：〜が欲しいです　② purse：財布　③ Australia：オーストラリア
④ discuss：議論する

**A** それぞれの名詞に適切な、「たくさんの」「いくつかの」「わずかの」「ほとんど～がない」「まったく～がない」を表す単語を、解答欄に書いてみましょう。

① money

たくさんの --------------- いくつかの ---------------

少しの --------------- ほとんど～がない ---------------

まったく～がない ---------------

② student

たくさんの --------------- いくつかの ---------------

少しの --------------- ほとんど～がない ---------------

まったく～がない ---------------

③ water

たくさんの --------------- いくつかの ---------------

少しの --------------- ほとんど～がない ---------------

まったく～がない ---------------

④ rain

たくさんの --------------- いくつかの ---------------

少しの --------------- ほとんど～がない ---------------

まったく～がない ---------------

**B** 日本語に合うように空所に適語を入れましょう。

① コンビニには、たくさんの学生がいました。

There were (　　　　) students in the convenience store.

② 私たちは、これらの動物を救うためにたくさんのお金が必要です。

We need (　　　　) money to save these animals.

③ 私は昨晩、ここで2～3人の子どもたちを見ました。

I saw (　　　　) (　　　　) children here last night.

**C** 下線部に誤りがあれば丸で囲み、解答欄に正しい英語を書きましょう。英文が正しい場合は、解答欄に「〇」と書きましょう。

① There are <u>much</u> animals in the zoo.

（動物園にはたくさんの動物がいます）

------------

② She has a <u>little</u> friends in Australia.

（彼女はオーストラリアに少し友達がいます）

------------

③ This country has <u>a little snows</u> in winter.

（この国では冬、少し雪が降ります）

------------

**D** 次の会話文を読んで、後の質問に合う答えを①〜③から1つ選びましょう。

Jim : Do you have any free time this weekend?  We are going to hold a party.

Lisa : I have a few hours on Sunday afternoon, but Saturday is busy.  How many people are coming to the party?

Lisa : Few people responded, so it might not be as big as we thought.

彼らが主に話していることは何ですか。

① About the weekend party plans.

② About the free event this Sunday afternoon.

③ About the size of the party room.

------------------------

---

📝 **ボキャブラ最終チェック**　この STEP3 で出てきた語のスペルと音を確認しよう。

| | | | | | | |
|---|---|---|---|---|---|---|
| ☐ convenience store | [kənvíːnjəns stɔːr] | 名 | コンビニ | ☐ save | [séiv] | 動 救う |
| ☐ animal | [ǽnəməl] | 名 | 動物 | ☐ zoo | [zúː] | 名 動物園 |
| ☐ country | [kʌ́ntri] | 名 | 国 | ☐ snow | [snóu] | 名 雪 |

★ドリルと練習問題の答えは別冊 P33へ！

**A** 次の文章を日本語にしましょう。

① Your brother can't speak English, can he?

------------------------------------------------------------

② How pretty those women are!

------------------------------------------------------------

③ What a good boy Mike is!

------------------------------------------------------------

④ The parents didn't let their daughter go out late at night.

------------------------------------------------------------

**B** 各問いの指示に従って文章を書き換えなさい。

① It's a nice day. （付加疑問文に）

------------------------------------------------------------

② Your sister can't play the drums well. （付加疑問文に）

------------------------------------------------------------

③ These men are very kind. （感嘆文に）

------------------------------------------------------------

④ He is a very strong man. （感嘆文に）

------------------------------------------------------------

## C 空所に適する語を選びましょう。

① (　　　　) tall your brother is!
⑴ Very　⑵ How　⑶ What

② If I were you, I (　　　　) say such a thing.
⑴ won't　⑵ wouldn't　⑶ don't

③ They didn't come to the party, (　　　　) they?
⑴ did　⑵ didn't　⑶ weren't

④ I have (　　　　) friends in China.
⑴ much　⑵ a little　⑶ a few

⑤ (　　　　) me pay this bill.
⑴ Let　⑵ Take　⑶ Tell

## D 次の会話文を読んで、後の質問に合う答えを①〜③から１つ選びましょう。

Man　　: Excuse me, do you have a moment?  I need to write down an e-mail address.

Woman : Sure, go ahead.  I have a pen and some paper if you need it.

Man　　: That would be really helpful, thank you.  I just need a piece of paper to write it down.

Woman : Here you go.

Man　　: Thanks.  I really appreciate your help.

Woman : No problem.

男性は何をしたかったのですか。

① To make a note of an e-mail address.

② To say, "Thank you very much" to the woman.

③ To spend his time sending an e-mail to the woman.

------------------------

★答えは別冊 P34へ！

# 中1英語　総復習テスト

ここからは、今まで学習してきた中学英語が、きちんと身についているかどうかチェックできる、総まとめのテストにチャレンジです。答え合わせをして、間違っていたところは、もう一度おさらいをしましょう。

| **A** | （　　）の中から正しいものを選んで丸で囲みましょう。 |
|---|---|

(1)　( Were / Did ) you study English yesterday?

(2)　These pens ( was / were ) very useful.

(3)　( Do / Are ) you like bananas?

(4)　My brother usually ( drives / drive) his car to the office.

(5)　My father and brother ( playing / are playing ) chess now.

(6)　She is ( making / makeing ) a cake now.

(7)　I ( went / goed ) to Taiwan with my friend last year.

(8)　What ( are you / you are ) doing here?

(9)　Who ( came / did came ) last night?

(10)　My uncle ( isn't watching / wasn't watching ) TV then.

(11)　What time ( did she get / she got ) up yesterday morning?

(12)　That child ( are / is ) very kind.

(13)　He ( doesn't like / doesn't likes ) baseball.

⑭ Was ( she dancing / she dance ) to music at that time?

---

**B**  [　　]内の指示に従って、英文を書きかえてみましょう。

⑴ <u>My sister</u> went to the library last Sunday. ［下線部が答えとなる疑問文を］

---

⑵ Mr. Kimura has <u>three</u> cars. ［下線部が答えとなる疑問文を］

---

⑶ Mary is using <u>Mike's</u> computer now. ［下線部が答えとなる疑問文を］

---

⑷ They visited Nara <u>last month</u>. ［下線部が答えとなる疑問文を］

---

⑸ Mike and Tom go <u>to the ballpark</u> every Sunday. ［下線部が答えとなる疑問文を］

---

⑹ David played the guitar <u>last night</u>. ［下線部を at that time を加えて過去進行形の文に］

---

⑺ I study math every day. ［I を Tom に変えて］

---

⑻ You like The Beatles very much. ［疑問文にして yes で答える］

---

★答えは別冊 P34へ！

(9)　We were junior high school students. [否定文に]

_____

(10)　I play baseball with them. [last Sunday を文末に置いて]

_____

(11)　She is listening to music. [疑問文にして no で答える]

_____

(12)　She writes a novel. [文末に yesterday を加えて過去形の文に]

_____

(13)　My sister is speaking Spanish now. [now を then に変えて]

_____

(14)　They were talking about their dreams. [疑問文にして yes で答える]

_____

(15)　That girl is very kind. [that を those にして]

_____

(16)　He was sleeping at that time. [否定文に]

_____

| **C** | 空所に入れるのに最も適切なものを、①〜④の中から選びましょう。 |

(1)　I (　　　) Mike David.
　　　① am　　　　② is　　　　③ were　　　　④ are

(2)　We (　　　) high school students.

　　① be not　　　② aren't　　　③ isn't　　　④ am not

(3)　I (　　　) the song very much.

　　① drive　　　② cook　　　③ speak　　　④ love

(4)　The man usually (　　　) Japanese.

　　① speaks　　　② lives　　　③ swims　　　④ comes

(5)　She (　　　) a cat and a dog.

　　① have　　　② is having　　　③ has　　　④ having

(6)　(　　　) your brother like the actress?

　　① Is　　　② Was　　　③ Do　　　④ Does

(7)　The man (　　　) to the radio at that time.

　　① listens　　　② listening　　　③ was listening　　　④ is listening

(8)　The old man (　　　) wine.

　　① likes　　　② like　　　③ liking　　　④ is liking

(9)　Does Mr. Yamamoto smoke?　No, he (　　　).

　　① doesn't　　　② isn't　　　③ wasn't　　　④ didn't

(10)　"Are Tom and Nancy your friends?" "Yes, (　　　)."

　　① he is　　　　② she is　　　　③ they are　　　④ you are

(11)　My father (　　　) speaking Chinese with his friends.

　　① wasn't　　　② am not　　　③ aren't　　　④ weren't

(12)　She (　　　) the umbrella yesterday.

　　① didn't brought　　② didn't bring　　③ wasn't brought

　　④ wasn't bring

---

**D**　質問に対する返事として最も適切なものを、①〜④の中から選びましょう。

(1)　A : Are you singing the songs?

　　B : _____

　　① No, you don't.　　　　② Yes, they are.
　　③ Yes, I do.　　　　　　④ No, we aren't.

(2)　A : Are Tom and Nancy students?

　　B : _____

　　① Yes, they do.　　　　② Yes, he is.
　　③ No, they don't.　　　④ No, they aren't.

(3)　A : What do you do on Sundays?

　　B : _____

　　① I watch movies.　　　② No, I don't.
　　③ Yes, you do.　　　　　④ I am doing tennis.

(4) A : How much money do you have now?

　　B : ----------------------------

　　① 　No, I don't.　　　　② Just 200 yen.
　　③ 　Three people.　　　 ④ Yes, you are.

(5) A : Who were you talking with?

　　B : ----------------------------

　　① With my teacher.　　　② No, I don't talk with you.
　　③ I am talking.　　　　　④ You are talking.

**E** 英文の中の誤りを丸で囲み、解答欄に正しい英文を書きましょう。

(1) He is an English teacher two years ago.
（彼は 2 年前、英語の先生でした）

(2) Jason and I am very good friends.
（ジェイソンと私はとてもよい友達です）

(3) I plays the guitar every day.
（私は毎日ギターを練習します）

(4) Those boys are in the library then.
（あれらの少年たちはそのとき図書館にいました）

(5) Did you cleaned the classroom?
（あなたはその教室を掃除しましたか）

(6) How much you had in your pocket?
（あなたはポケットにいくらお金を持っていましたか）

(7) Why you were in the police box last night?
（なぜあなたは昨夜その交番にいたのですか）

(8) How many do you have brothers?
（あなたには何人の兄弟がいますか）

(9) Shigeru was writeing a letter at that time.
（しげるはそのとき手紙を書いていました）

(10) Do Mary know you?
（メアリーはあなたを知っていますか）

**F**　(　　)の語句を、日本語に合うように並べかえましょう。

(1) 彼女の母親は今、椅子に座っています。

( her / sitting / mother / is / the / chair / on ) now.

(2) 私たちの両親は毎朝公園を散歩します。

( park / in / take / a walk / parents / our / the ) every morning.

(3) 彼は中学生ではありません。

( isn't / he / student / a / high / junior / school ).

(4) あなたは職場まで車を運転して行きますか。

( you / do / drive / the / office / to )?

(5) 彼はとても上手にピアノを演奏します。

( very / he / plays / piano / the / well ).

(6) 私たちはそのとき、YouTube を見ているところではありませんでした。

( we / watching / were / YouTube / not ) at that time.

(7) 彼女はそのとき、トムにメールを書いているところでした。

( writing / she / was / e-mail / to / an ) Tom.

(8) 数本の鉛筆がテーブルの上にあります。

( some / are / on / pencils / table / the ).

# 中2英語　総復習テスト

ここからは、今まで学習してきた中学英語が、きちんと身についているかどうかチェックできる、総まとめのテストにチャレンジです。答え合わせをして、間違っていたところは、もう一度おさらいをしましょう。

## A　（　　）の中から正しいものを選んで丸で囲みましょう。

⑴　I ( don't have / don't have to ) go to school today.

⑵　There ( was / were ) a lot of children in the station then.

⑶　A : ( Shall we / Will you ) sing a song?
　　B : Yes, let's.

⑷　Don't ( are / be ) late for school.

⑸　( Playing / Played ) the guitar is very exciting for me.

⑹　He is ( taller / the tallest ) of all the students in this class.

⑺　She has ( more / much ) books than I have.

⑻　We enjoyed ( talking / to talk ) each other last night.

⑼　He has a lot of time ( to do / to doing ) the work.

⑽　We were surprised ( to hear / heard ) the news.

⑾　He can play baseball ( the best / better ) of all the players.

⑿　The man ( is able / is able to ) speak three languages?

⒀　You ( mustn't / don't have ) open the door.

(14) I ( will be / will am ) busy tomorrow.

(15) Today isn't so ( colder / cold ) as yesterday.

**B**　[　　]内の指示に従って、英文を書きかえてみましょう。

(1) My father gets up early in the morning.
[than she を文末に置いて最上級の文に]

--------

(2) There are some students in the library. [否定文に]

--------

(3) You study English every day. [命令文に]

--------

(4) There was a large building twenty years ago.
[疑問文にして yes で答える]

--------

(5) Come here. [文末に please を置いて丁寧な命令文に]

--------

(6) You must not use this computer. [Don't からはじめて同じ意味の文に]

--------

★答えは別冊 P35へ！

(7) There were some people in the park <u>last Sunday</u>.
〔last Sunday を now に変えて〕

--------------------------------------------------

(8) The story is interesting.〔than that one を加えて比較級の文に〕

--------------------------------------------------

(9) She likes to eat lunch outside.〔動名詞を用いて〕

--------------------------------------------------

(10) She can't swim well.〔able を用いて〕

--------------------------------------------------

(11) She is going to go abroad next year.〔疑問文に〕

--------------------------------------------------

(12) You must go home now.〔have to を用いて〕

--------------------------------------------------

(13) My sister is able to speak English and French.〔will を用いて未来の文に〕

--------------------------------------------------

(14) Shall we go on a picnic?〔Let's を用いて〕

--------------------------------------------------

(15) They will come to the party tomorrow.〔疑問文にして、no で答える〕

--------------------------------------------------

(16) He can play the guitar well.〔過去形に〕

--------------------------------------------------

**C** 空所に入れるのに最も適切なものを、①〜④の中から選びましょう。

(1) My father (　　) work next Sunday.

① will has to　　② will have to　　③ will having　　④ will has

(2) Please (　　) quiet here.

① be　　② do　　③ is　　④ let's

(3) Which city is (　　), Yokohama or Osaka?

① big　　② bigger　　③ biggest　　④ the biggest

(4) There (　　) any students near the river then.

① aren't　　② isn't　　③ wasn't　　④ weren't

(5) In June we have (　　) rain than in February.

① most　　② more　　③ fewer　　④ fewest

(6) My brother is as (　　) as my father.

① tall　　② taller　　③ tallest　　④ more taller

(7) Let's (　　) English together.

① studies　　② studying　　③ study　　④ please study

(8) We went to the ballpark (　　) the game.

① to watching　　② to watch　　③ watching　　④ watched

⑼　My dream is (　　　) an astronaut.

① to being　　　② going　　　③ to be　　　④ gone

⑽　A : Are there any friends in America?

B : Yes, (　　　).

① I am　　　② they are　　　③ there are　　　④ there is

⑾　My boss (　　　) speak Chinese very well.

① cans　　　② can　　　③ is able　　　④ are able to

⑿　She (　　　) go home early today.

① have to　　　② must to　　　③ has to　　　④ is having to

---

**D**　会話文の空所に入れるのに最も適切なものを、①〜④の中から選びましょう。

⑴　A : Shall we dance together?

B : ---------------------------------

① No, you don't have to.　　　② Yes, they can.

③ Yes, let's.　　　④ No, you don't.

⑵　A : Would you like to have a cup of tea?

B : ---------------------------------

① I don't like coffee.　　　② You would like.

③ Yes, thank you.　　　④ No, it won't.

(3) A : Shall I open the door?

B : _____

① Yes, please.　　　　② No, I would like to.
③ Yes, I'll be careful.　④ No, I can't.

(4) Shigeru : Will you help me, Mr. White?

Mr. White : _____. What can I do for you?

①　No, I won't.　　　② Yes, let's.
③　Of course.　　　　④ I don't help you.

(5) Nancy : _____ some more cookies?

Yuka : Yes, I love them.　Thank you.

① Would you like to　② Would you like
③ Do you have to eat　④ Shall I have

**E** 英文の中の不要な語を丸で囲み、解答欄に正しい英文を書きましょう。

(1) Robert is going to will visit Europe next summer.
（ロバートは来年の夏、ヨーロッパを訪れる予定です）

--------------------------------------------------

(2) Would you like to some more juice?
（もう少しジュースをいかがですか）

--------------------------------------------------

(3) Please don't is be noisy here.
（ここでうるさくしないでください）

--------------------------------------------------

(4) Can she able speak Chinese very well?
（彼女はとても上手に中国語を話せますか）

--------------------------------------------------

(5) My father is more taller my uncle.
(私の父は私のおじよりも背が高いです)

(6) Aki is the best most beautiful woman of all.
(アキは全員の中でもっとも美しい女性です)

(7) Which team is stronger than, the Tigers or the Giants?
(タイガースとジャイアンツ、どちらのチームがより強いですか)

(8) Do you must have to do homework today?
(あなたは今日、宿題をしなければなりませんか)

(9) My grandfather likes to taking a walk in the morning.
(私の祖父は、朝に散歩をすることが好きです)

(10) The student has the most many books in my class.
(その生徒は私のクラスでもっとも多くの本を持っています)

**F** （　　　）の語句を、日本語に合うように並べかえましょう。

(1) この犬とあの犬どちらが速く走りますか。

( this / runs / faster / which / , / dog ) or that one?

(2) このあたりに子どもは1人もいません。

( are / any / not / there / children ) around here.

(3) 私の母は、外国を訪れるのが好きです。

( foreign / mother / likes / visit / my / to ) countries.

(4) この本を読んではいかがですか。

( this / like / would / you / read / to / book )?

(5) その公園には犬が何匹かいますか。

( there / are / dogs / the / any / in / park ) ?

(6) その男性は、日本でもっとも人気がある俳優です。

( in / man / popular / most / the / is / actor / the ) Japan.

(7) よく眠ることはすべての人々にとって大切です。

( sleep / important / well / to / is ) for everyone.

(8) あなたはこの車とあの車のどちらが好きですか。

( this / do / which / you / like / better / car / , / or ) that car?

# 中3英語　総復習テスト

ここからは、今まで学習してきた中学英語が、きちんと身についているかどうかチェックできる、総まとめのテストにチャレンジです。答え合わせをして、間違っていたところは、もう一度おさらいをしましょう。

| **A** | （　　）の中から正しいものを選んで丸で囲みましょう。 |

(1)　Look at the ( flying / fly ) bird.

(2)　We can see the ( breaking / broken ) window from here.

(3)　Our teacher told us ( where to go / where to going ).

(4)　I asked all the students ( to bring / bringing ) their own bags.

(5)　It began to rain ( after / because ) we arrived at the library.

(6)　( How / What ) a beautiful lady you are!

(7)　He read the comic books, ( didn't / did ) he?

(8)　He has ( much / many ) money today.

(9)　The bridge ( was built / was building ) in 2006

(10)　( Did / Have ) you decided to go to the ballpark yet?

(11)　Do you know ( what / that ) she comes from Spain?

(12)　I'm ( too / so ) tired to talk with you.

(13)　Show me how ( the machine works / does the machine work ).

---

**B** [　　]内の指示に従って、英文を書きかえてみましょう。

(1) Tom read the novel last night. ［受動態の文に］

(2) I visited Rome last year. ［下線部を twice にして現在完了形に］

(3) She didn't tell a lie to us. ［付加疑問文に］

(4) The little girl is very cute. ［感嘆文に］

(5) Spanish is spoken in the country. ［疑問文にして、Yes で答える］

(6) The man has been busy for about a week. ［下線部が答えになる疑問文に］

(7) They have just finished doing their homework. ［否定文に］

(8) To watch movies is very interesting for me. ［It を主語にして］

(9) We want to go on a picnic if it is fine tomorrow. ［if を文頭にして］

★答えは別冊 P36へ！

(10) The bridge was built in 1950. ［否定文に］

(11) They are so busy today that they can't have lunch.
［too を用いて同じ意味になるように］

(12) Why did you come here so early? ［文頭に I don't know を加えて］

(13) He is a very honest man. ［感嘆文に］

(14) His parents have visited Greece <u>three times</u>. ［下線部が答えになる疑問文に］

(15) What happened last night? ［文頭に Does he know を加えて］

(16) Please tell me how I should use this machine.
［to 不定詞を用いて同じ意味になるように］

**C** 空所に入れるのに最も適切なものを、①〜④の中から選びましょう。

(1) The man (　　) on the bench is my grandfather.
① sat　　② sitting　　③ has sat　　④ to sitting

(2) The building (      ) stands over there is our school.

　① who　　　② which　　　③ how　　　④ what

(3) The book (      ) cover is black is very useful.

　① that　　　② which　　　③ who　　　④ whose

(4) Do your students know (      ) do next?

　① what they　② what to　　③ what should　④ to what

(5) They (      ) each other since two years ago.

　① have knew　② have knowing　③ have known　④ known

(6) He (      ) his workers work late at night.

　① made　　　② got　　　③ did　　　④ wanted

(7) Some documents (      ) in haste have a lot of mistakes.

　① printing　　② print　　　③ have printed　④ printed

(8) The books (      ) he chose were very interesting.

　① who　　　② how　　　③ which　　　④ what

(9) This question is easy (      ) for me to answer.

　① too　　　② so　　　③ enough　　　④ that

(10) The young man was very busy last week, (　　　)?

①　did he　　　②　wasn't it　　　③　wasn't he　　　④　doesn't that

(11) Can I have (　　　)?

①　a glass of water　　　②　a water　　　③　a piece of water

④　a glass of waters

(12) She is very popular among students (　　　) she is very beautiful and kind.

①　because　　　②　that　　　③　how　　　④　after

(13) We don't know what (　　　) going to say.

①　is he　　　②　he is　　　③　he will　　　④　did he

(14) My mother (　　　) already (　　　) the novel.

①　have / reading　　　②　have / read　　　③　has / to reading

④　has / read

(15) I want to ask him where (　　　) live.

①　she is going to　　　②　is she going　　　③　she　　　④　will she

(16) I (　　　) never (　　　) such an interesting movie.

①　have / saw　　　②　had / see　　　③　have / seen　　　④　having / seen

**D** 下線部の部分に SVOCM をふって、それぞれがどの文型なのか答えましょう。

(1) He stayed at the hotel yesterday.

------------------------------------------- 第　　文型

(2) My brother has two cars.

------------------------------------------- 第　　文型

(3) People call the young man Ted.

------------------------------------------- 第　　文型

(4) She told us an interesting story last night.

------------------------------------------- 第　　文型

(5) He will be a doctor in the future.

------------------------------------------- 第　　文型

(6) The man became very rich.

------------------------------------------- 第　　文型

(7) The old woman gave some money to a poor boy.

------------------------------------------- 第　　文型

**E** 英文の中の誤りを丸で囲み、解答欄に正しい英文を書きましょう。

(1) こちらは、ニューヨークに住んでいる男性です。
This is the man whom lives in New York.

-------------------------------------------

(2) その女性は、有名な音楽家によって愛されています。
The woman is love by a famous musician.

-------------------------------------------

(3) あなたは彼に謝ってもらいたいと思っていますか。
Do you want he to apologize to you?

(4) いつあなたのご両親が日本に来るのか教えてもらえますか。
Could you tell me when will your parents come to Japan?

(5) お風呂に入る前に、手伝ってくれませんか。
Can you help me before do you take a bath?

(6) 彼は、私がコンピュータを借りるつもりでいる男性です。
He is the man who computer I am going to borrow.

(7) 彼女は私に、いつ仕事を始めるべきかたずねました。
She asked me when to starting to do the work.

(8) 私は子どものころ、東京に住んでいました。
When was I a child, I lived in Tokyo.

**F** （　）の語句を、日本語に合うように並べかえましょう。

(1) 彼女が来年で何歳になるか知っていますか。
Do you know ( next / old / how / be / will / she ) year.

(2) トムはとても親切なので、多くの女の子に好かれています。

Tom ( he / is / by / kind / so / liked / that / is ) a lot of girls.

(3) あなたの上司は、どこに出かけたのか教えてくれませんか。

Would you ( tell / where / went / manager / your / me )?

(4) 私たちは彼に、このパーティーに来てもらいたいと思っています。

We ( this / would / him / to / come / like / to ) party.

(5) 私は、トムはとても親切で正直な人だと思います。

I think ( Tom / that / and / kind / is / a ) honest person.

(6) このパソコンは先週、マイクによって使われたのですか。

( this / was / used / Mike / computer / by ) last week?

(7) あなたはこのビデオゲームをどれくらいの間やっているのですか。

( video game / been / have / how / you / long / playing / this )?

(8) 彼女の母親は昨日、なんて忙しかったのでしょう。

( how / busy / mother / was / her ) yesterday!

## 🎧 音声ダウンロードのご案内

**STEP 1** 商品ページにアクセス！ 方法は次の３通り！

- QRコードを読み取ってアクセス。

- https://www.jresearch.co.jp/book/b630566.html を入力して
アクセス。

- Jリサーチ出版のホームページ（https://www.jresearch.co.jp/）
にアクセスして、「キーワード」に書籍名を入れて検索。

**STEP 2** ページ内にある「音声ダウンロード」ボタンを
クリック！

**STEP 3** ユーザー名「1001」、パスワード「25977」を入力！

**STEP 4** 音声の利用方法は２通り！ 学習スタイルに合わせた方法でお聴きく
ださい！

- 「音声ファイル一括ダウンロード」より、ファイルをダウンロードし
て聴く。

- 「▶」ボタンを押して、その場で再生して聴く。

※ダウンロードした音声ファイルは、パソコン・スマートフォンなどでお聴きいただくこと
ができます。一括ダウンロードの音声ファイルは.zip形式で圧縮してあります。解凍して
ご利用ください。ファイルの解凍が上手く出来ない場合は、直接の音声再生も可能です。

音声ダウンロードについてのお問い合わせ先：
**toiawase@jresearch.co.jp**
（受付時間：平日9時〜18時）

●監修者

**安河内　哲也　Yasukochi Tetsuya**

1967年福岡県北九州市生まれ。上智大学外国語学部英語学科卒。東進ハイスクール・東進ビジネススクールのネットワーク、各種教育関連機関での講演活動を通じて実用英語教育の普及活動をしている。また、文部科学省の審議会において委員を務めた。話せる英語、使える英語を教えることを重視。子供から大人まで、誰にでもわかるよう難しい用語を使わずに、英語を楽しく教えることで定評がある。予備校や中学・高校での講演のほか、大学での特別講義や、大手メーカーや金融機関でのグローバル化研修、教育委員会主催の教員研修事業の講師も務めている。


●著者

**杉山　一志　Sugiyama Kazushi**

1977年生まれ。同志社大学卒。東進ハイスクール・東進中学ネット講師／メガスタディオンライン講師。財団法人実用英語推進機構理事。大学時代、ワーキングホリデービザを活用しニュージーランドに滞在。帰国後、実用英語の重要性を感じ、英語学習に没頭。実用英検1級・TOEICテストでリスニングとライティング試験で満点取得。現在は、主に難関大学を目指す大学受験生を中心に英語指導を行いながら、模試作成や教材開発、小学生から大学受験生を対象に幅広く執筆活動を行っている。代表作の「スーパードリルシリーズ（Jリサーチ出版）」「英文法パターンドリルシリーズ（文英堂）」「音読プログラムシリーズ（IBC出版）」「短期で攻めるスピード英語長文シリーズ（桐原書店）」などをはじめ、担当書籍は80冊を超える。


| カバーデザイン | 土岐晋二（d-fractal） |
| 本文／DTP | 株式会社新後閑 |
| CDナレーション | Jeniffer Okano／Jack Merluzzi |
| 音声編集・制作 | 一般財団法人英語教育協議会（ELEC） |
| 編集協力 | 山口晴代 |
| 協力 | 石渡真美／藤田朋世／木村沙夜香 |


## 中学英語スーパードリル　中3完全マスター

令和5年（2023年）9月10日　初版第1刷発行

| 監修者 | 安河内哲也 |
| 著　者 | 杉山一志 |
| 発行人 | 福田富与 |
| 発行所 | 有限会社　Jリサーチ出版 |
| | 〒166-0002　東京都杉並区高円寺北2-29-14-705 |
| | 電話 03(6808)8801 ㈹　FAX 03(5364)5310 ㈹ |
| | 編集部 03(6808)8806 |
| | https://www.jresearch.co.jp/ |
| 印刷所 | ㈱シナノ パブリッシング プレス |

# 中学英語スーパードリル

## ドリルと練習問題と復習テストの解答

Jリサーチ出版

---

### ■ Lesson 1　現在分詞① 名詞の前から修飾 ■

☞ **STEP2**

1．Look at the running puppy.
   （走っている子犬を見なさい）

2．Look at those singing birds.
   （あれらのさえずっている鳥を見なさい）

3．I know that barking dog.
   （私はあの吠えている犬を知っています）

4．Kate was holding a sleeping baby in her arms.
   （ケイトは眠っている赤ん坊を腕に抱いていました）

5．Do you know that crying baby?
   （あの泣いている赤ちゃんを知っていますか）

6．Ken saw some screaming children yesterday.
   （ケンは昨日、数人の叫んでいる子供たちを見ました）

7．Can you see the lying cat?
   （あの横になっているネコが見えますか）

8．People don't like rising oil prices.
   （人々は上昇する石油価格を好みません）

☞ **STEP3**

A ① Look at the <u>crying</u> baby.
   ② I saw a <u>barking</u> dog yesterday.
   ③ We know the sleeping animal.

④ Last Sunday I saw a flying bird.
⑤ Can you see the running dog?

B ① sleeping　② barking　③ singing　④ flying
   ⑤ crying

C ① flying bird　② crying baby　③ barking dog
   ⑤ sleeping man

D ① About having a baby.

[日本語訳]

先生：眠っている赤ちゃんはとてもかわいいですね。
　そう思いませんか。

生徒：はい、だけど赤ちゃんのお世話はとても大変です。

先生：そうですね。子供1人を育てるには難しいこと
　がたくさんありますね。

---

### ■ Lesson 2　現在分詞② 名詞の後ろから修飾 ■

☞ **STEP2**

1．Look at the dog barking over there.
   （向こうで吠えている犬を見なさい）

2．The boy playing the video game is Taro.
   （テレビゲームをしている少年は太郎です）

3．Please look at the baby sleeping on the bed.
   （ベッドで眠っている赤ちゃんを見て下さい）

1

4．There are some dogs running in the park.
（公園で走っている数匹の犬がいます）

5．The man taking pictures over there is my father.
（向こうで写真を撮っているその男性は私の父です）

6．The girls listening to music are Kate and Becky.
（音楽を聞いている少女たちは、ケイトとベッキーです）

7．Do you know the man living in New York?
（あなたはニューヨークに住んでいる男性を知っていますか）

8．Who is that man talking on the phone?
（電話で話しているあの男性は誰ですか）

☞ **STEP3**

Ⓐ ① Look at the cat sleeping on the table.
② I saw a baby crying on the bed yesterday.
③ Last Sunday I saw three boys playing soccer in the park.
④ Who is the old woman talking on the phone?

Ⓑ ① living　② taking　③ listening

Ⓒ ① girl swimming　② man talking
③ baby crying

Ⓓ ① play→ playing　②○　③ lived → living

Ⓔ ③ well-known by local people.

[日本語訳]
男性：あそこで野球をしている少年たちを知っていますか。
女性：はい、知っています。彼らはこの地域で有名な野球選手です。
男性：ああ、なるほど。だからプレイが上手なんですね。

■ **Lesson 3　過去分詞① 名詞の前から修飾** ■

☞ **STEP2**

1．I can't read the written word.
（私はその書かれた単語を読むことができません）

2．Aki bought a used car last month.
（アキは先月中古車を買いました）

3．Jake found his stolen bicycle yesterday.
（ジェイクは昨日、盗まれた自転車を見つけました）

4．She usually eats a boiled egg in the morning.
（彼女はふだん朝にゆで卵を食べます）

5．The police officers will check the broken cabinet.（警察官たちは壊されたキャビネットを調べるでしょう）

6．There are some printed documents .
（印刷された書類があります）

7．Can you understand the spoken language?
（あなたはその話されている言葉を理解できますか）

8．They took the injured man to the hospital.
（彼らはそのけがをした男性を病院へ連れて行きました）

☞ **STEP3**

Ⓐ ① Can you see that broken window?
② We talked about the used car.
③ The police officers found the stolen bicycle.
④ Let's take a look at the printed documents.

Ⓑ ① broken　② boiled　③ injured

Ⓒ ① used car　② broken watch
③ injured soldiers　④ stolen bicycle

Ⓓ ①○　② boil → boiled　③ stealing → stolen

Ⓔ ② At a restaurant.

[日本語訳]
ウェイター：卵はゆで卵かスクランブルエッグ、どういたしますか。
キム：スクランブルエッグでお願いします。それと、コーヒーもお願いします。
ウェイター：かしこまりました。すぐにお持ちします。

■ **Lesson 4　過去分詞② 名詞の後ろから修飾** ■

☞ **STEP2**

1．Look at the window broken by Tom.
（トムが壊した窓を見てごらん）

2．This is a camera made in Switzerland.
（これはスイスで作られたカメラです）

3．Judy wants to buy a picture painted by Picasso.
（ジュディはピカソが描いた絵を買いたがっています）

4．Ken bought some novels written by Soseki Natsume.
（ケンは夏目漱石が書いた小説を数冊買いました）

5．What is the language spoken in Brazil?
（ブラジルで話されている言語は何ですか）

6．The tower built in 2010 is a popular spot.

（2010年に建てられたその塔は人気の場所です）

7．The man taken to the hospital was Mr. Brown.
（病院に運び込まれた男性は、ブラウン氏でした）

8．The machine used by some workers was very efficient.
（数人の労働者によって使われた機械は、とても効率的でした）

☞ **STEP3**

**A** ① Look at the window broken by Tom.

② She read some novels written by a famous novelist.

③ What is the language spoken in Mexico?

④ The man taken to the hospital was Mr. Smith.

**B** ① killed　② used　③ loved　④ printed

**C** ① cameras made　② woman taken

③ pictures taken ④ singer loved

**D** ① taking → taken　② makes → made

③ love → loved

**E** ③ Go up to Mt. Fuji.

[日本語訳]

ナンシー：富士山で撮った写真を私に見せてくれる？とても興味があるの。

マイク：もちろん。快晴だったから、いい写真がいくつか撮れたよ。

ナンシー：それは素晴らしい。いつか登ってみたいなあ。

## チャレンジ！復習テスト①

**A** ① sleeping　② crying　③ broken　④ killed

**B** ① She read some novels written by Soseki Natsume.

② There were many people playing baseball in the park.

③ The girls listening to music are Karen and Nancy.

④ The young man dancing on stage is my favorite musician.

**C** ① the woman living in Tokyo

② the young man talking on the phone

③ was looking for his stolen bicycle

④ The pamphlets printed in haste

**D** ③ Tom received a call about his lost bicycle.

[日本語訳]

トム：昨夜、警察から電話があって、この前盗まれた僕の自転車が見つかったよ。

メアリー：それは良いニュースだ。鍵を掛け忘れたの？

トム：掛けたんだけどね。今度はもっと慎重にするよ。

## Lesson 5　文型① 第1文型

☞ **STEP2**

1．I live in Nara.
（私は奈良に住んでいます）

2．My sister arrived at the station.
（私の姉は駅に到着しました）

3．My teacher is talking with Jake.
（私の先生はジェイクと話をしているところです）

4．My family will go on a picnic tomorrow.
（私の家族は明日、ピクニックに行くつもりです）

5．He and I ran to the park yesterday.
（彼と私は昨日、公園まで走りました）

6．My grandparents stayed in Hokkaido.
（私の祖父母は北海道に滞在しました）

7．My parents danced to music.
（私の両親は、音楽に合わせて踊りました）

8．Ken and Aki will come to our house this afternoon.
（ケンとアキは今日の午後、私たちの家に来るでしょう）

☞ **STEP3**

**A** ① lives　② talked　③ will go

④ danced　⑤ walked

**B** ① He came to our office last Wednesday.
　　　S　V　　　M　　　　　M

② We stayed at this hotel last summer.
　　S　V　　　M　　　　M

③ They will go to Australia next year.
　　S　　V　　　M　　　　M

④ My friend arrived at the station.
　　　S　　　V　　　M

⑤ My daughter went there yesterday.
　　　S　　　V　　M　　M

**C** ① We will go on a picnic next Sunday.

② Nancy and I ran to the park yesterday.

③ My grandfather stayed in Okinawa.

3

④ She walked to the stadium three days ago.

Lesson 6　文型② 第2文型

☞ **STEP2**

1．He is a student.
（彼は生徒です）

2．Nancy got angry.
（ナンシーは怒りを感じました）

3．This soup tastes good.
（このスープはおいしい味がする）

4．They became teachers.
（彼らは先生になりました）

5．Tom and Aki look very sad.
（トムとアキはとても悲しそうに見えます）

6．I was very happy at that time.
（私はそのときとても幸せでした）

7．They were police officers in this town.
（彼らはこの町の警察官でした）

8．My brother will become a teacher next year.
（私の兄は来年、教師になるでしょう）

☞ **STEP3**

Ⓐ ① is　② sounds　③ will become　④ looks

Ⓑ ① We were happy at that time.
　　　S　V　C　　　M

② Last year they became teachers.
　　　M　　　S　　V　　C

③ I will become a soccer player in the future.
　S　　V　　　C　　　　M

④ She is a junior high school student.
　S　V　　　　C

⑤ They look very angry.
　S　　V　　C

Ⓒ ①(1)　②(2)　③(2)　④(1)　⑤(2)

Ⓓ ① My brother looked very angry last night.
② She became happy.

Lesson 7　文型③ 第3文型

☞ **STEP2**

1．Judy has a large dog.
（ジュディは大きな犬を飼っています）

2．Jim and Bob like football.
（ジムとボブはフットボールが好きです）

3．Tom is playing tennis now.
（トムは今テニスをしています）

4．I use this computer every day.
（私は毎日このコンピュータを使います）

5．We will meet John at the station.
（私たちはその駅でジョンに会うでしょう）

6．I must wash my car next Sunday.
（私は来週の日曜、車を洗わなければなりません）

7．Kate is studying English in her room.
（ケイトは自分の部屋で英語を勉強しています）

8．You must clean the bathroom.
（君は風呂場を掃除しなければならない）

☞ **STEP3**

Ⓐ ① has　② must wash　③ was watching
④ carried　⑤ use

Ⓑ ① You must wash your hands now.
　S　　V　　O　　　M

② The man wrote this book last year.
　　S　　V　　O　　　M

③ I use this dictionary every day.
　S　V　　O　　　M

④ She is studying English in the room.
　S　　V　　O　　　M

⑤ He will wash his car next Sunday.
　S　　V　　O　　　M

Ⓒ ①(3)　②(2)　③(2)　④(3)　⑤(1)　⑥(1)
⑦(3)

Lesson 8　文型④ 第4文型

☞ **STEP2**

1．Tom sent me an e-mail.
（トムは私にメールを送りました）

2．I gave my son a world map.
（私は息子に世界地図を与えました）

3．Mr. Lee taught us Japanese history.
（リー氏は私たちに日本史を教えました）

4．I will tell Jane the way to the station.
（私はジェーンに駅への行き方を教えるつもりです）

5．Robert told us the interesting story.
（ロバートは私たちにその面白い話をしてくれました）

6．My parents showed me an old album.

（私の両親は私に、古いアルバムを見せました）

7．Kate told me her e-mail address last week.

（ケイトは先週、私に彼女のメールアドレスを教えました）

8．My student asked me some questions.

（私の生徒は私にいくつかの質問をしました）

☞ **STEP3**

**A** ① gave　② showed　③ teaches　④ told

　　⑤ sent

**B** ① A man asked me the way to the museum.
　　　 S　　 V　 O　　 O　　　　 M

　　② The old woman told us an interesting story.
　　　　　 S　　　　 V　 O　　　 O

　　③ Mr. White taught many students English.
　　　　 S　　　 V　　　 O　　　　 O

　　④ My friend sent me an e-mail.
　　　　 S　　　 V　 O　　 O

　　⑤ My parents showed me an old album.
　　　　 S　　　 V　　 O　　 O

**C** ①(3)　②(2)　③(4)　④(4)　⑤(1)　⑥(2)

　　⑦(1)

---

## Lesson 9　文型⑤ 第5文型

☞ **STEP2**

1．The accident made us sad.

（その事故は私たちを悲しませました）

2．The news will make them happy.

（その知らせは彼らを喜ばせるでしょう）

3．Did the game make you excited?

（その試合はあなたを興奮させましたか）

4．We call him Bob.

（私たちは彼をボブと呼んでいます）

5．My father calls me Taku.

（私の父は私をタクと呼びます）

6．We will find the movie interesting.

（私達はその映画が面白いと思うだろう（分かるだろう））

7．I found his ideas wonderful.

（私は彼のアイデアを素晴らしいと思った（分かった））

8．Ken and Aki named their baby Yuka.

（ケンとアキは彼らの赤ちゃんをユカと名付けました

た）

☞ **STEP3**

**A** ① make　② call　③ named

**B** ① People call that flower "sunflower" in English.
　　　　 S　　 V　　　 O　　　　 C　　　　 M

　　② They will find your work beautiful.
　　　 S　　 V　　 O　　　 C

　　③ His death made us very sad.
　　　　 S　　 V　 O　　 C

　　④ The parents named their baby John.
　　　　 S　　　 V　　 O　　 C

**C** ①(3)　②(5)　③(1)　④(2)　⑤(4)　⑥(2)

　　⑦(4)　⑧(5)　⑨(1)　⑩(3)

---

### チャレンジ！復習テスト②

**A** ① The sun shines on the sea.（第1文型）
　　　　 S　　 V　　 M

　　② It was a very hot day.（第2文型）
　　　 S V　 C

　　③ We played soccer today.（第3文型）
　　　 S　 V　　 O　　 M

　　④ Nancy gave us small presents.（第4文型）
　　　　 S　　 V　 O　　 O

　　⑤ David became a famous singer.（第2文型）
　　　 S　　 V　　　 C

　　⑥ We call the flower "himawari" in Japanese.（第5文型）
　　　 S V　　 O　　　 C　　　 M

　　⑦ My father will give me a world map.（第4文型）
　　　　 S　　 V　　 O　 O

　　⑧ That sounds great.（第2文型）
　　　 S　　 V　 C

　　⑨ Did you study English last night?（第3文型）
　　　　 S　 V　　 O　　 M

　　⑩ Several students are dancing to music on stage.（第1文型）
　　　　 S　　　 V　　 M　　 M

　　⑪ Are you serious?（第2文型）
　　　 V　 S　 C

　　⑫ What do you call this animal in English?（第5文型）

```
         O    S    V    C    M
```
⑬ What did your grandfather give to you?（第
  ３文型）
```
         O         S    V    M
```
⑭ In Japan, many people don't smoke. (第1文型)
```
         M         S         V
```
⑮ In the sky a lot of stars are shining. (第1文型)
```
          M         S       V
```

**B** ① I am going to visit Hokkaido next year. （第
  ３文型）

　② She gave me a nice wallet. (第４文型)

　③ My friends call me Teru. (第５文型)

　④ She will be a teacher in the future. (第２文
  型)

　⑤ We lived in New York two years ago. (第１
  文型)

---

### Lesson 10　受動態① 現在形

☞ **STEP2**

1．This car is washed by Tom every day.
　（この車はトムが毎日洗っています）

2．English is spoken in many countries.
　（英語は多くの国々で話されています）

3．Bangkok is visited by many people.
　（バンコクは多数の人に訪問されています）

4．That computer is used by David.
　（あのコンピュータはデイビッドによって使われて
　います）

5．The kitchen is cleaned by my mother every day.
　（台所は毎日、母が掃除しています）

6．Those songs are sung by young people.
　（あれらの歌は若い人々によって歌われます）

7．These motorcycles are produced in Taiwan.
　（これらのオートバイは台湾で作られています）

8．The video game is played by a lot of children.
　（そのテレビゲームは、たくさんの子供たちによっ
　て遊ばれています）

☞ **STEP3**

**A** ① is cooked　② are played by　③ is used by

**B** ① is washed　② are sung　③ is spoken
　④ are used by

**C** ① The cake is made

---

　② These computers are used

　③ These books are read by

　④ The car is washed by my father

　⑤ English is spoken in Australia

**D** ③ Some people have the ability to use more
　　than one language.

[日本語訳]

生徒：なぜ私達は英語を勉強しなければならないので
　す か。

先生：英語は世界の多くの国で話されています。いく
　つかの国では独自の言語を使っていますが、必要な
　ときに、彼らは英語を話すことができます。

生徒：なるほど。そういう人たちとコミュニケーショ
　ンをとるために、私達も英語を勉強する必要がある
　のですね。

---

### Lesson 11　受動態② 過去形

☞ **STEP2**

1．Robert was loved by my sister.
　（ロバートは私の姉に愛されていました）

2．This bridge was built in 1950.
　（この橋は1950年に建てられました）

3．The sports festival was held yesterday.
　（その運動会は昨日開かれました）

4．This book was written by Mark Twain.
　（この本はマーク・トウェインに書かれました）

5．That picture was taken by a famous
　photographer.
　（あの写真は有名な写真家が撮りました）

6．We were invited to the party.
　（私たちはパーティーに招待されました）

7．These sofas were bought by an old woman.
　（これらのソファは年配の女性に買われました）

8．The rooms were cleaned by my mother.
　（その部屋は私の母が掃除しました）

☞ **STEP3**

**A** ① English was taught to them by Mr. White
　　last week.
　② These tickets were sold at the shop last
　　month.
　③ The car was washed by my brother last night.

**B** ① was made　② was broken by

③ was spoken

**C** ① were read　② was spoken

**D** ① The cake was eaten

② This song was sung

③ My purse was stolen

**E** ③ Unhappy

[日本語訳]

ジョン：どんな映画が一番好き？　私は「タイタニック」が一番好きだよ。その映画は、とてもたくさんの人々によって観られたんだよ。

ミク：その映画を、知ってる。観たよ。だけど、その映画はとても悲しかったなあ。もう観たくないなあ。

ジョン：僕達、映画の趣味は違うんだね。

## Lesson 12　受動態③ 否定文

☞ **STEP2**

1．French is not spoken in this country.
（この国ではフランス語は話されていません）

2．These books are not read by students.
（これらの本は学生たちによって読まれていません）

3．This red car was not bought by Bob.
（この赤い車はボブが買いませんでした）

4．These computers were not sold at the store.
（これらのコンピュータはその店で売られていませんでした）

5．The website isn't used now.
（そのウェブサイトは現在使われていません）

6．The watch isn't produced in Japan.
（その時計は日本で製造されていません）

7．The dishes wasn't washed by my daughter.
（その皿は私の娘が洗いませんでした）

8．They weren't invited to Tom's wedding ceremony.
（彼らはトムの結婚式に招待されませんでした）

☞ **STEP3**

**A** ① Our lunch is not [isn't] cooked by a famous chef.

② Mike was not [wasn't] invited to the party.

**B** ① is not produced（made）　② wasn't cleaned

**C** ① These cookies were not eaten

② These rooms were not used

③ These tickets aren't sold

**D** ① was not studied

② wasn't answered

③ isn't spoken

**E** ② Because he doesn't have the homework to do.

[日本語訳]

エイミー：あなたは今日、自由時間がたくさんあるみたいだね。

タク：うん。今回、宿題が先生から与えられなかったんだよ。

エイミー：それはびっくりね。いつもならたくさんあるのに。

## Lesson 13　受動態④ 疑問文と答え方

☞ **STEP2**

1．Is English spoken in Singapore? Yes, it is.
（英語はシンガポールで話されていますか。はい）

2．Is Robert loved by Kate? No, he isn't.
（ロバートはケイトによって愛されていますか。いいえ）

3．Are the cameras made in China? Yes, they are.
（そのカメラは中国で作られていますか。はい）

4．Was science studied by a lot of students? Yes, it was.
（科学は多くの生徒が学びましたか。はい）

5．Was the new car bought by a young man? No, it wasn't.
（その新しい車は若い男性が買ったのですか。いいえ）

6．Were these cars sold in Japan? Yes, they were.
（これらの車は日本で売られていましたか。はい）

7．Was the suitcase carried to the room? No, it wasn't.
（そのスーツケースは部屋まで運ばれましたか。いいえ）

8．Were these buildings built in the 19th century? Yes, they were.
（これらの建物は19世紀に建てられましたか。はい）

☞ **STEP3**

**A** ① Was the comic book read by Bob? Yes, it was.

② Is English studied by a lot of students? No, it

7

isn't.

③ Were the buildings built in 2010? Yes, they were.

B ① Are / made / they aren't

② Was / loved / she was

③ Is / sung / it isn't

C ① Was the computer used

② Is lunch cooked by your mother

③ Is French spoken here / No, it isn't

D ① Was / studied　② Is / spoken / it is

E ② An automobile accident.

［日本語訳］

女性：昨夜の交通事故で何人かの人はけがをしましたか。

男性：いいえ。幸い、けがをして病院に運ばれた人は誰もいませんでした。

女性：信じられない！　車はひどく破損していたのに。

■ チャレンジ！復習テスト③

A ① A cake was made by my sister last Sunday.

② Mice are sometimes caught by cats.

③ Is the famous actor liked by you?

④ YouTube wasn't watched by my father.

⑤ Was the game watched on TV by him?

B ①⑶known　②⑶used by　③⑴isn't

④⑵with

C ① That heavy suitcase was carried

② is sometimes used by my mother

③ was this letter written by him

④ Japanese isn't spoken all over the world

D ② Her wallet was returned to her.

［日本語訳］

ケン：今日は機嫌がいいね。

メグミ：ええ、なくしたお財布を見知らぬ親切な人が見つけてくれたから、うれしいの。

ケン：それは素晴らしいニュースだ！　戻ってきてよかったね。

■ Lesson 14　関係代名詞① 主格のwhich ■

☞ STEP2

1 . This is a bus which goes to the station.

（これは駅へ行くバスです）

2 . This is the ship which sank in 1960.

（これは1960年に沈んだ船です）

3 . The vase which fell from the table was expensive.

（テーブルから落ちたその花瓶は高価でした）

4 . Tom wrote a poem which moved a lot of young people.

（トムは多くの若者を感動させる詩を書きました）

5 . Please look at some monkeys which are playing on the rock.

（岩の上で遊んでいる数匹のサルを見てください）

6 . The magazines which were sold at the shop were very interesting.

（その店で売られていた雑誌はとても面白かったです）

7 . Kyoto has some temples which were built in the 8th century.

（京都には8世紀に建てられたお寺がいくつかあります）

8 . Was Lisa working for the airline company which had many customers?

（リサは多くの顧客を抱える航空会社で働いていましたか）

☞ STEP3

A ①⑵　②⑴　③⑴

B ① which stands　② which means

③ which moved　④ which can fly

C ① some temples which were built

② the word which means

③ a shop which sells

④ a dog which can run

D ③ On a station platform.

［日本語訳］

観光客：これは名古屋へ向かう電車ですか。この地域に不慣れなもので。

タケル：はい、この電車は名古屋に行きますが、別のホームの特急電車のほうが早く現地に到着します。3番ホームへ行ったほうがいいですよ。

観光客：わかりました。ご親切にどうもありがとうございます。

## Lesson 15　関係代名詞② 主格のwho

☞ **STEP2**

1．Kate has a friend who lives in Kyoto.
（ケイトは京都に住んでいる友達がいます）

2．I know the man who loved Mary very much.
（私はメアリーをとても愛した男性を知っています）

3．That is the woman who came to see you yesterday.
（あれは昨日あなたに会いに来た女性です）

4．He has an uncle who works in Sapporo.
（彼は札幌で働く叔父がいます）

5．These are the players who won the championship.
（こちらが優勝した選手たちです）

6．There is a lawyer who helps a lot of people.
（多くの人々を助けている弁護士がいます）

7．He is the boy who can speak several languages well.
（彼はいくつかの言葉を上手に話す少年です）

8．The person who learns Japanese culture is Mr. Lee.
（日本文化を学んでいるその人は、リー氏です）

☞ **STEP3**

**A** ①(2)　②(2)　③(1)

**B** ① who married　② who came　③ who lives
④ who can speak

**C** ① some friends who live
② the novelist who wrote
③ an actor who became
④ a woman who loved Tom

**D** ③ To send an e-mail to some friends in foreign countries.

［日本語訳］

クミ：留学している友達はいますか。よければ、誰か紹介してくれますか。留学に興味があるんです。

テッド：もちろん。今夜、メールで彼らに連絡を取ってみます。たぶん、何人かとオンラインでチャットできると思うよ。

クミ：ありがとう。楽しみにしています。

## Lesson 16　関係代名詞③ 目的格のwhich

☞ **STEP2**

1．I want a paper bag which I can reuse.
（私は再利用できる紙袋が欲しいです）

2．I'm looking for a jacket which Kate had then.
（私はケイトがそのとき持っていたジャケットを探しています）

3．This is an experience which we can never forget.
（これは私たちが決して忘れることのできない経験です）

4．The country which Tom visited last year is Australia.
（トムが昨年訪れた国はオーストラリアです）

5．The magazine which I bought at the bookstore was interesting.
（私がその本屋で買った雑誌は面白かった）

6．The pictures which you took the other day were very beautiful.
（あなたが先日撮った写真は美しかったです）

7．Is that the ribbon which you made yesterday?
（あれはあなたが昨日作ったリボンですか）

8．Do you know the subject which he studied hard?
（あなたは、彼が一生懸命に勉強した科目を知っていますか）

☞ **STEP3**

**A** ①(2)　②(1)　③(2)

**B** ① which I visited
② which people/speak
③ which you like

**C** ① some pictures which you took
② the car which Tom owned
③ a country which his mother visited
④ an experience which I can't forget
⑤ the song which you like the best

**D** ② To watch live rugby games.

［日本語訳］

ルーシー：あなたが訪れたい国はニュージーランドだそうですね。なぜですか。

カズ：僕はラグビーをするので、ラグビーが人気で、スタジアムで試合を見ることができる国に行きたいのです。

ルーシー：いいですね。それは確かに素晴らしい経験になるでしょう。

☞ **STEP2**

1．This is the boy that Lucy is looking for.
　（これが、ルーシーが探している少年です）

2．She is a singer that I wanted to see.
　（彼女は私が会うことを望んでいた歌手です）

3．David is talking with a man that we don't know.
　（デイビッドは、私達が知らない男性と話をしています）

4．He is a baseball player that young people really like.
　（彼は、若者が大好きな野球選手です）

5．They are high school students that Jim teaches English.
　（彼らはジムが英語を教えている高校生です）

6．The actress that we saw last night is very popular.
　（私たちが昨夜見た女優は、とても人気があります）

7．The man that Tom was talking with was our professor.
　（トムが話をしていた男性は、私たちの教授でした）

8．Do you have a place that you sometimes visit?
　（あなたにはときどき訪れる場所がありますか）

☞ **STEP3**

**A** ① (2)　　② (2)　　③ (2)

**B** ① that you are talking
　② that I taught
　③ that a lot of boys
　④ that you like

**C** ① that you met in Kyoto
　② the politician that Tom respects.
　③ the actress that you like the best
　④ a woman that I can't forget

**D** ① didn't give up and invented a lot of things.

［日本語訳］

エリ：あなたが最も尊敬している人と、なぜそう思うのかを私に話してもらえますか。

ボブ：僕が最も尊敬する人はエジソンです。彼は決して諦めず、多くのものを発明したことで有名です。

エリ：なるほど、じゃあ、あなたは彼のようになりたいのですね。

☞ **STEP2**

1．He is a dancer I wanted to see.
　（彼は私が会いたかったダンサーです）

2．This is the song Tom likes the best.
　（これはトムがいちばん好きな歌です）

3．Is that a pie your mother made yesterday?
　（あれは、昨日、あなたのお母さんが作ったパイですか）

4．Mr. Ogawa is a gentleman I met at the party.
　（小川氏は私がパーティーで会った紳士です）

5．This is the magazine I bought at the convenience store.
　（これは私がそのコンビニで買った雑誌です）

6．The baby bear we saw was very cute.
　（私たちが見たクマの赤ちゃんはとてもかわいかったです）

7．America is the first foreign country my mother visited.
　（アメリカは、私の母が訪れた最初の外国です）

8．The man we were listening to carefully was a police officer.
　（我々が注意して話を聞いた男性は警察官でした）

☞ **STEP3**

**A** ① ③

**B** ① some pictures you took
　② the woman Tom married
　③ a city you want to visit
　④ events that Mike couldn't forget

**C** ① we saw　　② I want to visit
　③ that people / speak

**D** ① She will contact the person who has the same name as her.

［日本語訳］

ノリコ：私には、決して忘れることのない素晴らしい体験があります。私とまったく同じ名前の人と偶然にも会ったことがあるのです。

デビッド：うわあ、それはすごい！　その人もびっくりした？

ノリコ：はい、私たちはすごくテンションが上がって、連絡先を交換したんですよ。

## Lesson 19　関係代名詞⑥ 所有格のwhose 1

☞ **STEP2**

1 ．I have a friend whose cousin is a pilot.
（私には、いとこがパイロットである友人がいます）

2 ．He is a boy whose father is a famous doctor.
（彼は、父親が有名な医者である少年です）

3 ．The girl whose mother is a teacher is Mayu.
（母が教師である少女は、マユです）

4 ．Please look at that house whose door is red.
（ドアが赤いあの家を見て下さい）

5 ．I met a boy whose parents owned a lot of houses.
（私は両親がたくさんの家を所有する少年に会いました）

6 ．Did you see the cat whose eyes were brown?
（あなたは目が茶色のネコを見ましたか）

7 ．Do you know the girl whose father is a baseball player?
（あなたは父親が野球選手のその少女を知っていますか）

8 ．I have a friend whose sister can speak Spanish well.
（私は、お姉さんが上手にスペイン語を話せる友達がいます）

☞ **STEP3**

**A** ① 彼女は、表紙が赤い本を買いたがっています。
② 髪の毛がとても長い女性に会いましたか（を見ましたか）。
③ 父親が有名なサッカー選手である少女を知っていますか。
④ 両親がロンドンに住んでいる子どもは、タクヤです。
⑤ 壁が白い家は、マイクの家です。

**B** ① whose brother is in Thailand
② whose father can speak Spanish
③ whose president is his uncle.
④ whose roof is red
⑤ whose cover is black

**C** ③ The song of the musician.

[日本語訳]
エミリー：今、人気の歌を歌っているこの歌手を知っていますか。

ユウタ：もちろん、彼女のことは知っています。彼女の歌はとても素晴らしかったと思います。

エミリー：私もそう思います。次回の彼女のコンサートが楽しみです。

## Lesson 20　関係代名詞⑦ 所有格のwhose 2

☞ **STEP2**

1 ．This is the writer whose books I have.
（こちらは私が持っているその本の作家です）

2 ．She is the singer whose songs I like the best.
（彼女は私が最も好きなその歌の歌手です）

3 ．This is the company whose cars many people use.
（これは多くの人々が利用している車の会社です）

4 ．Keita is talking with the writer whose book I like the best.
（ケイタは、私がいちばん好きな本の作家と話しています）

5 ．They are workers whose boss you visited last Monday.
（彼らは、あなたが先週の月曜日にその上司を訪れた労働者です）

6 ．Ryo Asai is a writer whose novels many people want to read.
（朝井リョウは、多くの人々が読みたい小説を書く作家です）

7 ．Is he the man whose business card you have?
（彼はあなたが持っている名刺の男性ですか）

8 ．Is that a woman whose house Mike bought last week?
（あちらが、先週マイクが家を買った婦人ですか）

☞ **STEP3**

**A** ① 彼は、私が持っている本を書いた小説家です。
② こちらは、私が持っている名刺の男性です。
③ あなたは、私たちが最も好きな歌の歌手を知っていますか。
④ マイクは、彼女がその声をとても好きな俳優です。

**B** ① whose essay I read
② whose wallet you found in the room
③ whose songs teenagers like
④ whose meaning we didn't know
⑤ whose car was parked in front of

⑥ whose book you bought

**C** ③ The stylish jacket.

[日本語訳]

ロブ：この少年は、君が借りたジャケットの持ち主なの？

ケン：うん。彼は親友の1人で、彼のジャケットはとてもかっこいいんだよ。

ロブ：彼と同じジャケットを買いたいなあ。彼はどこでそれをかったの？

### チャレンジ！復習テスト④

**A** ① Nancy is a girl who is wearing a beautiful *kimono*.

② The cat which is sleeping on the table is mine.

③ This is the key which I lost in the library yesterday.

④ I saw a car which was moving very fast.

**B** ① lives　② whose　③ which　④ whose

**C** ① I have an American friend whose name

② The book I bought yesterday

③ The girl has a basket which is full of flowers

**D** ③ Both Yumi and Bob know the author of the book Yumi is reading.

[日本語訳]

ユミ：私はとても興味深い本を読んでいます。

ボブ：有名なミステリー小説を書いた作家が書いているものですか？

ユミ：はい。同じ作家です。彼の書き方は本当に素晴らしいです。

### Lesson 21　不定詞① 形式主語構文

☞ **STEP2**

1．It is bad to tell a lie.
（嘘をつくことは悪いです）

2．It is very interesting to speak English.
（英語を話すことはとても面白いです）

3．It is exciting for John to play soccer.
（ジョンにとってサッカーすることはわくわくします）

4．It is necessary for us to watch the news.
（我々にとってニュースを見ることは必要です）

5．It isn't good to speak ill of others.

（他人の悪口を言うことは、いいことではありません）

6．It isn't fun for Aki to play the piano.
（アキにとってピアノを弾くことは楽しくありません）

7．Is it essential for us to help elderly people?
（私たちにとって高齢者を助けることは必要ですか）

8．Was it important for you to have many friends?
（あなたにとって多くの友人を持つことは重要でしたか）

☞ **STEP3**

**A** ① It is very interesting to read novels.

② It is important for you to help other people.

③ It was necessary for students to use dictionaries.

**B** ① It / to, play　② It / for / to

③ It / for / to, do

**C** ① It is exciting for me

② It isn't easy for her to read

③ Is it necessary for you to use

④ It was not easy for him to solve

**D** ① to us → for us　② writing → write

③ ○ It was important for you to have a lot of friends.

④ for use → to use

### Lesson 22　不定詞② how to

☞ **STEP2**

1．This is how to get to the library.
（これが図書館への行き方です）

2．This is how to clean the room.
（これが部屋をきれいにする方法です）

3．Mike knows how to play this game.
（マイクはこのゲームのやり方を知っています）

4．My father taught me how to fish.
（私の父は私に釣りの仕方を教えてくれました）

5．Maki asked me how to use this machine.
（マキは私にこの機械の使い方をたずねました）

6．I didn't know how to swim fast.
（私は速く泳ぐ方法を知りませんでした）

7．Could you teach me how to speak Spanish?

（私に、スペイン語の話し方を教えてくれませんか）

8．How to make sushi is very easy.

（すしを作る方法は、とても簡単です）

☞ **STEP3**

**A** ① how to study　② how to cook

　　③ how to write　④ how to swim

　　⑤ how to master

**B** ① how to swim　② how to speak

　　③ how to get　④ how to master

**C** ① how to do business

　　② how to draw a picture

　　③ how to enjoy studying

　　④ how to get to the station

**D** ③ Check the guidebook.

[日本語訳]

トム：僕は新しいスマホを買ったんだ。

リサ：すごい！　だけど、設定の仕方は知ってる？

トム：よく知らないんだ。説明書をしっかり読む必要
　があるかも。

### Lesson 23　不定詞③ what to

☞ **STEP2**

1．I don't know what to say.

（私は何を言うべきか分かりません）

2．My friends knew what to eat.

（私の友達は何を食べるべきか分かっていました）

3．John wondered what to study next.

（ジョンは次に何を勉強したらよいか迷いました）

4．My mother told me what to buy.

（私の母は私に何を買うべきか言いました）

5．The most important thing is what to do next.

（もっとも大切なことは、次に何をするかです）

6．Could you tell me what to read?

（何を読めばいいか私に教えてくれませんか）

7．Do you know what subject to choose?

（あなたは何の科目を選択すべきかわかりますか）

8．I don't know what skills to acquire.

（私はどんな技術を習得すべきかわかりません）

☞ **STEP3**

**A** ① what to say　② what to do

　　③ what to start　④ what to buy

　　⑤ what to read

**B** ① what to do　② what to eat　③ what to say

　　④ what to do

**C** ① what to buy　② what to study

　　③ what to say to　④ what to eat for

**D** ② About the things the student will do after
　　graduation.

[日本語訳]

先生：あなたは、卒業後に何をするのか決めるべきで
　すよ。

生徒：わかっているのですが、将来、したいことがな
　にもないのです。

先生：それなら、今、できることを全てするべきです。
　そうすれば、本当に好きなことを見つけることがで
　きますよ。

### Lesson 24　不定詞④ when to

☞ **STEP2**

1．Please tell me when to go.

（私にいつ行くべきか教えてください）

2．I don't know when to start.

（私はいつ始めればよいのか分かりません）

3．Bob told us when to study English.

（ボブは私たちにいつ英語を勉強すべきか伝えまし
　た）

4．I don't know when to go shopping.

（私はいつ買い物に行くべきか分かりません）

5．Please tell me when to meet you.

（私にいつあなたに会うべきか教えてください）

6．I didn't know when to tell him the truth.

（私はいつ彼に事実を言えばよいのか分かりません
　でした）

7．Can I ask you when to take a break?

（私はあなたにいつ休憩をとればよいのかたずねて
　いいですか）

8．When to start was not important for me.

（いつ始めるかは私にとって重要ではありませんで
　した）

☞ **STEP3**

**A** ① when to meet　② when to go

　　③ when to start　④ when to read

**B** ① when to go　② when to meet

　　③ when to start（begin）

C ① when to take　② when to start

　③ when to go shopping

　④ when to come to see

　⑤ when to finish their homework

D ② Expressing his thoughts while listening to others.

[日本語訳]

タカシ：いつ話して、いつ相手の話を聞くかを見極めるのは、難しくないですか。

ホワイトさん：どういう意味ですか？

タカシ：つまり、僕にとって、他人とコミュニケーションを取ることはとても難しいということです。

## Lesson 25　不定詞⑤ where to

☞ STEP2

1．Please tell me where to smoke.
　（どこでタバコを吸えばいいか教えてください）

2．Bob asked me where to go.
　（ボブはどこに行けばいいか私にたずねました）

3．I don't know where to meet Ken.
　（私はケンとどこで会えばいいかわかりません）

4．Jane knew where to take a rest.
　（ジェーンはどこで休息をとるべきか知っていました）

5．I asked Kate where to get off the train.
　（私はケイトにどこで電車を降りればよいかたずねました）

6．Do you know where to buy some food?
　（あなたはどこで食料を買えばよいのか知っていますか）

7．Did he know where to get the ticket?
　（彼はどこでチケットを入手すべきか知っていましたか）

8．Could you tell me where to read aloud?
　（どこで音読すればいいか私に教えてくれませんか）

☞ STEP3

A ① where to meet　② where to have
　③ where to go　④ where to smoke

B ① where to go　② where to meet
　③ where to buy　④ where to listen

C ① where to take　② where to take off
　③ where to see　④ where to smoke after lunch

D ① About the present for Emi's birthday.

[日本語訳]

ジュンコ：エミの誕生日にプレゼントを買わなきゃ。

リチャード：彼女が好きそうなものを見つけられる場所、わかるの？

ジュンコ：まだ確かじゃないけど。彼女はイヤリングが好きだから、アクセサリーショップをチェックしようかと思ってる。

### チャレンジ！復習テスト⑤

A ① what to　② when to　③ to watch　④ to

B ① studying → study　② how get → how to get
　③ should say → say　④ do to → to

C ① It is necessary for you to go on a diet.

　② Please tell us how to get to the post office.

　③ He will ask her when to call Mary.

　④ Does your brother understand where to go

D ③ To cook their parents' favorite dishes.

[日本語訳]

ニック：両親の結婚記念日のために特別ディナーを準備したいんだ。

ケイト：それは素敵ね！　だけど、何を作るか分かるの？　彼らの好きな料理を作りましょうよ。

ニック：いいね。ピザとポテトを焼こうか。

## Lesson 26　不定詞⑥ too ～ to

☞ STEP2

1．I was too busy to take a rest.
　（私は忙しすぎて休憩できませんでした）

2．It was too cold to go outside.
　（寒すぎて外に行けませんでした）

3．David was too busy to have lunch.
　（デイビッドは忙しすぎて昼食を食べられませんでした）

4．My mother is too old to walk fast.
　（私の母はとても高齢なので速く歩けません）

5．This bag is too heavy for me to carry.
　（このかばんは重すぎて私は運べません）

6．That river is too dangerous to swim in.
　（あの川は危険すぎるので泳げません）

7．Jim speaks too fast for us to understand.
　（ジムはとても速く話すので私たちは理解できませ

8．This question is too difficult for me to answer.
（この質問は私には難しすぎて答えられません）

☞ **STEP3**

Ⓐ ① too busy　② too hot
　 ③ too difficult to answer
　 ④ too heavy for us

Ⓑ ① too busy　② too old　③ too deep to swim

Ⓒ ① too heavy for me　② too fast for me to
　 ③ too tired to do his
　 ④ too dangerous for small children to swim

Ⓓ ① She can finish the homework by herself.

[日本語訳]

タケル：すごく疲れているから、今日はこの宿題を終わらせることができないよ。君のノートを貸してくれる？

エリザベス：もちろん！　だけど、これだけは覚えておいて。あなたは賢すぎて、簡単にあきらめることができないということをね。

タケル：そうだね。たぶん、ちょっと休みが必要だね。ありがとう！

▌ **Lesson 27　不定詞⑦ too ～ toとso ～ that S not** ▌

☞ **STEP2**

1．He is so old that he can't drive.
（彼はとても高齢なので車を運転できません）

2．Tom runs so fast that I can't follow him.
（トムは走るのが速すぎて私はついていけません）

3．This bag is so heavy that I can't carry it.
（このかばんは重すぎて私は運べません）

4．We were so busy that we couldn't take a rest.
（私たちは忙しすぎて休憩できませんでした）

5．That river is so dirty that children can't swim in it.
（あの川はとても汚いので子供たちは泳げません）

6．This book is so difficult that I can't understand it.
（この本は難しすぎて私には理解できません）

7．They felt so hungry that they couldn't do anything.
（彼らは空腹を感じていて何もできませんでした）

8．This question was so difficult that we couldn't

answer it.
（この質問は難しすぎて答えることはできませんでした）

☞ **STEP3**

Ⓐ 1. so busy　2. so old　3. so small　4. so fast

Ⓑ ① so/that/couldn't　② so/that/it
　 ③ so/that/them

Ⓒ ① so large that　② ran so fast that
　 ③ so sleepy that　④ so tired that I couldn't

Ⓓ ① so/that　② so/that/not　③ so/that/not
　 ④ too/to/walk　⑤ too/in

▌ **Lesson 28　不定詞⑧ enough to** ▌

☞ **STEP2**

1．Kate is old enough to drive a car
（ケイトは車を運転できる年齢です）

2．Bob is rich enough to buy a new car.
（ボブは新車を買えるほど裕福です）

3．They got up early enough to catch the bus.
（彼らは十分に早く起きたので、バスに間に合いました）

4．Rob was strong enough to move the heavy sofa.
（ロブはその重いソファを動かすのに十分に強かったです）

5．This book is easy enough for me to read.
（この本は十分簡単なので、私は読めます）

6．This bag looks light enough for children to carry.
（このかばんは十分に軽そうに見えるので、子供たちでも運べるだろう）

7．Kim spoke carefully enough for us to understand.
（キムは私たちが理解するのに十分注意して話しました）

8．Jim walked slowly enough for the little child to follow.
（ジムはその小さな子供がついていくのに十分なほどゆっくり歩きました）

☞ **STEP3**

Ⓐ ① rich enough　② smart enough
　 ③ kind enough to　④ enough for children to

15

B ① old enough　② enough to　③ enough for
　④ enough for / to
C ① early enough to catch
　② strong enough to move
　③ brave enough to save
　④ easy enough for me to
D ③ He thinks he can do it.
[日本語訳]
息子：明日のパーティーのスピーチを練習しているんだ。
母親：それは素晴らしい！　メモを見ないでプレゼンテーションする自信が十分あると思う？
息子：そう思うよ。すごく一生懸命に練習したからね。

■ Lesson 29　不定詞⑨ enough toとso ～ that ■
☞ STEP2
1．Josh is so rich that he can buy a new house.
　（ジョシュは十分にお金持ちなので、新しい家を買えます）
2．This English book is so easy that I can read it.
　（この英語の本は十分やさしいので、私は読めます）
3．This bag is so light that children can carry it.
　（このかばんはとても軽いので、子供たちはそれを運べます）
4．The man was so brave that he saved the child.
　（その男性はとても勇敢だったので、その子供を救いました）
5．They got up so early that they could catch the bus.
　（彼らは十分に早く起きたので、バスに間に合いました）
6．Kate was so smart that she could answer the question.
　（ケイトは十分に賢かったので、その問題に答えることができました）
7．This book is so easy that everyone can understand it.
　（この本はとてもやさしいので、みんなが理解できます）
8．He spoke English so slowly that we could follow him.
　（彼は英語をとてもゆっくり話したので、私たちは

話について行くことができました）
☞ STEP3
A ① so rich　② so old　③ so easy
B ① so/ that　② so/ that　③ so/ that
C ① so easy that I could
　② so light that the boy can
　③ so sleepy that she went
　④ so hungry last night that
D ① so/ that　② so/ that　③ so/ that/ was
　④ enough/ people/ in

■ Lesson 30　不定詞⑩ want ～ to V ■
☞ STEP2
1．I want Sally to take my advice.
　（私はサリーに私のアドバイスを聞いてほしいです）
2．I want Ken to study English.
　（私はケンに英語を勉強してほしいです）
3．My father wants me to marry Mio.
　（私の父は私にミオと結婚してほしいと思っています）
4．My mother wants me to help Bob.
　（私の母は私に、ボブを手伝ってほしいと思っています）
5．Lisa wants Bob to work harder.
　（リサはボブにもっと一生懸命働いてほしいと思っています）
6．Jack wanted us to come here.
　（ジャックは私たちにここに来てほしかったのです）
7．My boss wanted me to attend the meeting.
　（私の上司は私に、会議に出席してほしかったのです）
8．Yuki wants her son to do his homework.
　（ユキは彼女の息子に宿題をやってほしいと思っています）
☞ STEP3
A ① want him　② wants me　③ want him
　④ wanted us
B ① want her to　② wants me to
　③ want me to　④ want you to
C ① wanted you to come　② wanted us to listen
　③ want her to take　④ wanted me to reply
　⑤ wants my brother to go
D ② To clean the dishes.

16

[日本語訳]

妻：お皿を洗ってほしいの。できるかしら？

夫：もちろんだよ！　すぐに始めるよ。

妻：よかった！　どうもありがとう。

## Lesson 31　不定詞⑪ would like ～to V

☞ **STEP2**

1．I would like you to help Sally.
（私はあなたにサリーを手伝ってもらいたいです）

2．I would like Mike to listen to me.
（私はマイクに言うことを聞いてもらいたいです）

3．I would like you to close the door.
（私はあなたにドアを閉めてもらいたいです）

4．I would like everyone to read this article.
（私はみなさんに、この記事を読んでもらいたいです）

5．We would like Bob to speak more slowly.
（我々はボブに、もっとゆっくり話してもらいたいです）

6．Our company would like Jane to continue to work here.
（当社はジェーンに、ここで働き続けてもらいたいです）

7．We would like you to learn Japanese history.
（我々はあなたに、日本史を学んでもらいたいです）

8．I would like you to show me your passport.
（私はあなたにパスポートを見せてもらいたいです）

☞ **STEP3**

A ① would like him　② would like me
　③ would like　④ would like

B ① would like / to　② would like / to
　③ would like / to　④ would like / to

C ① would like you to come
　② would like you to take
　③ would like Mary to stay
　④ would like you to clean
　⑤ would like you to be independent

D ① To prepare a meal their mom would like very much.

[日本語訳]

ティム：来週、お母さんの誕生日のためにちょっとしたパーティーを計画しているんだ。

ケイト：それは素晴らしいわね！　お母さんが大好き

だと思う料理をみんなに持ってきてもらったら。

ティム：いい考えだね。お母さん、とても喜ぶと思うな。

## Lesson 32　不定詞⑫ tell ～to V

☞ **STEP2**

1．My mother tells me to help her.
（私の母は私に、手伝うように言います）

2．My boss told me to take a seat.
（私の上司は、私に席に着くように言いました）

3．I'll tell Jim to come back here.
（私はジムに、ここに戻ってくるように言うつもりです）

4．Mr. White told us to follow his advice.
（ホワイト氏は我々に、彼のアドバイスに従うように言いました）

5．My grandmother always told me to get up early.
（私の祖母はいつも私に、早く起きるように言っていました）

6．The professor told the American students to learn about Japanese culture.
（その教授はアメリカの学生たちに、日本文化について学ぶように言いました）

7．The teacher told the students not to tell a lie.
（その教師は学生たちに、うそをつかないように言いました）

8．My parents tell me not to stay up late.
（私の両親は私に、夜更かししないように言います）

☞ **STEP3**

A 1. told him　2. tells me　3. told me
　4. told us to

B ① told / to do　② told / to take
　③ told / not to　④ tell / to come

C ① told his sons not to enter　② told us to think
　③ tell your daughter to come
　④ told us to be polite

D ③ To tell David's brother to get permission.

[日本語訳]

デビッド：僕の弟はいつも僕の部屋に入ってきて、コンピューターを使ってるんだよ。

サリー：まず、あなたの許可を取るように、彼に言うべきよ。

デビッド：うん、確かに。それを話してみるよ。

## Lesson 33　不定詞⑬ ask 〜to V

☞ **STEP2**

1．John asked us to come here.
（ジョンは我々に、ここに来るように頼みました）

2．Mike asked his friends to be quiet.
（マイクは彼の友達に、静かにするように頼みました）

3．The officer asked me to show him my passport.
（その役人は私に、パスポートを見せるように頼みました）

4．My father asked me to turn off the light.
（私の父は私に、電気を消すよう頼みました）

5．My father always asks me to wash his car.
（私の父は私に、いつも彼の車を洗うように頼みます）

6．Did they ask Mary to come to the party?
（彼らはメアリーに、パーティーに来るよう頼みましたか）

7．John won't ask you to take care of his dog.
（ジョンはあなたに、彼の犬の世話を頼まないでしょう）

8．I will ask all the students not to forget this experience.
（私は生徒たち全員にこの経験を忘れないようにお願いするつもりです）

☞ **STEP3**

**A** ① asked him　② asked Nancy
③ asked you　④ asked me

**B** ① asked / to　② asked / to　③ ask / to bring

**C** ① asked his daughters to come
② asked the workers to follow
③ ask your friends to come
④ asks me to buy
⑤ asked me to bring some blankets.

**D** ③ To talk to his and Nami's teacher.

[日本語訳]

ナミ：先生にその宿題についての説明を頼むことはできる？

リック：いいよ、頼むよ。ほかにわからないことはある？

ナミ：うん、数学の問題が大変なの。

## チャレンジ！復習テスト⑥

**A** ① I was too sleepy to study last night.
② I want you to remember these words.
③ They told me to go there.
④ I was so busy that I couldn't do anything else.

**B** ① My mother was too busy to help me with my homework.
② Karen was pretty enough to be very popular among the boys.
③ The boxes were too heavy for me to carry.

**C** ① would like you to study English
② My teacher asked us to bring our notebooks.
③ was so busy that I couldn't talk with

**D** ② Because the person who lives next to him was too noisy.

[日本語訳]

女性：眠そうですね。どうしたんですか？

男性：昨晩、僕の隣に住んでいる人が大音量で音楽を聞いていたので眠れなかったんです。

女性：それはひどい。次はその人に苦情を言うべきね。

## Lesson 34　間接疑問文① what +SV/what +V

☞ **STEP2**

1．I know what you mean.
（私はあなたが何を意味しているのかわかります）

2．I will ask Tom what Kate did.
（私はケイトが何をしたのかトムにたずねるつもりです）

3．I can't remember what Bob said.
（私はボブが何を言ったのか思い出せません）

4．Do you know what this is?
（これが何だか知っていますか）

5．Please tell me what I should write.
（何を書くべきか私に教えて下さい）

6．I know what was on the table.
（私は机の上に何があったか知っています）

7．Nobody knows what happened here last night.
（昨夜ここで何が起こったのかだれも知りません）

8．Does Yuki know what was in that box?
（ユキはあの箱の中に何があったのか知っていますか）

☞ **STEP3**

**A** ① what this is　② what will happen

③ what was

**B** ① what they said

② what the student bought

③ what he meant

**C** ① what he is going to do　② what she cooked

③ what was on

**D** ① I don't know what I should do next.

② I can't understand what he wanted to say.

**E** ① About their holidays.

[日本語訳]

エミ：クリスマスに何をする計画を立てているのか教
　　　えて。

タク：家族と過ごす予定だよ。君はどうなの。

エミ：私は友達と京都を訪れるつもりよ。

### Lesson 35　間接疑問文② who

☞ **STEP 2**

1．Do you know who the new teacher of my
class is?

（あなたは、私のクラスの新しい先生が誰か知って
いますか）

2．She asked Nancy who the man was.

（彼女はナンシーに、その男性が誰だったかたずね
ました）

3．She asked me who I had dinner with last
night.

（彼女は私に、昨晩誰と夕食をとったかたずねました）

4．Can you tell me who gave you that information?

（あなたにその情報を与えた人は誰か私に教えてい
ただけますか）

5．I wonder who left this note on my desk.

（私は、私の机の上に誰がこのメモを残したのか気
になります）

6．We need to find out who is responsible for this
mistake.

（私たちは、このミスの責任が誰にあるかを調べる
必要があります）

7．I know who is going to speak at the meeting
next.

（私は会議の次の話者が誰になるか知っています）

8．Can I ask you who you were talking with?

（誰と話していたのか、お聞きしてもいいですか）

☞ **STEP 3**

**A** ① Do you know who is coming to the party
tonight?

② Can you ask Jim who can help us with our
task?

③ The manager wanted to know who was
responsible for the delay.

**B** ① 去年のノーベル文学賞を受賞したのは誰か知って
いますか。

② 来週の会議に誰が参加するのか気になります。

③ そのレストランをあなたに勧めたのは誰か教えて
いただけますか。

**C** ① who my favorite author is

② who designed this building

③ who took his notebook

**D** ② It is excellent, and Nami is a great cook.

[日本語訳]

トム：この夕食、誰が作ったんだろう。こんなにおい
　　　しい食事を今まで食べたことがないよ。

ナミ：それはとてもうれしいわね。私が作ったんだけ
　　　ど、お母さんが作り方を教えてくれたの。

トム：ああ、君と君のお母さんは上手な料理人だね。

### Lesson 36　間接疑問文③ which

☞ **STEP2**

1．Could you please tell me which you
recommend, this book or that one?

（この本とあの本のどちらがお勧めか教えていただ
けますか）

2．Do you know which room the meeting was
held at, this room or that room?

（会議が開催された部屋はこの部屋とあの部屋のど
ちらですか）

3．Please tell me which is closer to the park, the
bus stop or the train station.

（公園により近いのはバス停か電車の駅かどちらか
教えていただけますか）

4．I wonder which restaurant serves the best
sushi in town.

（町で一番おいしい寿司を提供するレストランはど

こだろうか)

5. I'm thinking about which color would look best with the carpet.
（そのカーペットに一番似合う色は何か考えています）

6. Do you know which movie is playing at the theater tonight?
（今夜、映画館で何の映画が上映されているか知っていますか）

7. I'm not sure which department I should speak to about this issue.
（私は、この問題についてどの部署に話をすればいいかわかりません）

8. Do you remember which book we read in our English class?
（あなたは、私たちが英語の授業でどの本を読んだか覚えていますか）

☞ **STEP 3**

Ⓐ ① Do you know which is cheaper, this computer or that one?

② Please tell me which country has the largest population in the world.

③ I want to know which bus stop I should get off at.

④ I wonder which you like better, coffee or tea.

Ⓑ ① Can you tell me which goes to the airport, this bus or that one?

② I want to know which hotel you recommend for a family?

③ I'm trying to decide which gym I should join.

Ⓒ ① which is the most beautiful

② which route I should take

③ which team won the championship

Ⓓ ① The quality of the camera.

[日本語訳]

ジル：新しいスマホが欲しいな。どのモデルが一番いいか知りたいの。

ジム：君にとって、どの機能が一番重要なのかな。カメラの画質、バッテリー寿命、それとも画面のサイズ？

ジル：写真をたくさん撮るから、良いカメラが欲しいな。

☞ **STEP2**

1. I know when Jim went shopping.
（私はジムがいつ買い物に行ったのか知っています）

2. We know when the scientist died.
（私たちはその科学者がいつ亡くなったのか知っています）

3. I don't remember when Jack left.
（私はジャックがいつ出発したのか覚えていません）

4. Please tell me when the new teacher will come to our class.
（私たちのクラスにいつ新しい先生が来るのか教えて下さい）

5. I will tell you where you must go.
（私はあなたがどこに行かなければならないか教えましょう）

6. Please tell us where this treasure was found.
（この宝物がどこで見つけられたか我々に教えて下さい）

7. He doesn't know where the accident happened.
（彼はどこでその事故が起こったのか知りません）

8. Can I ask you where Bob works?
（ボブがどこで働いているのか、おたずねしてもいいですか）

☞ **STEP3**

Ⓐ ① where we should　② when she will

③ where you met　④ when you study

Ⓑ ① when he went abroad

② when the concert was held

③ when a famous comedian came

④ where he lives now

⑤ wehre the event was held

Ⓒ ① when/ will visit　② when/ happened

③ where we met　④ where she went

Ⓓ ③ Talk to other members of her class.

[日本語訳]

マイク：ねえ、ナンシー。僕たちの学年旅行はどこになるのか知っている？

ナンシー：えっと、先生はそれについて話していないよ。ほかのクラスメイトに聞いてみるね。

マイク：ありがとう。分かったら教えて！

## Lesson 38　間接疑問文5 why＋SV／how＋SV

☞ **STEP2**

1．I know why he said so.
　（私は彼がなぜそう言ったのか知っています）

2．I want to know why you are here.
　（私はなぜあなたがここにいるのか知りたいです）

3．Please tell me why you were late for school.
　（なぜあなたが学校に遅れたのかを教えてください）

4．I don't know why that man was arrested.
　（私はなぜその男性が逮捕されたのか知りません）

5．I will show you how I cook.
　（私はどのように料理をするのかあなたに見せましょう）

6．I want to know how you came here.
　（私はあなたがどうやってここに来たのか知りたいです）

7．I don't know how I should behave here.
　（私はここでどうふるまうべきなのかわかりません）

8．Can you tell me how I can get[go] to the library?
　（どうやって図書館へ行けばいいのか教えてもらえますか）

☞ **STEP3**

**A** ① why you were　② why he got
　③ how I should　④ how you succeeded

**B** ① why your husband said so
　② why the concert was cancelled
　③ how this machine worked
　④ how you use this computer
　⑤ how she can play the guitar

**C** ① why she went　② why you get
　③ how he came　④ how this machine works

**D** ③ Mr. White's next job.

[日本語訳]

マネージャー：仕事を辞めると決めた理由を教えて。

ホワイト氏：2、3理由があるんだけど、主要なものは、家族ともっと時間を共に過ごしたかったってことだよ。

マネージャー：なるほど。残業しなければならなかったものね。だけど、新たな仕事を見るけることができそうなの？

## Lesson 39　間接疑問文⑥ how＋副詞・形容詞

☞ **STEP2**

1．I know how old the children are.
　（私はその子供たちが何歳なのか知っています）

2．Jim asked me how fast the dog could run.
　（ジムは私に、その犬がどれくらい速く走れたかたずねました）

3．Please tell me how long you will stay in Japan.
　（あなたがどれくらいの期間日本にいるつもりか教えてください）

4．I can tell you how old this theater will be next year.
　（私はあなたにこの劇場が来年何年になるか教えることができます）

5．Kate will tell Bob how much the computer will cost.
　（ケイトはそのパソコンにいくらかかるかをボブに伝えるでしょう）

6．Ken wants to know how far it is from here to the station.
　（ケンはここから駅までどれくらいの距離があるのか知りたいです）

7．I don't know how much that car is.
　（あの車がいくらなのか私は知りません）

8．Do you know how many dogs Sally has?
　（あなたはサリーが何匹犬を飼っているか知っていますか）

☞ **STEP3**

**A** ① how old he was　② how long you will
　③ how far it is　④ how much you have

**B** ① how old　② how long　③ how far
　④ how much

**C** ① how old your father is
　② how much this sofa was
　③ how long you studied English
　④ how many boys there were

**D** ② The price of the event tickets.

[日本語訳]

ジム：今週末のコンサートに行く予定？

カナ：うん、すごく行きたいの！　だけど、チケットがいくらなのかわからないの。

ジム：よし。公式サイトで確認しよう。おっ、これだ。

**A** ① (3) ② (2) ③ (2) ④ (1)

**B** ① what you mean

② how we can get to the library

③ when my mother will come back

④ which comic book he liked

**C** ① Can you imagine how sleepy I was last night?

② Do you know what is in the box?

**D** ① There are some countries that are not part of the EU.

[日本語訳]

チサ：この夏、ヨーロッパに旅行に行く予定です。EU は何カ国あるか教えてくれますか？

先生：うん、EUは現在27カ国あります。だけど、EU の一部じゃないヨーロッパの他の国もあるんですよ。

チサ：そうなんですね。情報をありがとうございます。 もっとリサーチをするようにします。

## Lesson 40　現在完了形① 経験用法

☞ **STEP2**

1. I have visited Okinawa once.
   （私は1度、沖縄を訪れたことがあります）

2. Aki has ridden a horse twice.
   （アキは2回、乗馬をしたことがあります）

3. I have met the novelist before.
   （私は以前、その小説家に会ったことがあります）

4. They have had a big earthquake once.
   （彼らは1度、大きな地震を経験したことがあります）

5. Ken has seen the actress three times.
   （ケンはその女優を3回見たことがあります）

6. Mr. Green has learned how to cook before.
   （グリーン氏は以前、料理の仕方を学んだことがあります）

7. Jane has taken some pictures of Mt. Fuji before.
   （ジェーンは以前、富士山の写真を数枚撮ったことがあります）

8. Bob and Tom have used the new machine before.
   （ボブとトムは以前、その新しい機械を使ったことがあります）

☞ **STEP3**

**A** ① I have visited Sapporo twice.

② We have met the actor three times.

③ She has written a letter to Nancy once.

**B** ① have learned ② have read

③ has taken / before

**C** ① have learned how to cook before

② have read the magazine many

③ He has seen this movie three

④ I have used the new computer before.

**D** ③ Visiting the National Museum.

[日本語訳]

ノリコ：ニューヨークシティに一度だけ行ったことが あるわ。

テッド：そこにいる間、君が何をしたのか知りたいな。

ノリコ：セントラルパークを訪れたり、買い物をした り、ブロードウェイと呼ばれる有名な劇場街でショー を見たわ。すごく楽しかった。

## Lesson 41　現在完了形② 継続用法

☞ **STEP2**

1. I have lived in Tokyo for ten years.
   （私は東京に10年間住んでいます）

2. Nancy has loved you for a long time.
   （ナンシーは長い間あなたを愛しています）

3. Mike has been busy since last week.
   （マイクは先週から忙しくしています）

4. Jim has known Kate for six months.
   （ジムはケイトを知って6カ月になります）

5. I have had a headache since last night.
   （私は昨夜からずっと頭痛がしています）

6. We have stayed at this hotel since last week.
   （私たちは先週からこのホテルに滞在しています）

7. My grandfather has been sick in bed for a month.
   （私の祖父は1ヶ月の間、病気で寝ています）

8. The building has stood for more than 200 years.
   （その建物は200年以上ここに立っています）

☞ **STEP3**

**A** ① I have learned English for two years.

② We have known each other since 2005.

③ I have loved you for a long time.

**B** ① has lived　② have stayed

　③ has been[stayed] / since

**C** ① has loved you for a long time

　② has been busy since last week

**D** ① B　② A　③ A

**E** ② They are nice and care about others' feelings.

[日本語訳]

ブラウンさん：30歳から20年間ずっと、ここに住んで
　いるの。

マサト：おお、それは長いね！　日本のユニークなこ
　とって、あるかな？

ブラウンさん：ええ、あるわ。とても礼儀正しくて、
　他人の気持ちを重んじるところね。

## Lesson 42　現在完了形③ 完了用法

☞ **STEP2**

1．Nami has already read the novel.

　（ナミはもうすでにその小説を読みました）

2．I have already called my boss.

　（私はすでに、私の上司に電話をしました）

3．I have already eaten that cake.

　（私はすでにあのケーキを食べてしまいました）

4．The train has just left the station.

　（その電車はちょうど駅を出てしまいました）

5．I have already sent you an e-mail.

　（私はすでにあなたにメールを送りました）

6．The students have just arrived here.

　（その学生たちは、ちょうどここに到着しました）

7．My father has just come back home.

　（私の父はちょうど家に帰ってきました）

8．My son has already finished his homework.

　（私の息子はすでに宿題を終えました）

☞ **STEP3**

**A** ① I have already finished reading this novel.

　② My father has just called me.

　③ She has just washed the dishes.

**B** ① has / finished　② have / cleaned

**C** ① has just come back home

　② The students have just arrived

　③ I have already called my boss

**D** ① C　② A　③ C　④ B

**E** ② He will take a rest at home.

[日本語訳]

タロウ：数学の宿題がもう終わったよ。週末ずっと一
　生懸命に取り組んだから。

メグ：すごい！　先生に提出しなきゃいけないんだよ
　ね？

タロウ：うん、今日の学活後にするよ。今は帰宅して
　寝たいよ。

## Lesson 43　現在完了形④ 現在完了進行形

☞ **STEP 2**

1．I have been studying English for two hours.

　（私は2時間、英語を勉強しています）

2．They have been playing football all afternoon.

　（彼らは午後中ずっとフットボールをしています）

3．Mike has been working on the project for a week.

　（マイクは1週間ずっとプロジェクトに取り組んでい
　ます）

4．We have been waiting for the train since 10 am.

　（私たちは午前10時から電車を待っています）

5．He has been practicing the guitar for months.

　（彼は何ヶ月もギターの練習をしています）

6．They have been hiking in the mountains for hours.

　（彼らは何時間も山でハイキングをしています）

7．Nami has been taking care of her sick mother for months.

　（ナミは何ヶ月も病気の母親の世話をしています）

8．I have been reading this book for a while.

　（私はしばらくこの本を読んでいます）

☞ **STEP 3**

**A** ① I have been watching TV all morning.

　② She has been studying abroad for a year.

　③ We have been waiting for the results of the
　　exam for weeks.

**B** ①⑵ have been trying

　②⑴ has been studying

　③⑶ has been playing

**C** ① have been saving money

　② has been practicing his presentation

　③ have been working on this project

23

D ② Because she should finish a lot of homework.

[日本語訳]

ミク：ここ数日、宿題をしているの。大変な作業だから、たくさんの時間と労力を費やす必要があるの。

ロブ：ストレスに聞こえるな。休憩は取ったの？

ミク：うん、１時間毎かそれくらいに休憩を取っているよ。リラックスするには数分の休憩が重要よね。

## Lesson 44　現在完了形⑤ 経験・継続用法の否定文

☞ **STEP2**

1．I have never owned a gun before.
　　（私は以前、銃を所有したことは一度もありません）

2．He has never visited London before.
　　（彼は以前、ロンドンを一度も訪れたことがありません）

3．I have not lived in Tokyo for a long time.
　　（私は長い間東京に住んでいません）

4．Tom has never used this machine before.
　　（トムは以前、この機械を一度も使ったことがありません）

5．We have never had a big earthquake before.
　　（私たちは以前、大きな地震を一度も経験したことがありません）

6．They haven't known each other for a long time.
　　（彼らは長い間の知り合いではありません）

7．My father hasn't studied English for a while.
　　（私の父はしばらく、英語を勉強していません）

8．Jake has never met a beautiful woman like her before.
　　（ジェイクは以前彼女のような美しい女性に一度も会ったことがありません）

☞ **STEP3**

A ① Nancy has never learned how to write *kanji* before.
　　② We have not stayed at this hotel for a long time.
　　③ She has not seen him for five years.

B ① have not met　② has never seen
　　③ haven't lived

C ① have not learned how to drive before
　　② have never talked to the professor

③ My grandfather has not gone out for a week.

D ② To eat some different kinds of sushi.

[日本語訳]

デイブ：今まですしに挑戦したことがないんだ。おいしいのかな？

タミー：変わった味よ。人によって好き嫌いがあるわ。いろんな種類のすしがあるから、お気に入りのものを見つけることができると思うわ。

デイブ：う〜ん、好きになるかどうかは分からないけど、一度試してみたいな。

## Lesson 45　現在完了形⑥ 完了用法の否定文

☞ **STEP2**

1．The train has not started yet.
　　（その電車はまだ出発していません）

2．I have not watched the movie yet.
　　（私はその映画をまだ見ていません）

3．They have not met my mother yet.
　　（彼らはまだ私の母に会っていません）

4．We have not read the newspaper yet.
　　（私たちはまだその新聞を読んでいません）

5．You have not brushed your teeth yet.
　　（あなたはまだ歯を磨いていません）

6．I haven't asked you a question yet.
　　（私はあなたにまだ質問をしていません）

7．My daughter hasn't finished breakfast yet.
　　（私の娘はまだ朝食を終えていません）

8．My husband hasn't come back home yet.
　　（私の主人はまだ家に戻ってきていません）

☞ **STEP3**

A ① We have not cleaned the room yet.
　　② She has not listened to these songs yet.
　　③ My uncle has not come home yet.

B ① haven't finished / yet　② hasn't called / yet
　　③ haven't used / yet

C ① hasn't come back home
　　② His family has not arrived

D ① C　② B　③ A

E ② Rick has not been in the mood to see the movie.

[日本語訳]

リック：まだその映画を見ていないよ。今は、そうい

う映画を見たくないんだ。

ケイト：本当に？　それはびっくり。いつもならアク
　　ション映画が好きなのに。

リック：うん、そうだね。だけど、仕事で忙しかったし、
　　映画を見に行く時間とエネルギーがなかったんだ。

■ **Lesson 46　現在完了形⑦　疑問文と答え方** ■

☞ **STEP2**

1．Has Bob ever come here? Yes, he has.
　　（ボブはかつてここに来たことがありますか。はい）

2．Has the train started yet? No, it hasn't.
　　（電車はもう出発しましたか。いいえ）

3．Has your son finished his work yet? Yes, he
　　has.
　　（あなたの息子はもう仕事を終えましたか。はい）

4．Has Bob come back home yet? No, he hasn't.
　　（ボブはもう家に戻ってきましたか。いいえ）

5．Has Jane known Tom for a long time? Yes,
　　she has.
　　（ジェーンは長い間トムを知っていますか。はい）

6．Have you ever read this article before? No, I
　　haven't.
　　（あなたは以前この記事を読んだことがありますか。
　　いいえ）

7．Have they stayed in London for two weeks?
　　No, they haven't.
　　（彼らは2週間ロンドンに滞在していますか。いいえ）

8．Have you lived in Miyazaki since last year?
　　No, I haven't.
　　（あなたは宮崎に昨年からずっと住んでいますか。
　　いいえ）

☞ **STEP3**

**A** ① Has David learned how to cook before? Yes,
　　　he has.
　　② Have you stayed at the hotel for a week? No,
　　　I haven't.
　　③ Have you known Nancy for a long time?
　　　Yes, I（We）have.

**B** ① Has / studied　② Has / taught
　　③ Have / finished / I haven't

**C** ① Have you learned *haiku* before? No, I haven't.
　　② Has he talked with the baseball player / Yes,

he has.
　　③ Has Judy loved Tom for a long time?　No,
　　　she hasn't.
　　④ Has your grandfather been in the hospital /
　　　Yes, he has.

**D** ① It was surprisingly great.

[日本語訳]

ナンシー：日本に行くことに興味があります。日本に
　　は行ったことがありますか？

マイク：はい、数回行ったことがあります。

ナンシー：どうだった？　楽しかった？

マイク：うん、素晴らしかった。食べ物、人、文化、
　　全てがすごく興味深くて美しかった。

■ **Lesson 47　現在完了形⑧ How many times ～?/How long ～?** ■

☞ **STEP2**

1．How many times have you met Tom before?
　　（あなたは以前、何回トムに会ったことがあります
　　か）

2．How many times have they read the novel?
　　（彼らは何回その小説を読んだことがありますか）

3．How many times has she met the actor?
　　（彼女は何回その俳優に会ったことがありますか）

4．How many times have you been to Sapporo
　　before?
　　（あなたがたは以前、札幌に何度行ったことがあり
　　ますか）

5．How long have you lived in Tokyo?
　　（あなたはどれくらいの間、東京に住んでいますか）

6．How long has Mary been in Auckland?
　　（メアリーはどれくらいの間オークランドにいます
　　か）

7．How long have you been sick in bed?
　　（あなたはどれくらいの間、病気で寝ていますか）

8．How long has she known him?
　　（彼女はどのくらいの間、彼のことを知っていますか）

☞ **STEP3**

**A** ① How many times have you used the new
　　　computer?
　　② How many times has she written a letter to
　　　Nancy?
　　③ How long has Ken lived in Okinawa?

25

**B** ① あなたは何度、その歌を聞いたことがありますか。

　② 彼は何度、富士山に登ったことがありますか。

　③ 彼らはお互い知り合ってどれくらいになりますか。

**C** ① How many times have you visited Europe

　② How many times has Judy visited Kyoto

　③ How many times have you used this computer?

　④ How long have you known Tom

**D** ② He considered it an amazing experience.

[日本語訳]

メアリー：何回バンジージャンプをしたことがある？

デイビッド：僕は2回、バンジージャンプをしたことがあるよ。すごいスリルのある経験だよ！

メアリー：本当？　あまりにも恐ろしくて、一回も挑戦したことがないよ。

### チャレンジ！復習テスト⑧

**A** ①(1)　②(3)　③(2)　④(1)

**B** ① I have never been to Rome before.

　② Have you been playing soccer for a long time?

　③ Has his mother cleaned the bathroom yet?

　④ How long have they been in New Zealand?

**C** ① been　② gone　③ been waiting

**D** ① We have known each other for twenty years

　② I have been interested in movies

　③ I have already heard from her

**E** ③ The story of a mystery novel is very good.

[日本語訳]

ロブ：もう本を読み終えた？　本はどうだった？

マユ：1冊はミステリー小説だったの。話はとても面白くて、登場人物はユニークでした。有名なミュージシャンについての偉大な伝記も読んだわ。

ロブ：面白そう。両方とも読むのを楽しみにしています。

### Lesson 48　接続詞① that

1．It is true that he told a lie.

　（彼が嘘をついたというのは本当です）

2．I think that she is beautiful.

　（私は、彼女は美しいと思います）

3．I know that he is an American.

　（私は彼がアメリカ人であることを知っています）

4．The news was that Mr. White died.

　（そのニュースは、ホワイト氏が亡くなったということでした）

5．It is certain that you didn't like Mary.

　（あなたがメアリーを好まなかったことは間違いありません）

6．I believe that they will come here.

　（私は彼らがここに来ると信じています）

7．Do you know that he told us the truth?

　（あなたは、彼が私たちに真実を言ったと知っていますか）

8．My hope is that the world is peaceful forever.

　（私の希望は、世界が永遠に平和であるということです）

☞ **STEP3**

**A** ① It is true that he died last year.

　② It is not true that she told a lie to me.

　③ I know that you are very kind.

**B** ① 私は彼女がとても美しいと思います。

　② 私は彼がテストに合格できたと信じられません。

　③ 彼がいつも嘘をつくということは本当ではありません。

**C** ① that he is Japanese

　② that she told a lie

　③ That Mike doesn't like Mary

**D** ① He will go to the new restaurant and try some foods.

[日本語訳]

メグミ：ダウンタウンにちょうどオープンした新しいレストランについての記事を見ましたか？

リチャード：いいえ、まだ見ていません。何と書いてあったの？

メグミ：そのレストランはユニークなコンセプトとメニューがあるとありました。

リチャード：それは興味深いね。私達がいつかそれを確認すべきだね。

### Lesson 49　接続詞2 SVC that+文

☞ **STEP 2**

1．I'm glad that I was able to solve the question.

　（私は、問題が解けたことをうれしく思います）

2．He's glad that he had the chance to meet his favorite musician.

（彼は、好きなミュージシャンと会う機会があったことをうれしく思っています）

3．We're glad that the weather is very fine.

（私たちは、天気がとても良いことをうれしく思っています）

4．I'm sure we can find a solution to this problem.

（私は、この問題に対する解決策を見つけることができると確信しています）

5．They're sure they'll win the game.

（彼らは、試合に勝てると確信しています）

6．She's sure that she left her keys on the kitchen counter.

（彼女は、自分の鍵をキッチンカウンターに置いたことを確信しています）

7．He's afraid that he left his laptop on the train.

（彼は、自分のラップトップを電車に置いてきたのではと心配しています）

8．I'm proud we made a positive impact in our community.

（私は、私たちの地域社会にプラスの影響を与えたことを誇りに思っています）

☞ **STEP 3**

**A** ① afraid　② sure　③ glad

**B** ① She's afraid of having failed her final exams.

② I'm glad to spend some time with my family.

③ My parents are proud of me graduating from college.

**C** ① afraid that the project might not be completed

② glad she chose to pursue

③ sure the new restaurant in town will become

**D** ① About John's success in the entrance examination.

[日本語訳]

マイケル：へえ、ジョンが大学入試テストに合格したのを聞いた？

キム：いいえ。それはすごいニュース！　彼はそのために一生懸命に取り組んでいたからね。

マイケル：彼が全力を尽くしたということに嬉しく思います。彼はそれに十分値するよ。

---

## Lesson 50　接続詞③ when

☞ **STEP2**

1．When Tom comes here, I will meet him.

（トムがここに来たら、私は彼に会うつもりです）

2．When Bob was young, he lived in Rome.

（ボブは若かったとき、ローマに住んでいました）

3．When I came home yesterday, he called me.

（昨日私が帰宅したとき、彼は私に電話してきました）

4．When she was a child, she lived in America.

（彼女が子供だったとき、アメリカに住んでいました）

5．He was reading the book when she came.

（彼女が来たとき、彼はその本を読んでいました）

6．Please call me when you come here.

（あなたがここに来たら、私に電話してください）

7．When he arrived at the station, he happened to meet his friend.

（彼は駅に到着したとき、偶然、友人に会いました。）

8．When Ken entered the room, she was studying English.

（ケンが部屋に入ったとき、彼女は英語を勉強していました）

☞ **STEP3**

**A** ① I will meet him when he comes to my house.

② She was reading the book when I entered the room.

③ When I was studying English, he called me.

**B** ① When she came to his house, Mike was reading a book.

② When you arrive at the station, please call me.

**C** ① 私が昨日家に戻ってきたとき、雨が降り始めました。

② エミリーが子どもだったとき、彼女はオーストラリアに住んでいました。

**D** ① When she was a child

② When we wash our hands

③ when she came back home

**E** ② To go to the National Park.

[日本語訳]

マコト：いつ国立公園を訪れる予定ですか。

サリー：桜の花が満開の頃に行くでしょう。

マコト：素晴らしい考えのようだね。3月の下旬から
4月初旬ごろだけど、天候によるよ。

## Lesson 51　接続詞④ if

☞ **STEP2**

1. Please call me if you aren't busy.
（あなたが忙しくなかったら、私に電話してください）

2. We will be very happy if you can join.
（あなたが参加することができれば、私たちはとて
もうれしいです）

3. Can you come to the party if you are free?
（あなたが暇ならパーティーに来ることができますか）

4. If it rains tomorrow, we won't go out.
（明日雨が降ったら、私たちは外出しません）

5. If it is fine tomorrow, I'll go for a drive with Jim.
（明日が天気なら、私はジムとドライブへ行きます）

6. If you are busy, you don't need to come.
（忙しければ、あなたは来る必要がありません）

7. If we use up fossil fuels, what can we depend on?
（もし化石燃料を使い果たしたら、我々は何に頼れ
ますか）

8. If you hear the latest news, please contact me soon.
（もし最新のニュースを聞いたら、すぐに私に連絡
してください）

☞ **STEP3**

Ⓐ ① I can meet him if he comes to my house.
② Let's climb the mountain if it is fine tomorrow.

Ⓑ ① We will watch a movie at home if it is rainy tomorrow.
② We can have dinner together if my father comes.

Ⓒ ① もし明日雨が降れば、私はピクニックにいくつも
りはありません。
② もし時間があれば、図書館に行きましょう。

Ⓓ ① if you meet her　② if you have time

Ⓔ ③ Tom thinks Emi will be important for the party.

[日本語訳]

トム：今晩、パーティーに行く？

エミ：まだ分からない。その前にプロジェクトが終わ
ればパーティーには参加するよ。行けるように、時
間内に終わるように精一杯がんばるよ。

トム：終わらせることができるといいなあ。君がいな
ければきっと違うものになるから。

## Lesson 52　接続詞⑤ before/ after

☞ **STEP2**

1. Before Lucy comes back, we have to be there.
（ルーシーが戻る前に、我々はそこにいなければな
りません）

2. Before you have dinner, you have to wash your hands.
（夕食を食べる前に手を洗わなければなりません）

3. Mike went home before it started to rain.
（雨が降り始める前に、マイクは家に帰りました）

4. You should change your clothes before you go out.
（出かける前に、服を着替えるべきです）

5. After she comes back, she will call Bob.
（彼女が戻ってきたら、ボブに電話するでしょう）

6. After it is stormy, the weather will be clear.
（暴風雨が終わった後、空は澄みわたるでしょう）

7. Sally took a shower after she cleaned the room.
（サリーは部屋を掃除した後、シャワーを浴びました）

8. Shall I wash the dishes after the baby falls asleep?
（赤ん坊が寝た後で、皿を洗いましょうか）

☞ **STEP3**

Ⓐ ① Please watch the YouTube videos after you eat dinner.
② Before spring comes, I want to marry Nancy.

Ⓑ ① After I got to the station, I called my friend.
② Before it begins to rain, let's go home.

Ⓒ ① 何かを食べた後、あなたは歯を磨かなければなり
ません。
② あなたが話し始める前に、先生の言うことを聞き
なさい。
③ 彼女は窓の外を見た後、英語の勉強を始めました。

Ⓓ ① Before she got on a train

② Before you eat breakfast

**E** ② After they have a meal, they will see the movie.

[日本語訳]

マリ：今夜の映画のために、何時に出発すべきかな。

ニック：６時半に出よう。映画が８時に始まる前に、夕食を食べる時間が十分あるだろう。

マリ：いいね。映画の前にレストランで会いましょう。映画の前に会っておしゃべりできるからね。

■■■■ **Lesson 53　接続詞⑥ because** ■■■■

☞ **STEP2**

1．Because it is rainy today, I can't go anywhere.
（今日は雨なので、どこにも行けません）

2．Because his partner died, Bob looked very sad.
（パートナーが死んだので、ボブはとても悲しそうでした）

3．Because he was young, he couldn't drink alcohol.
（彼は若かったので、アルコールを飲むことができませんでした）

4．Because he was asleep, he couldn't hear the doorbell.
（彼は眠っていたので、ドアベルが聞こえませんでした）

5．Because Sally is clever and reliable, everybody likes her.
（サリーは賢くて頼りになるので、だれもが彼女を好きです）

6．I am very happy because I can meet you.
（私はあなたに会うことができるのでとても幸せです）

7．I canceled the plan because Ken didn't come.
（ケンが来なかったので、私はその計画をとりやめました）

8．I am very excited because I can meet an old friend of mine.
（旧友に会うことができるので、私はとてもワクワクしています）

☞ **STEP3**

**A** ① He looks very tired because he can't sleep well.

② Because I had a cold, I couldn't go to school yesterday.

**B** ① Because she went to America, I miss her very much.

② Because she wants to talk to you, please call her.

**C** ① 私は忙しかったので、昨日あなたに会えませんでした。

② ナンシーはとても親切なので、多くの人々に愛されています。

③ 私の母が私にプレゼントくれたので、私はとても嬉しかったです。

**D** ① Because he took a taxi

② Because you finished eating breakfast

③ Because she was very busy

**E** ③ Go to see a doctor and take some medicine.

[日本語訳]

ナンシー：なんで今日、家にいることにしたの？

トム：頭痛がするから、出かけたくなかったんだ。

ナンシー：あら、それは気の毒に。何か手伝うことはある？

トム：ありがとう、だけど、ちょっと休憩すればいいと思う。たぶん映画を見たり、読書したりするよ。

■■■■ **チャレンジ！復習テスト⑨** ■■■■

**A** ① It began to rain when he arrived at the station.

② He read a newspaper after he ate dinner.

③ Please take off your shoes before you come into the room.

**B** ① 日本人が英語を話すということは必要です。

② 彼がシャワーを浴びているとき、だれかが彼に電話をしてきました。

③ 私たちがあなた（がた）と一緒になる良い機会をもったことは、とても嬉しいです。

**C** ① because I was busy　② if we have time

③ Because he was sleepy

**D** ① Because it was raining, I stayed at home yesterday.

② Do you think that it is true that he told a lie?

**E** ② His daugter should finish the homework before watching the video.

[日本語訳]

父：もう宿題終わったの？

娘：まだだけど、このビデオを見終わったら、やるつもりだよ。

父：最初に宿題を終わらせるべきだと思わないの？　明日提出だよ。

娘：わかってるけど、一日中ずっとやってたし、休憩が必要なの。このあとやるって約束するから。

## Lesson 54　感嘆文① how

☞ **STEP2**

1．How pretty she is!
（彼女はなんと可愛いのでしょう）

2．How stupid they were!
（彼らはなんと愚かだったのでしょう）

3．How fast Ken can run!
（ケンはなんと速く走れるのでしょう）

4．How beautiful the actress is!
（その女優はなんと美しいのでしょう）

5．How cold it was last week!
（先週はなんと寒かったのでしょう）

6．How sweet those apples look!
（あれらのリンゴはなんと甘そうに見えるのでしょう）

7．How well they can speak English!
（彼らはなんと上手に英語を話せるのでしょう）

8．How early Jason got up yesterday!
（ジェイソンは昨日なんと早く起きたのでしょう）

☞ **STEP3**

**A** ① How interesting this magazine is!
② How busy Mike looked yesterday!
③ How fast the man can run!

**B** ① I was very stupid yesterday.
② It was very cold last week.
③ The English book is very difficult.

**C** ① pretty the baby is
② hot it was yesterday
③ well these singers sing
④ fast they can run

**D** ① How beautiful the sunset was.

[日本語訳]

エミリー：昨晩の日没を見た？　すごかったよ！

ジェイムズ：見逃したよ。どうだったの？

エミリー：空がピンクや紫、オレンジと、いろんな色になっていたんだ。自然があんなに美しい色をどうやって作り出すんだろう。

## Lesson 55　感嘆文② what

☞ **STEP2**

1．What a kind girl she was!
（彼女は何と親切な少女だったのでしょう）

2．What a cold day it was !
（なんと寒い日だったのでしょう）

3．What an honest boy he is!
（彼はなんと正直な少年なのでしょう）

4．What a pretty baby that is!
（あちらはなんとかわいい赤ちゃんなのでしょう）

5．What a big city Jake lives in!
（ジェイクはなんと大きな都市に住んでいるのでしょう）

6．What smart students they are!
（彼らはなんと賢い生徒たちなのでしょう）

7．What a useful dictionary this is!
（これはなんと役に立つ辞書なのでしょう）

8．What difficult questions he solved!
（彼はなんと難しい問題を解いたのでしょう）

☞ **STEP3**

**A** ① What a cute girl she is!
② What a hard worker Jim was!
③ What a hot night it was last night!

**B** ① Jim was a very stupid boy.
② She was a very beautiful lady.
③ They are very difficult questions.

**C** ① a beautiful picture this is
② a terrible accident this is
③ kind children they are

**D** ① How fantastic the new restaurant was.

[日本語訳]

ノリ：メインストリートの新しいレストランをもう試してみた？

ナミ：ええ、昨夜行ったわ。素晴らしいレストランだったわ！

ノリ：本当？　何を注文したの？

ナミ：シーフードパスタを食べたんだけど、美味しかっ

たわ。才能のあるシェフよ！　デートには最高な場所ね！

### Lesson 56　付加疑問文①　肯定文から作る付加疑問文

☞ **STEP2**

1．It was very cold, wasn't it?
　（とても寒かったですよね）

2．He can run very fast, can't he?
　（彼はとても速く走れるのですね）

3．This book is very interesting, isn't it?
　（この本はとても面白いですね）

4．Jim will go on a picnic tomorrow, won't he?
　（ジムは明日、ピクニックに行くのですね）

5．Ken studies English every night, doesn't he?
　（ケンは英語を毎夜勉強しますね）

6．You and Bob danced together last night, didn't you?
　（あなたとボブは昨夜、一緒に踊りましたね）

7．Your mother took a walk last Sunday, didn't she?
　（あなたのお母さんは先週の日曜日、散歩に行きましたね）

8．The students use computers every day, don't they?
　（その学生たちは、毎日コンピュータを使いますね）

☞ **STEP3**

Ⓐ ① Mike is very busy today, isn't he?
　② She will be beautiful, won't she?
　③ This magazine was very interesting, wasn't it?

Ⓑ ① The songs were very famous, weren't they?
　② He can run very fast, can't he?
　③ You will go on a picnic tomorrow, won't you?

Ⓒ ① slept well, didn't he
　② was very hot last month, wasn't it
　③ will be 20 years old, won't you

Ⓓ ② Some people will arrive there late.

[日本語訳]

ボブ：今夜のパーティには来るよね？

ケイト：まだ分からないの。本当に行ったほうがいい？

ボブ：もちろん！　みんな行くんだよ。会いたいだろ？
　夜７時に始まるけど、夜ならいつでも来ていいんだ。

ケイト：わかった、行くわ。

### Lesson 57　付加疑問文②　否定文から作る付加疑問文

☞ **STEP2**

1．It wasn't very cold, was it?
　（それほど寒くはありませんでしたね）

2．Mike isn't a hard worker, is he?
　（マイクは一生懸命働く人ではありませんね）

3．He can't speak English well, can he?
　（彼は上手に英語を話せませんね）

4．The students don't use computers, do they?
　（その生徒たちはコンピュータを使いませんね）

5．These books weren't very popular, were they?
　（これらの本はそれほど人気がありませんでしたね）

6．Yuka didn't wash the dishes last night, did she?
　（ユカは昨夜、皿を洗いませんでしたね）

7．Tom and Kate won't attend the meeting, will they?
　（トムとケイトは会議に出席するつもりはありませんね）

8．Your mother didn't take a walk yesterday, did she?
　（あなたのお母さんは昨日、散歩をしませんでしたね）

☞ **STEP3**

Ⓐ ① She isn't very busy today, is she?
　② Mary doesn't drink coffee in the morning, does she?
　③ This movie wasn't interesting, was it?

Ⓑ ① The actors weren't very famous, were they?
　② He can't run fast, can he?
　③ You and Tom won't go to the mountain tomorrow, will you?

Ⓒ ① didn't study last night, did he
　② was cold last month, wasn't it
　③ won't go to Australia, will you

Ⓓ ② They will eat sushi at a new sushi restaurant.

[日本語訳]

タカシ：すしは嫌いだよね？

カレン：すしは大好きよ。何で聞くの？

タカシ：ああ、君は嫌いだと思ってた。とにかく、次の
　金曜日は時間ある？　オープンしたばかりのこの新し

いすし屋に行こうと思っていたんだ。一緒にどう？

カレン：いいわね！

## Lesson 58　仮定法

1．If I had more time, I could travel around the world.

（もし私にもっと時間があれば、世界中を旅行することができるだろう）

2．If he were here, he would tell you the same thing.

（もし彼がここにいたら、同じことを言うだろう）

3．If we won the lottery, we could buy a new house.

（もし私たちが宝くじに当たったら、新しい家を買うことができるだろう）

4．They could start their own business if they had enough money.

（もし彼らに十分なお金があれば、自分たちのビジネスを始めることができるだろう）

5．We could go for a walk if it were not snowing.

（もし雪が降っていなかったら、私たちは散歩に行くのになあ）

6．If Nami had more time, she would volunteer at the animal shelter.

（もしナミにもっと時間があれば、動物保護施設でボランティアをするだろう）

7．I wish I could drive to work.

（車で仕事に行くことができればなあ）

8．I wish I were more fluent in English.

（英語がもっと流暢だったらなあ）

☞ **STEP3**

**A** ① If I had more time, I would exercise every day.（私にもっと時間があれば、毎日運動するだろう）

② If it weren't raining, I would go for a walk.（雨が降っていなければ、散歩に行くだろう）

③ I wish I could visit Hawaii more often.（もっと頻繁にハワイを訪れることができればいいのになあ）

**B** ① If we had more vegetables, we would eat healthier.

② We would cancel the picnic if it were raining.

③ You would love the food and culture if you visited Thailand.

④ If I won the lottery, I could buy a new car and a house.

**C** ① If they spoke Spanish

② if it were cooler

③ we had more free time

**D** ① Go to various places around the world.

[日本語訳]

サラ：もっとお金があれば、世界中を旅行するだろうに。

ジム：すごいアイデアだね。最初にどこへ行きたいの？

サラ：ずっと日本を訪れたいと思っていたんだけど、ヨーロッパや南米も巡ってみたいの。

## Lesson 59　使役動詞のmakeとlet

☞ **STEP 2**

1．My boss made me work late to finish the project.

（上司は、プロジェクトを終えるために私を夜遅くまで働かせました）

2．I make my brother clean his room before he goes outside.

（私は、弟が出かける前に弟に自分の部屋を掃除させます）

3．She made her children eat their vegetables before they had dessert.

（彼女は子供たちにデザートを食べる前に野菜を食べさせました）

4．The teacher will make the students do their homework again.

（先生は、生徒たちにもう一度宿題をやり直させるでしょう）

5．He let his dog run free in the park.

（彼は、犬を公園で自由に走らせました）

6．Could you let me know if there are any changes to the schedule?

（スケジュールに変更があった場合には、私に知らせていただけますか）

7．The teacher let the students leave class early because of the weather.

（先生は、天気のために生徒たちを早退させました）

8．My boss let me take the day off to attend my

brother's wedding.

（上司は、私が兄弟の結婚式に出席するために休みを取ることを許可しました）

☞ **STEP 3**

**A** ① The bad weather made us cancel our picnic plans.

② The coach made the team practice every day.

③ My mother's cooking always makes me feel at home.

④ Please let me pay for the meal.

**B** ① 私は、娘が宿題を終わらせるために遅くまで起きていることを許可しました。

② 私は、妹がレポートを終えるために私のコンピュータを借りることを許可しました。

③ 先生は、私たちに数学の試験で電卓を使わせてくれました。

④ 彼は犬を公園で自由に走らせました。

**C** ① let his students finish their assignments

② made me work late

③ will make my brother clean the room

④ let us check in early

**D** ② Kate danced and sang with the musicians.

[日本語訳]

マイク：昨晩のコンサートを楽しんだかい？

ケイト：素晴らしかったわ！　バンドが聴衆全体を一斉に踊らせて、歌わせたのよ。

マイク：素晴らしい時間だったようだね。君のお気に入りの歌は何だったの？

ケイト：彼らは、私のお気に入りの歌「Don't Stop Believing」を演奏したの。すごく興奮したわ。

---

### Lesson 60　数えられる名詞・数えられない名詞

☞ **STEP2**

1. Jane will make a sandwich.

（ジェーンはサンドウィッチを作るでしょう）

2. Mike doesn't like carrots.

（マイクはニンジンを好きではありません）

3. Tom had two pairs of shoes.

（トムは2足のくつを持っていました）

4. I want to drink a glass of beer.

（私はビールを1杯飲みたいです）

5. I would like to have a cup of tea.

（私はお茶を1杯欲しいです）

6. Kate bought some pairs of socks.

（ケイトはいくつかの靴下を購入しました）

7. My father gave me a piece of paper.

（私の父は、1枚の紙を私に与えました）

8. There are two glasses of milk on the table.

（テーブルの上には2杯の牛乳があります）

☞ **STEP3**

**A** ① B　② A　③ A　④ B　⑤ B　⑥ B　⑦ A

⑧ A　⑨ A　⑩ B

**B** ① glass　② two glasses of

③ three cups of　④ pair of

**C** ① He bought two pairs of shoes at the shop.

② He drank two cups of tea.

③ I would like to have a glass of water.

**D** ① My father drank two glasses of wine after dinner.

② Would you like to have a glass of water?

③ Tom had two pairs of scissors.

**E** ① He was not feel well.

[日本語訳]

女性：体調、大丈夫？　ちょっと血色が良くないみたい。

少年：はい、ちょっと気分が悪いんです。水を一杯欲しいです。

女性：もちろん。すぐに持ってくるわ。氷も欲しい？

少年：いいえ。常温がいいです。それで良くなると思います。どうもありがとう。

---

### Lesson 61　数量を表す語句

☞ **STEP2**

1. I would like some water.

（お水をいただきたいです）

2. The children don't have many books.

（その子供たちはほとんど本を持っていません）

3. There were a few boys in the room.

（部屋には2〜3人の少年たちがいました）

4. I have a little money in my purse.

（私は財布の中に少しのお金を持っています）

5. Robert doesn't have much money.

（ロバートはお金をたくさん持っていません）

6. Jane has a lot of friends in Australia.

（ジェーンはオーストラリアにたくさんの友達がい

ます)

7．We have no time to discuss the problem.
　(私たちはその問題を話し合うための時間がまったくありません)

8．There are no students in this room.
　(この部屋には生徒が1人もいません)

☞ **STEP3**

**A** ① much money / some money / a little money /
　little money / no money

② many students / some students /
　a few students / few students / no student（s）

③ much water / some water / a little water /
　little water / no water

④ much rain / some rain / a little rain /
　little rain / no rain

**B** ① many　② much　③ a few

**C** ① much → many　② little → few

③ a little snows → a little snow

**D** ① About the weekend party plans.

[日本語訳]

ジム：今週末、暇な時間はある？　パーティーを開くつもりなんだ。

リサ：日曜の午後に2～3時間あるけど、土曜は忙しいわ。パーティーには何人くらい来るの？

ジム：ほとんどの人が返事をしていないから、思っていたよりも大きなものにはならないかも。

### チャレンジ！復習テスト⑩

**A** ① あなたの兄(弟)は英語を話すことができませんね。

② あれらの女性はどれほどかわいいでしょう。

③ マイクはなんてよい少年なのでしょう。

④ その両親は娘を夜遅くに外出させませんでした。

**B** ① It's a nice day, isn't it?

② Your sister can't play the drums well, can she?

③ How kind these men are!

④ What a strong man he is!

**C** ①(2)　②(2)　③(1)　④(3)　⑤(1)

**D** ① To make a note of an e-mail address.

[日本語訳]

男性：すみません、ちょっといいですか？　メールアドレスを書かなければならないんです。

女性：もちろん、どうぞ。必要であれば、ペンと紙はありますよ。

男性：ありがとう、それは本当に助かります。書き留めるために、紙が1枚必要なだけです。

女性：どうぞ。

男性：ありがとう。助けていただき、ありがとうございます。

女性：大丈夫ですよ。

### 中1英語　総復習テスト

**A** (1) Did

(2) were

(3) Do

(4) drives

(5) are playing

(6) making

(7) went

(8) are you

(9) came

(10) wasn't watching

(11) did she get

(12) is

(13) doesn't like

(14) she dancing

**B** (1) Who went to the library last Sunday?

(2) How many cars does Mr. Kimura have?

(3) Whose computer is Mary using now?

(4) When did they visit Nara?

(5) Where do Mike and Tom go every Sunday?

(6) David was playing the guitar at that time.

(7) Tom studies math every day.

(8) Do you like The Beatles very much?

(9) We weren't junior high school students.

(10) I played baseball with them last Sunday.

(11) Is she listening to music? No, she isn't.

(12) She wrote a novel yesterday.

(13) My sister was speaking Spanish then.

(14) Were they talking about their dreams? Yes, they were.

(15) Those girls are very kind.

(16) He wasn't sleeping at that time.

**C** (1) ①　(2) ②

(3) ④　　(4) ①

(5) ③　　(6) ④

(7) ③　　(8) ①

(9) ①　　(10) ③

(11) ①　　(12) ②

**D** (1) ④　(2) ④

(3) ①　(4) ②

(5) ①

**E** (1) was

(2) are

(3) play

(4) were

(5) clean

(6) did you have

(7) were you

(8) brothers do you have

(9) writing

(10) Does

**F** (1) Her mother is sitting on the chair

(2) Our parents take a walk in the park

(3) He isn't a junior high school student

(4) Do you drive to the office

(5) He plays the piano very well

(6) We were not watching YouTube

(7) She was writing an e-mail to

(8) Some pencils are on the table

### 中2英語　総復習テスト

**A** (1) don't have to

(2) were

(3) Shall we

(4) be

(5) Playing

(6) the tallest

(7) more

(8) talking

(9) to do

(10) to hear

(11) the best

(12) is able to

(13) mustn't

(14) will be

(15) cold

**B** (1) My father gets up earlier in the morning than she.

(2) There aren't any students in the library.

(3) Study English every day.

(4) Was there a large building twenty years ago? Yes, there was.

(5) Come here, please.

(6) Don't use this computer.

(7) There are some people in the park now.

(8) The story is more interesting than that one.

(9) She likes eating lunch outside.

(10) She isn't able to swim well.

(11) Is she is going to go abroad next year?

(12) You have to go home now.

(13) My sister will be able to speak English and French.

(14) Let's go on a picnic.

(15) Will they come to the party tomorrow? No, they won't.

(16) He could play the guitar well.

**C** (1) ②　　(2) ①

(3) ②　　(4) ④

(5) ②　　(6) ①

(7) ③　　(8) ②

(9) ③　　(10) ③

(11) ②　　(12) ③

**D** (1) ③　(2) ③

(3) ①　(4) ③

(5) ②

**E** (1) will

(2) to

(3) is

(4) able

(5) more

(6) best

(7) than

(8) must

(9) to

(10) many

**F** (1) Which runs faster, this dog

(2) There are not any children

(3) My mother likes to visit foreign

(4) Would you like to read this book

(5) Are there any dogs in the park

(6) The man is the most popular actor in

(7) To sleep well is important

(8) Which do you like better, this car or

### 中3英語　総復習テスト

**A** (1) flying

(2) broken

(3) where to go

(4) to bring

(5) after

(6) What

(7) didn't

(8) much

(9) was built

(10) Have

(11) that

(12) too

(13) the machine works

**B** (1) The novel was read by Tom last night.

(2) I have visited Rome twice.

(3) She didn't tell a lie to us, did she?

(4) How cute the little girl is!

(5) Is Spanish spoken in the country? Yes, it is.

(6) How long has the man has been busy?

(7) They have not finished doing their homework yet.

(8) It is very interesting for me to watch movies.

(9) If it is fine tomorrow, we want to go on a picnic.

(10) The bridge was not built in 1950.

(11) They are too busy today to have lunch.

(12) I don't know why you came here so early.

(13) What an honest man he is!

(14) How many times have his parents visited Greece?

(15) Does he know what happened last night?

(16) Please tell me how to use this machine.

**C** (1) ②　(2) ②

(3) ④　(4) ②

(5) ③　(6) ①

(7) ④　(8) ③

(9) ③　(10) ③

(11) ①　(12) ①

(13) ②　(14) ④

(15) ①　(16) ③

**D** (1) He stayed at the hotel yesterday. 第１文型
　　　　S　　V　　M　　　M

(2) My brother has two cars. 第３文型
　　　S　　　V　　O

(3) People call the young man Ted. 第５文型
　　　S　　V　　　O　　　C

(4) She told us an interesting story last night. 第４文型
　　S　　V　　O　　　O　　　　　M

(5) He will be a doctor in the future. 第２文型
　　S　　V　　C　　　M

(6) The man became very rich. 第２文型
　　　S　　　V　　C

(7) The old woman gave some money to a poor boy. 第４文型
　　　S　　　　V　　O　　　　O

**E** (1) whom → who

(2) love → loved

(3) he → him

(4) will your parents → your parents will

(5) do → ×

(6) who → whose

(7) starting → start

(8) was I → I was

**F** (1) how old she will be next

(2) is so kind that he is liked by

(3) tell me where your manager went

(4) would like him to come to this

(5) that Tom is a kind and

(6) Was this computer used by Mike

(7) How long have you playing this video game

(8) How busy her mother was

36